Jean Claude Weiss · Horoskopanalyse Band II
Aspekte im Geburtsbild

Jean Claude Weiss

Horoskopanalyse

Band II

Aspekte im Geburtsbild

Edition Astrodata · Novalis Verlag

Edition Astrodata
Novalis Verlag
CH-8200 Schaffhausen
Elektronische Datenübernahme im Lichtsatz
durch Meier+Cie AG Schaffhausen
Photo Umschlag:
Josef H. Neumann, Dortmund
ISBN 3-7214-3012-3

Inhaltsverzeichnis

Einleitung

Die Aspekte, d.h. die Winkelbeziehungen der Himmelskörper zueinander, wie sie aus dem Horoskop ersichtlich sind, geben ein gutes Bild des Zusammenwirkens verschiedener Persönlichkeitskomponenten. Wir können uns die Planeten als Symbole für psychische Grundbedürfnisse vorstellen. Diese führen in den verschiedenen Konstellationen zu äusseren Manifestationen, welche die Bedürfnisse, die nach Verwirklichung drängen, direkt zum Ausdruck bringen.

Was geschieht jedoch, wenn die Gesellschaft dem Ausdruck dieser Bedürfnisse entgegenwirkt? In solchen Fällen wird der spontane Ausdruck einer Konstellation oft abgewandelt und verbogen. Verschiedene psychische Mechanismen wie Verdrängung, Projektion oder Sublimierung treten in Erscheinung. Die äusseren Manifestationen astrologischer Aspekte können daher je nach der Umwelt eines Menschen sehr verschieden ausfallen. Solch abgewandelte Manifestationsformen sind insbesondere bei Aspeken zu jenen Planeten zu erwarten, die sich nicht leicht integrieren lassen, wie beispielsweise Saturn, Uranus, Neptun oder Pluto.

Die traditionelle Astrologie konnte von den Erkenntnissen der modernen Psychologie noch keinen Gebrauch machen, sodass ältere Lehrbücher gerade in Bezug auf Aspekte kaum verlässlich sind. Sie erscheinen uns heute eher wie Rezeptbücher, die die Auswirkungen einer bestimmten Aspektkonfiguration unter den damaligen gesellschaftlichen Bedingungen beschreiben. Da es den Autoren in erster Linie darum ging, äussere Erscheinungen zu beschreiben, ohne auf den tieferen Sinn einer Konstellation einzugehen, bedienen sich diese Bücher oft übertriebener »Schwarz-Weiss-Malerei«, indem alles, was auf Erfolg, Wohlstand und Anpassung an die Umwelt hindeutet, als positiv bezeichnet wird, schmerzliche Erfahrungen und Hindernisse jedoch pauschal negativ gewertet werden. Solche Bücher können beim Leser bereits vorhandene Aengste bezüglich gewisser Lebenssituationen verstärken, weil dieser sich machtlos dem Schicksal ausgeliefert fühlt. Diese Bücher sind daher nicht nur unzeitgemäss, sondern auch gefährlich. Unzeitgemäss sind sie schon deshalb, weil sich der heutige westliche Mensch in den letzten Jahrzehnten, insbesondere in der Zeit seit 1980, innerlich grundlegend gewandelt hat.

Das Bedürfnis nach Selbstverwirklichung ist bei vielen ungemein viel grösser geworden, als dies noch vor zwanzig Jahren der Fall war. Soziologen sprechen in diesem Zusammenhang vom Uebergang, von der früheren »Ueberlebensgesellschaft« zu einer »Erlebnis«-, »Identitäts«- oder »Psycho«-Gesellschaft. In der Astrologie lässt sich dieser Wandel mit dem Uebergang vom Fischezeitalter zum Wassermannzeitalter in Verbindung bringen. Fest steht jedenfalls, dass der heutige Mensch die Möglichkeit und auch das Bedürfnis hat, seine Konstellationen individueller zu leben, und mehr Wert auf psychische Abläufe zu legen als unsere Vorfahren. Dies muss in einem Buch über Aspekte entsprechend gewürdigt werden.

Es braucht wohl kaum besonders erwähnt zu werden, dass unser Kommentar sich lediglich auf das Schrifttum einer unrevidierten traditionellen Astrologie, und nicht etwa auf einige hervorragende, bereits erschienene Bücher bezieht. So möchten wir im Zusammenhang mit dem früheren Schrifttum insbesondere das Buch »Astrologische Menschenkunde«, Band III, von Thomas Ring empfehlen, das nach internationalem Standard als ein unübertroffener Klassiker der Literatur über Aspekte gilt.

Im Sinne einer modernen psychologischen Betrachtungsweise können wir uns die Aspekte zwischen den Planeten als Dialog zwischen verschiedenen menschlichen Grundbedürfnissen vorstellen –, als einen Dialog, der anlagemässig auf Harmonie oder auf Spannung angelegt ist. Bildlich gesprochen liefern sich verschiedene Götter (die Planeten) in unserer Brust einen Kampf, oder verkehren freundschaftlich miteinander. Während eine harmonische Verbindung zwischen den planetarischen Kräften selten zu deutlichen Problemen führt, sondern höchstens einer möglichen Trägheit oder einem »Sich treiben lassen« Vorschub leistet, schaffen Spannungsaspekte schon in der Kindheit Konflikte. Die Auseinandersetzung dieser Kräfte muss jedoch nicht auf der Stufe des Konflikts stehen bleiben, – sie kann durch Bewusstmachung einer harmonischen Lösung zugeführt werden. Dies ist aber mit Arbeit verbunden, sodass die Spannungsaspekte weniger beliebt sind als die harmonischen Aspekte.

Selbstverständlich muss auch bei der Aspektdeutung das gesamte Aspektbild inklusive Zeichen und Häuserstellung der Planeten mitberücksichtigt werden. Wir sollten uns also nicht auf einen einzelnen Aspekt versteifen, ohne den andern Beachtung zu schenken. Dennoch gilt für die Astrologie wie für jede andere Kunst: Man muss sich erst das notwendige Rüstzeug aneignen, bevor man komplizierte Kombinationen in Angriff nehmen kann. Wir beginnen daher mit Vorteil bei der Kombination zweier Faktoren, bevor wir dazu übergehen, eine grössere Anzahl von Einzelinformationen miteinander zu kombinieren. Dieses Buch soll dabei eine Hilfe sein.

Wir wünschen Ihnen eine anregende Lektüre!

1. Die Bedeutung der verschiedenen Aspektarten

A Die Frage des Orbis

Die Aspekte sind in der Astrologie etwas vom Verlässlichsten. Während sich die verschiedenen Astrologen oft nicht darüber einig sind, welches Häusersystem zu verwenden ist, so arbeitet jeder Astrologe mit Aspekten zwischen den Planeten. Nur hinsichtlich der zu verwendenden Feinaspekte und des zu akzeptierenden Orbis gehen die Meinungen auseinander. Wir wollen dieser Frage etwas nachgehen.

Man kann beobachten, dass bei den verschiedenen Schulen die Grösse der zugelassenen Orbes (Abweichung von der genauen Winkelbeziehung in Grad) in direktem Zusammenhang steht mit der Frage, wie viele Aspektarten eine bestimmte Schule zulässt. Wenn eine grosse Anzahl von Spezialwinkeln verwendet wird, dann wird der Orbis für die Hauptaspekte meistens ziemlich stark eingeschränkt. Dies gilt auch für diejenigen Schulen, welche mit Halbdistanzpunkten oder sogenannten Halbsummen arbeiten. Diese Eingrenzung des Orbis dürfte im Zusammenhang stehen mit dem Bedürfnis, die Fülle der Informationen auf ein überblickbares Mass einzudämmen.

Wenn hingegen eine astrologische Schule nur mit wenigen Aspektarten arbeitet (z.B. nur Konjunktion, Opposition, Quadrat, Trigon und Sextil), so ist der zugelassene Orbis gewöhnlich grösser.

Zwischen den oben beschriebenen Orientierungen gibt es aber auch noch einen wesentlichen Unterschied: die erstgenannten Richtungen in der Astrologie befassen sich stärker mit dem präzisen Erfassen von Ereignissen, und unter Umständen auch von Krankheitssymptomen. Die an zweiter Stelle beschriebenen Richtungen sind hingegen stärker psychologisch orientiert und interessieren sich mehr für anlagemässig vorhandene psychologische Grundkonstellationen, welche sekundär in äusseren Ereignissen ihren Niederschlag finden können. Somit entspricht die erste Richtung vermehrt einem Kausaldenken, während die zweite Orientierung vor allem mit Analogien arbeitet. Im ersten Falle werden Auswirkungen oder Symptome analysiert, im zweiten Falle die Keime von sich vorbereitenden Situationen.

Es geht nicht darum, für die eine oder andere Richtung Stellung zu beziehen. Je nach Ausrichtung wird der einzelne Astrologe stärker zur einen oder zur andern Richtung tendieren. In diesem Sinne sind die Orbes ziemlich flexibel, je nachdem, was wir studieren möchten. Ein Beispiel möge das veranschaulichen:

Jemand hat seine Sonne auf 10 Grad Jungfrau und seinen Mond auf 19 Grad Fische. Für die mit engen Orbes arbeitenden Astrologen wird dieser Aspekt nicht mehr als Opposition gelten. Sie werden nämlich beobachten, dass präzise Ereignisse, welche mit Sonne oder Mond zu tun haben, nur dann auftreten, wenn der Punkt 9 bis 11 Grad oder 18 bis 20 Grad der veränderlichen Zeichen berührt wird. Höchstens, dass sie noch mit Halbsummen arbeiten und den Punkt 14,5 Grad veränderlich dazunehmen.

Der vorwiegend an tiefenpsychologischen Zusammenhängen interessierte Astrologe wird zwischen Sonne und Mond hingegen eine Opposition sehen und feststellen, dass der Betreffende ursprünglich einen Konflikt aufweist zwischen einem Bewusstsein, welches ein Bedürfnis hat nach klar erkennbaren, verstandesmässig erfassbaren Gewissheiten, und einem Unbewussten, welches den Sog des Kosmischen, Unbegrenzten und Diffusen erlebt. Der psychologisch orientierte Astrologe wird in dieser Opposition ein Hauptthema des ganzen Geburtsbildes sehen, und seine Anstrengungen werden sich darauf konzentrieren, seinem Klienten zu helfen, die beiden Pole dieser Polarität zu integrieren. Die Opposition zwischen Sonne und Mond in den Zeichen Jungfrau/Fische wird von ihm – auch wenn sie einen sehr weiten Orbis beinhaltet – sehr stark beachtet werden.

Somit ist die Frage, welcher Orbis denn eine Gültigkeit hat, falsch gestellt. Es kommt viel eher darauf an, was wir untersuchen wollen. In diesem Sinne müssten wir jedem Astrologen anraten, selbst seine Erfahrungen mit den, seiner astrologischen Methode entsprechenden, Orbes zu machen.

Um dem psychologisch orientierten Anfänger die Arbeit zu erleichtern, möchten wir in der Folge einen Vorschlag machen für ein System von Orbes, mit welchem er arbeiten kann, bis er sich sein eigenes System zurechtgelegt hat. Wir gehen dabei davon aus, dass den Himmelskörpern Sonne und Mond ein grösserer Orbis zusteht, eine zweite Gruppe mit einem mittleren Orbis sich aus Merkur, Venus, Mars und Jupiter zusammensetzt und die langsamen Planeten ab Saturn den kleinsten Orbis aufweisen. Dies würde folgende Richtlinien ergeben:

Konjunktion – Sonne und Mond: 10 Grad; Merkur, Venus, Mars und Jupiter: 8 Grad; Saturn, Uranus, Neptun und Pluto: 6 Grad.

Opposition – Sonne und Mond: 9 Grad; Merkur, Venus, Mars und Jupiter: 7 Grad; Saturn, Uranus, Neptun und Pluto: 6 Grad.

Quadrat und Trigon – Sonne und Mond: 7 Grad; Merkur, Venus, Mars und Jupiter: 5 Grad; Saturn, Uranus, Neptun und Pluto: 4 Grad.

Sextil – Sonne und Mond: 5 Grad; Merkur, Venus, Mars und Jupiter: 4 Grad; Saturn, Uranus, Neptun und Pluto: 3 Grad.

Quinkunx – Sonne und Mond: 4 Grad; Merkur, Venus, Mars und Jupiter: 3 Grad; Saturn, Uranus, Neptun und Pluto: 2 Grad.

Semisextil, Halbquadrat und Anderthalbquadrat – Sonne und Mond: 3 Grad; Merkur, Venus, Mars und Jupiter: 2 Grad; Saturn, Uranus, Neptun und Pluto: 1,5 Grad.

Quintil und Biquintil – Sonne und Mond: 1,5 Grad; Merkur, Venus, Mars und Jupiter: 1 Grad; Saturn, Uranus, Neptun und Pluto: 0,5 Grad.

Falls ein Planet mit einem weiten Orbis (z.B. Sonne oder Mond) mit einem

Planeten mit einem engen Orbis (z. B. Saturn) einen Aspekt bildet, so wird der Mittelwert der beiden Orbes gebildet. Wenn zum Beispiel Mond und Saturn eine Opposition bilden, so berechnen wir den Durchschnitt zwischen 9 Grad (Orbis des Mondes für die Opposition) und 6 Grad (Orbis für den Saturn), was einen Durchschnittswert von 7,5 Grad für diese Opposition ergibt.

B Die Frage der Dominanz im Aspekt

Für den Anfänger ist es wichtig zu wissen, welcher Planet einem Aspekt seine Färbung gibt. Hier gilt ein einfaches Gesetz: Der schnellere Planet wird vom langsameren gefärbt und beeinflusst. Aus diesem Grunde haben wir in unserem Buch der Reihenfolge der Aspekte die siderischen Umlaufgeschwindigkeiten der Planeten zugrundegelegt. Gemäss dieser Reihe ist der Mond der schnellste Himmelskörper und Pluto der langsamste. Die Reihenfolge lautet folgendermassen: Mond, Merkur, Venus, Sonne, Mars, Jupiter, Saturn, Uranus, Neptun, Pluto. Der in dieser Reihenfolge folgende Planet beherrscht im Aspektgefüge somit alle vorhergehenden, vorausgesetzt, dass alle Planeten ihre normale Geschwindigkeit haben und nicht stationär oder rückläufig sind. Im Falle, dass ein Planet stationär ist, kann er auch über andere Planeten, die ihm in der Reihe folgen, dominieren.

Aus dem Gesagten geht hervor, dass der Mond als der schnellste, nie rückläufig werdende Himmelskörper im Aspekt von allen andern Planeten gefärbt wird. Bereits bei Merkur kann sich die Situation jedoch umkehren, falls sich seine Bahn zur Zeit der Geburt verlangsamt oder seine Bewegung gar zum Stillstand kommt. Während also im Normalfall der Tätigkeitsplanet Mars im Aspekt mit dem Merkur diesem Denkplaneten Schnelligkeit, Energie, Aktivität und Aggressivität verleihen wird, kann – im Falle eines stationären Merkurs – die Wirkung dieses Planeten auf die Aktivitätskomponente Mars stärker werden als umgekehrt, und die Tatkraft des Individuums im Sinne eines ständigen Bedürfnisses nach mentaler Rückversicherung beeinflussen. Im Verhältnis der persönlichen Planeten Merkur bis Mars ist also auf ihre Bewegungsgeschwindigkeit zur Zeit der Geburt zu achten.

Strenggenommen müsste die Thematik der Rückläufigkeit eines Planeten ebenfalls in die Interpretation einbezogen werden, was in diesem Buch jedoch aus Platzgründen nicht möglich war.

Vereinfachend können Sie jedoch davon ausgehen, dass die persönlichen Planeten Mond, Merkur, Venus, Sonne, Mars praktisch immer von den gesellschaftlichen Planeten Jupiter und Saturn, sowie von den transpersonalen Planeten Uranus, Neptun und Pluto beeinflusst werden. Die persönlichen Planeten sind Komponenten unseres Egos, die jedoch auch als Kanal für die überpersönlichen Planeten funktionieren können.

Die Aspekte unterscheiden sich auch hinsichtlich ihrer Stärke. Als starke

Aspekte können bezeichnet werden: die Konjunktion, die Opposition, das Quadrat und das Trigon. Mittelstarke Aspekte sind das Sextil und der Quinkunx; schwache Aspekte sind das Semisextil, das Halbquadrat und das Anderthalbquadrat. Daneben gibt es Aspekte, die je nach Entwicklungsniveau zur Auswirkung kommen und gewöhnlich ebenfalls als schwach bis sehr schwach zu bezeichnen sind, wie das Quintil (72 Grad) und das Biquintil (144 Grad).

Einzelne Astrologieschulen verwenden auch weitere Aspektarten wie die 22,5 Grad, 15 Grad und 7,5 Grad-Aspekte sowie Vielfache davon. Es kann im Rahmen dieses Buches nicht auf diese Aspektarten eingegangen werden.

Starke und mittelstarke Aspekte sind im Horoskop in ihrer Wirkung ohne weiteres erkennbar. Bei den schwachen Aspekten spielt es eine grosse Rolle, ob diese Teil eines grösseren Aspektgefüges sind. Stehen sie isoliert, so wird die Individuationsstufe des Einzelnen darüber entscheiden, ob sie wahrgenommen werden oder nicht.

C Die Herleitung der Aspekt-Thematik

Es gibt zwei hauptsächliche Wege, die Thematik der Aspekte zu verstehen. Der erste Weg beruht auf der Symbolik der ganzen Zahlen, der zweite auf der Entsprechung zu den astrologischen Häusern oder Zeichen.

1. Teilung des Kreises durch ganze Zahlen

Nach dieser Methode wird die Thematik der Aspekte hergeleitet von der Symbolik der Zahl, welche notwendig ist, um den 360-Grad-Kreis so zu teilen, dass der entsprechende Aspekt auftritt. Entsprechend ergibt die Teilung durch 1 die Konjunktion, die Teilung durch 2 die Opposition, die Teilung durch 3 das Trigon, die Teilung durch 4 das Quadrat, die Teilung durch 5 das Quintil, die Teilung durch 6 das Sextil etc.

Diese Betrachtungsweise geht auf Pythagoras zurück und wurde später durch Johannes Kepler weiterentwickelt. In neuester Zeit ist es John Addey aus Grossbritannien gelungen, aufgrund von statistischen Untersuchungen an Tausenden von Horoskopen nachzuweisen, dass die Bedeutung der Aspekte tatsächlich einen Zusammenhang hat, mit der aus der Esoterik bekannten Zahlensymbolik. Er konnte in seinem Buch »Harmonics in Astrology« nachweisen, dass die Astrologie tatsächlich auf der Numerologie beruht.

Entsprechend bedeutet die Teilung durch 1 die ungeteilte Ganzheit, die noch keine Unterscheidung kennt, die Teilung durch 2 das Aufkommen von Dualität und die Scheidung zwischen Subjekt und Objekt. Die Teilung durch 3 entspricht der, nach dieser Spaltung in Subjekt und Objekt notwendigen Synthese zu einem Dritten, wie sie in der Dialektik dargestellt wird.

Die Zahl 4, welche einer Verdoppelung der 2 entspricht, hat dann mit der Thematik der Materie und des Kreuzes zu tun. Unser Verhaftetsein in der materiellen Welt und die Möglichkeit, aus unserer Bedingtheit herauszuwachsen, sind damit angesprochen. Die Zahl 5 hat hingegen zu tun mit der Kreativität, mit dem Entwurf einer schöpferischen Leistung, die jedoch ohne entsprechende Arbeit noch keine konkrete Form annehmen kann. Die Zahl 6 beinhaltet als weiteres eine Verbindung zwischen der 2 und der 3 (2mal 3) und hat somit zu tun mit der geistigen Verarbeitung (3) der erkannten Gegensätze (2).

Gemäss diesen Uebereinstimmungen ist es möglich, die Reihe weiterzuführen und auch die Bedeutung von Aspekten zu definieren, welche nicht zur üblichen Reihe gehören.

2. Die Methode der Häuserentsprechung

Um die entsprechenden Analogien herzuleiten, gehen wir vom Aszendenten aus. Somit ist eine Konjunktion ein Ersthaus-Aspekt und hat zu tun mit dem Ego und der Art, wie wir unsere Komponenten subjektiv zum Ausdruck bringen. Es besteht bei dieser Thematik wenig Distanz zwischen Gedanke und Tat. Die Konjunktion hat entsprechend auch eine Analogie zum Widderzeichen.

Beim Sextil ergibt sich hingegen, vom Aszendenten aus gerechnet, eine Entsprechung zum 3. und zum 11. Haus. Somit wird unsere Beziehung zu unserer Umwelt, zu unseren Nachbarn und zu uns entsprechenden Gruppen angesprochen. Es handelt sich daher um einen harmonischen Lernaspekt.

Das Quadrat führt uns vom Aszendenten ins 4. und ins 10. Haus. Somit handelt es sich bei diesem Aspekt um unsere Ueberwindung der Vergangenheit (4. Haus) und die Verwirklichung unseres Ichs in der äusseren Realität und der Gesellschaft (10. Haus).

Das Trigon entspricht einer Verbindung zum 5. und zum 9. Haus. Es handelt sich hier also um einen kreativen Fluss der Kräfte, welche dem spontanen Ausdruck unseres Ichs entgegenkommen. Wir wachsen und erweitern unsere Einfluss-Sphäre ohne äussere Widerstände.

Die Opposition entspricht einem Aspekt zum 7. Haus. Es handelt sich hier um das Verhältnis unseres Ichs zum Du und ganz allgemein zu den andern Menschen. Der Konflikt zwischen unserer persönlichen Sphäre und der äusseren Welt ist hier angesprochen, ein Konflikt, der oft ausgetragen wird, indem wir die Komponenten, die uns selbst entsprechen, persönlich leben und die unliebsameren auf andere Menschen projizieren.

D Die verschiedenen Aspekte

Die Konjunktion

Der Nullgrad-Aspekt der Konjunktion entspricht der Teilung des Kreises durch 1 (360 Grad entspricht 0 Grad, da wir uns am gleichen Punkt des Tierkreises befinden). Somit symbolisiert die Konjunktion die stärkste Konzentration von zwei Kräften. Die Teilung in Gegensätze hat noch nicht stattgefunden, und so haben wir bei der Konjunktion das stärkste Zusammenwirken zweier Planetenkräfte. Die 1 ist die Zahl des Anfangs vor dem Auftreten der Dualität.

Je nach der Natur der Planeten kann es sich bei der Konjunktion jedoch um eine schwierige Ehe handeln. Es kann sein, dass sich die Planeten aufgrund ihrer Natur bekämpfen, und eine Konjunktion somit Spannungen symbolisiert.

Gemäss der Analogie mit dem Häusersystem hat die Konjunktion auch zu tun mit der Thematik des ersten Hauses oder des Widderzeichens. Somit bedeutet eine Konjunktion entsprechend der Thematik des ersten Hauses, dass noch keine Spaltung zwischen den beiden in Konjunktion stehenden Planeten besteht und, wenn immer der eine zum Ausdruck gebracht wird, der andere gleichzeitig zur Auswirkung kommt. Die Distanz des Beobachters, der die beiden Kräfte der Situation gemäss einsetzt, fehlt. Deshalb ist es bei der Konjunktion auch schwieriger, die Thematik des einen Planeten selbst zu leben und zum Ausdruck zu bringen und die Thematik des anderen Planeten auf andere zu projizieren, als dies beispielsweise bei der Opposition der Fall ist.

Die Opposition

Mit der Opposition entsteht Dualität, eine Scheidung zwischen Subjekt und Objekt, ohne die es kein Bewusstsein im üblichen Sinn gibt. Wir können auch von einer Dialektik sprechen, welche mit These und Antithese arbeitet und somit Gegensätze schafft. Diese Gegensätze rufen nach einer Synthese, nach dem Bewusstwerden der polaren Spannung. Oft identifizieren wir uns bei einer Opposition mit dem einen Pol und projizieren den anderen auf Menschen unserer Umgebung, die wir dann als Feindbild oder als besonders begehrenswerte Ergänzung empfinden. Im Zuge der Individuation muss diese Gegensatzspannung jedoch integriert werden, um unsere Abhängigkeit von der Umwelt zu lokkern.

Das Trigon

Das Trigon bedeutet eine Synthese und damit eine Auflösung der Dualität, was für einen freien Fluss der Kräfte sorgt. Dieser Aspekt wird als unproblematisch, angenehm und spannungsfrei erlebt. Wir können in der Sicherheit, die uns das Trigon bietet, ruhen. Dieser Aspekt kann somit eine wichtige Stütze sein, aber auch zur Trägheit verleiten, wenn im Horoskop keine anderen Spannungsaspekte wirken.

Das Quadrat

Beim Quadrat werden wir doppelt mit der Dualität konfrontiert. Die Konflikte, die uns dadurch aufgebürdet werden, müssen durch Arbeit überwunden werden: Durch Arbeit befreien wir uns von unserem Kreuz. Nehmen wir die Arbeit auf uns, können wir im Bereich der aspektierten Planeten einen hohen Bewusstheitsgrad und viele selbsterworbene Qualitäten entwickeln.

Lehnen wir diese Auseinandersetzung hingegen ab, besteht die Gefahr, dass man ständig unter einem Quadrat leidet. Im Extremfall führt dies zur Neurose, zur seelischen Krankheit, die durch unverdaute Reste bedingt ist, welche unsere Entwicklung verhindern oder bremsen. Diese inneren Schwierigkeiten lassen sich am besten lösen, indem sie auf die Umwelt projiziert werden; dann kommen sie in Form von Aufgaben auf uns zu. Durch seine Verknüpfung mit dem vierten und zehnten Haus (Häuserentsprechung) ist das Quadrat vielleicht der Aspekt, der uns am stärksten anspornt, über uns hinauszuwachsen.

Das Quintil

Das Quintil, das mit der Zahl 5 zusammenhängt, hat mit Kreativität zu tun, und zwar mit der schöpferischen Idee, dem Entwurf. (Mit der Ausgestaltung dieser Idee hat die 5 allerdings nichts zu tun). Die Fünf entspricht dem Künstler, dem Menschen mit seinen fünf Extremitäten und Sinnen, angelegt als Plan, um aus seinem Leben ein Kunstwerk zu machen. Ob er den vorhandenen Plan zur Ausreifung bringt, – darüber entscheidet nicht der Aspekt, sondern der Mensch. Es handelt sich um die Kraft des Schöpferischen, die geweckt werden muss. Ein Quintil verkörpert also Möglichkeiten, die allerdings selten wirklich genutzt werden.

Das Sextil

Das Sextil bedeutet eine Schärfung des Bewusstseins. Wir haben die Möglichkeit, unsere Situation zu erkennen und etwas daraus zu machen. Das Sextil setzt sich aus der Zahl 2, welche als Opposition das Erkennen von Gegensätzen bedeutet, und der Zahl 3, welche mit einem geistigen Impuls und einer Harmonisierung in Zusammenhang steht, zusammen. Es verlangt von uns, dass wir erkennen und handeln. Dieses Handeln geschieht jedoch ohne Mühe, entsprechend der Zahl 3, welche auf einen Gleichgewichtszustand hinweist. Deshalb ist das Sextil ein harmonischer Aspekt, der jedoch im Gegensatz zum Trigon, wo der Mensch eher passiv bleiben kann, eigene Initiative verlangt. Die Häuserentsprechung, die uns zum dritten und elften Haus und zu Merkur und Uranus führt, bedeutet Flexibilität, soziale Kontakte und ein Lernen aus neuen Informationen.

Das Halbsextil

Das Halbsextil ist ein schwacher Aspekt, der allerdings etwas schwieriger ist als das Sextil. Er entspricht der Zwölfteilung des Kreises und bedeutet im Vergleich zum Sextil eine zusätzliche Zweiteilung (vier mal drei). Es geht somit um das Erkennen der Verschiedenheit der Dinge. Die Materie (Zahl 4) muss in ihrer Polarität erkannt werden, bevor damit schöpferisch umgegangen werden kann (Zahl 3). Die Häuserentsprechung führt uns vom Aszendenten ins zwölfte, oder ins zweite Haus, in Bereiche, die sich sehr stark vom ersten Haus unterscheiden.

Der Quinkunx

Der Quinkunx-Aspekt kommt zustande, wenn wir den Kreis durch zwölf (vier mal drei) teilen und mit fünf multiplizieren. Somit wird der 30-Grad-Aspekt (das Halbsextil) mit der Freiheit des schöpferischen Akts (Zahl 5) multipliziert. In diesem Sinne haben wir es mit der Kombination von erarbeiteter Erkenntnis und der Freiheit einer schöpferischen Entscheidung zu tun (Zahl 5).

Dieser Aspekt bedeutet, dass wir uns gemäss unserem Bewusstsein aus eigener Freiheit entscheiden müssen, die im Aspekt stehenden Planeten zu verbinden. Wir werden also nicht gezwungen, sondern haben die Wahl zu entscheiden. Nutzen wir diese Entscheidungsfreiheit jedoch nicht, fallen wir zurück und regredieren, was wir später bereuen.

Deshalb wird dieser Aspekt als Entscheidungswinkel, aber auch als Sehnsuchtsaspekt bezeichnet. Wir sollen uns entscheiden und verspüren eine Sehnsucht nach dem, was wir hätten erreichen können, wenn wir die Gelegenheit dazu nicht versäumt hätten. Gemäss der Häuseranalogie hat dieser Aspekt mit dem sechsten und achten Haus zu tun. Das achte Haus bedeutet eine Krise des Egos, welche durch Arbeit (sechstes Haus) überwunden werden kann und zu einer neuen Ausrichtung führen sollte. Wenn wir andererseits die Arbeit (sechstes Haus) verwerfen, fallen wir auf die negative Thematik des achten Hauses zurück, indem wir vom Du und der Gesellschaft abhängiger werden.

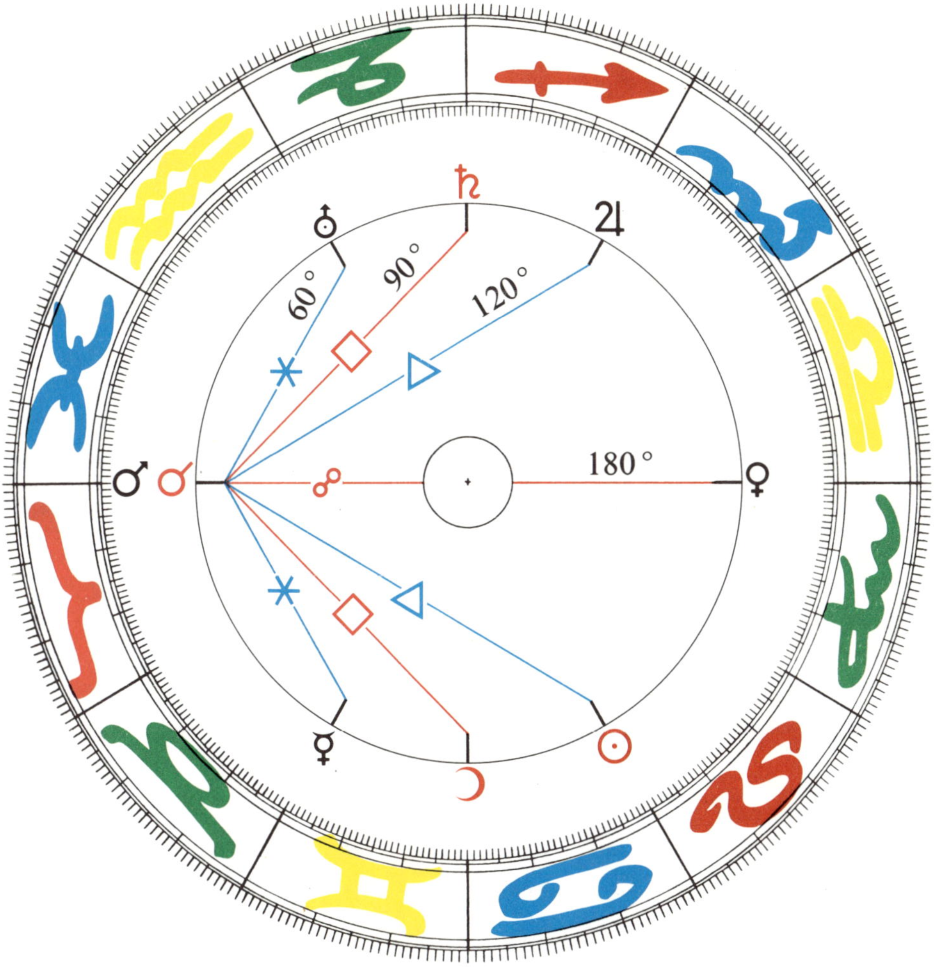

Die Hauptaspekte

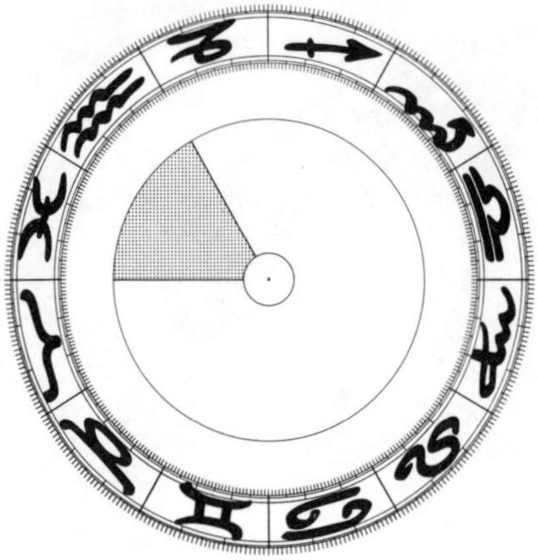

Das Sextil ✱ 60°

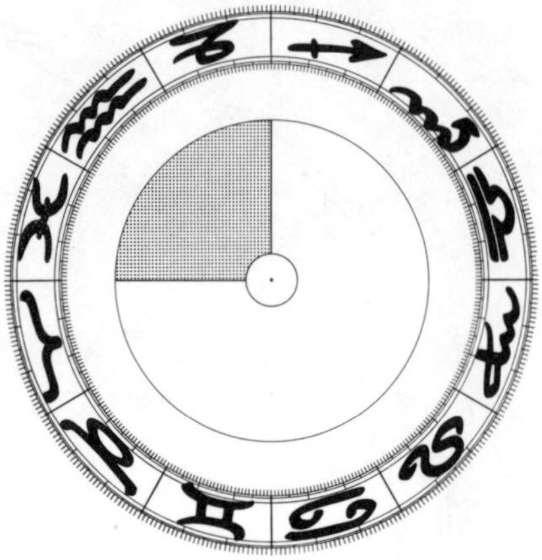

Die Quadratur □ 90°

Die Konjunktion ☌

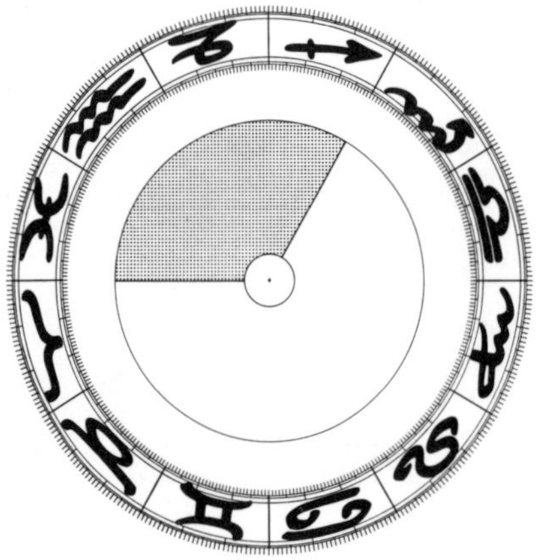

Das Trigon △ 120°

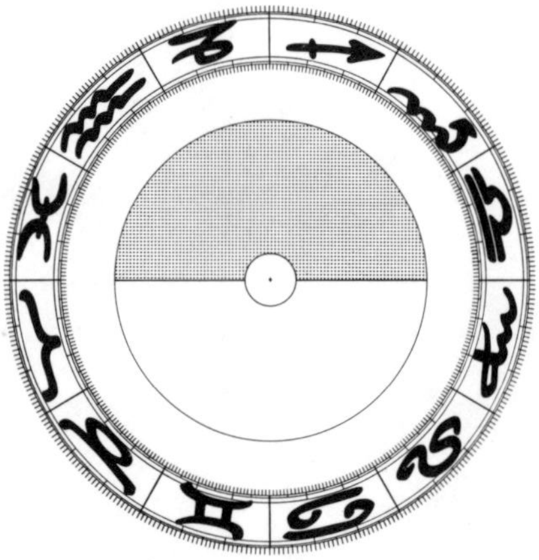

Die Opposition ☍ 180°

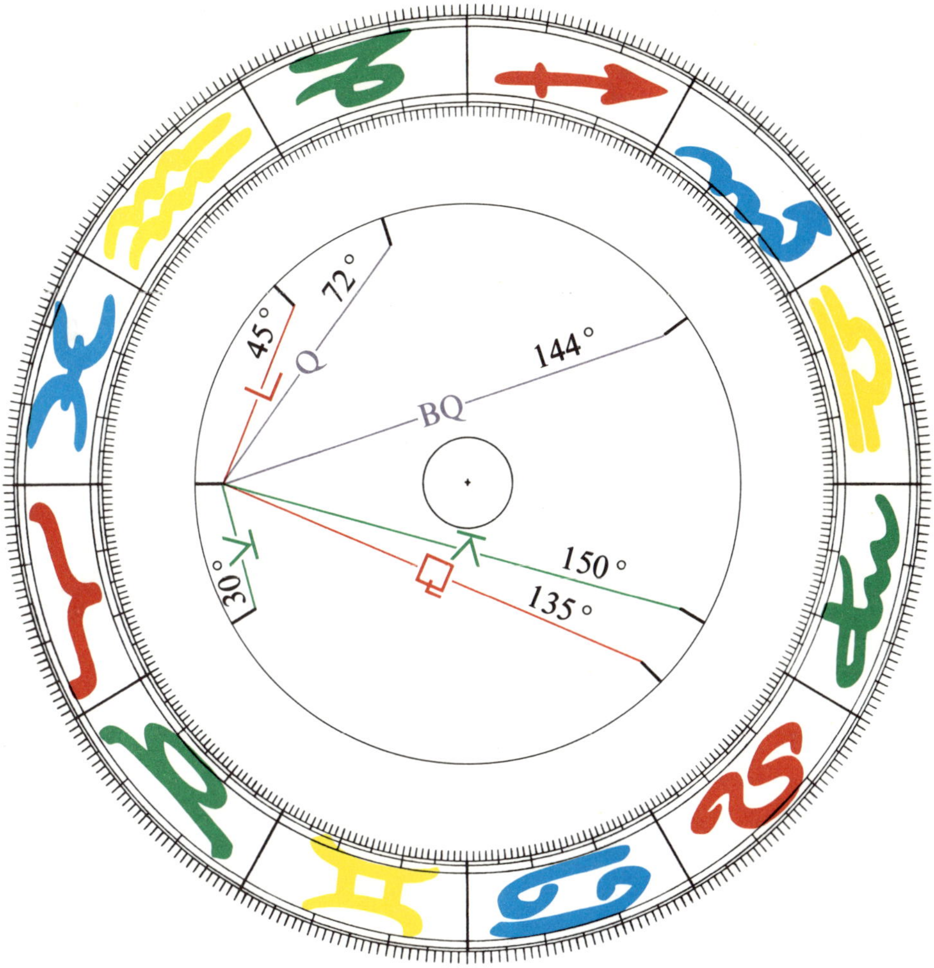

Die Nebenaspekte

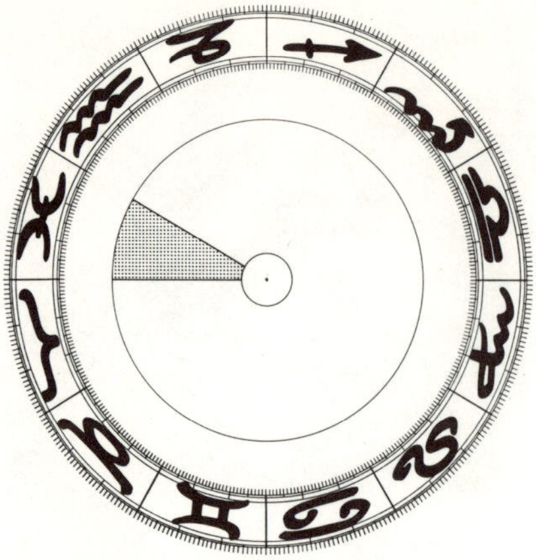

Das Halbsextil ⊻ 30°

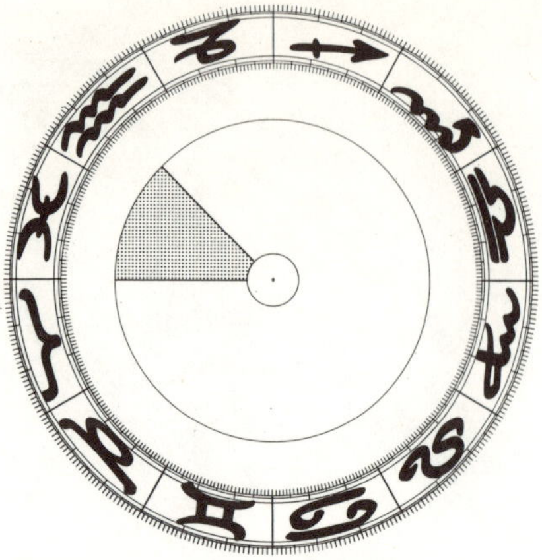

Das Halbquadrat ∟ 45°

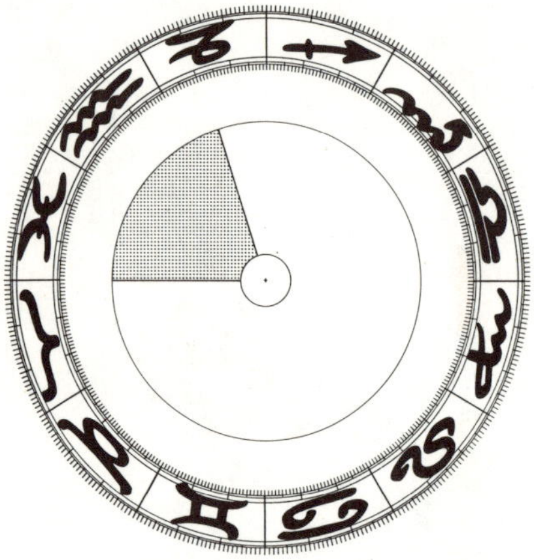

Das Quintil Q 72°

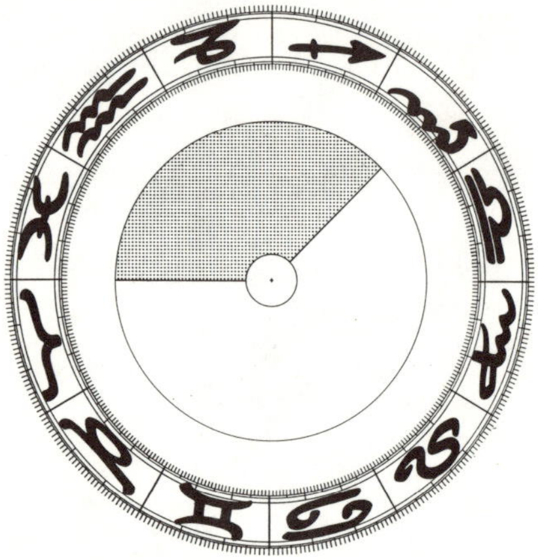

Das Anderthalbquadrat ⚼ 135°

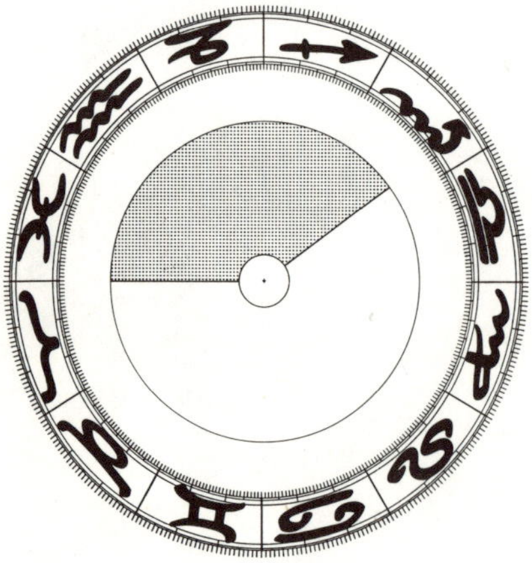

Das Biquintil BQ 144°

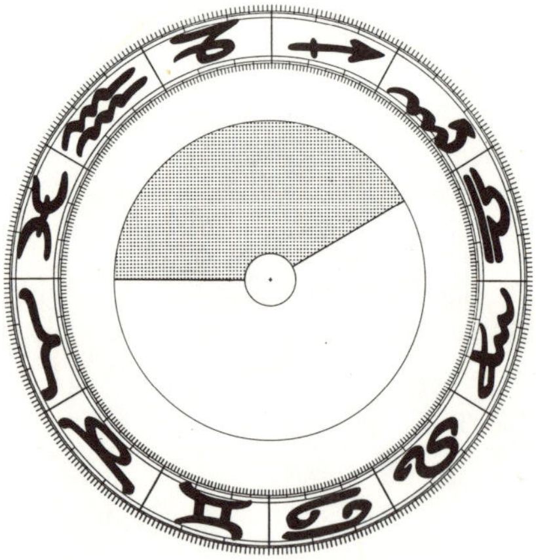

Der Quinkunx ⚻ 150°

Das Halb- und Anderthalbquadrat

Das Halbquadrat entspricht einer Teilung des Kreises durch 8. Die Multiplikation dieses Aspekts mit 3 ergibt dann das Anderthalbquadrat. Bei diesen Aspekten haben wir es, im Vergleich zum Quadrat, mit einer weiteren Teilung durch 2 zu tun. Andererseits verlassen wir durch diese weitere Teilung die Ordnung der Vielfachen von 30 Grad, womit die Intensität des Aspektes abnimmt. Wir können also keine so klaren Aufforderungen zur Arbeit und zur Ueberwindung der Hindernisse erkennen, wie beim Quadrat. In diesem Sinne wirkt das Halbquadrat trennend, aufspaltend, als Riss im Gefüge, und somit als eine Störung des harmonischen Flusses, die uns jedoch nicht immer bewusst wird. Das fehlende Bewusstsein bewirkt allerdings, dass das Halbquadrat bei der Auslösung von Ereignissen, zusammen mit andern Aspekten eine grosse Rolle spielen kann. Bekanntlich wirkt sich ja das, was wir nicht bewusst integrieren, irgendwann als äusseres Schicksal aus. Es ist deshalb von Vorteil, sich bei einer Feinanalyse des Radixhoroskops auch mit dem Halbquadrat auseinanderzusetzen.

Das Anderthalbquadrat beinhaltet eine ähnliche Thematik, wobei zusätzlich zur Teilung durch 8 die Multiplikation mit 3 hinzukommt. In diesem Sinne beinhaltet das Anderthalbquadrat zusätzliche Möglichkeiten zur geistigen (Zahl 3) Bewältigung der Thematik. Dies gilt allerdings nur, wenn die Thematik bewusst erkannt wird, was oft nicht der Fall sein wird.

Dies ist ein kurzer Abriss der Bedeutung der hauptsächlichsten Aspekte. Wenn wir im folgenden bloss die Unterscheidung zwischen Konjunktion, Spannungsaspekten und harmonischen Aspekten vornehmen, so deshalb, weil ambivalente Aspekte, wie beispielsweise das Halbsextil oder der Quinkunx, vom Einzelnen harmonisch oder disharmonisch gelebt werden können. Dies hängt davon ab, wie bewusst eine Konstellation verarbeitet wird.

Wir können sogar weiter gehen und darauf hinweisen, dass es das Ziel jeder Individuation sein sollte, aus den Spannungsaspekten harmonische Planetenverbindungen zu machen. Es lässt sich nämlich beobachten, dass diese Spannungsaspekte bei Persönlichkeiten, die sich selbst weitgehend verwirklicht haben, ihren Spannungscharakter einbüssen und positiv zum Ausdruck kommen. Somit werden Sie beim Lesen dieser Aspekttexte oft auch die Thematik der harmonischen Aspekte berücksichtigen müssen, wenn Sie es mit einem sehr bewussten Menschen zu tun haben. Was in einem solchen Falle vom Horoskop als Anlagegefüge übrigbleibt, ist die qualitative Verknüpfung verschiedener planetarischer Kräfte. Die Qualität der Aspektierung im Sinne eines gespannten oder eines harmonischen Aspektes tritt dann jedoch kaum mehr in Erscheinung.

2. Die Planetenkombinationen

Die Aspekte des Mondes

Die Aspekte des Mondes zeigen unsere unbewussten Verhaltensweisen, unsere Gewohnheiten und eingefleischten Verhaltensformen, sowie die Art, wie wir uns in unserer Umgebung und im Universum eingebettet fühlen.

Haben wir Vertrauen in unsere Umgebung, oder meinen wir, uns ständig verteidigen zu müssen? Akzeptieren wir unsere seelischen Erlebnisse, auch diejenigen der Vergangenheit, oder neigen wir dazu, sie zu verwerfen? Wie sehr sind wir fähig, über unsere Gefühle zu sprechen? Ueber all diese Fragen gibt uns die Stellung des Mondes Auskunft.

Weist Ihr Horoskop harmonische Mondaspekte auf, so werden Sie eine gewisse Selbstverständlichkeit und Gemütlichkeit ausstrahlen. Sie neigen dann weniger zu unnötiger Aggressivität, als wenn Sie aufgrund eines hart aspektierten Radixmondes ständig Gefahren wittern.

Die Grundfrage bei den Aspekten des Mondes wird also lauten: Welche Thematik ist zu erwarten, wenn Hingabe und Anteilnahme an der Umwelt durch die eine oder andere planetarische Kraft beeinträchtigt oder gefördert werden?

Mond-Merkur-Aspekte

Mond Konjunktion Merkur

Die Konjunktion zwischen Mond und Merkur bewirkt, dass Denken und Fühlen bei Ihnen eng miteinander verbunden sind. Wenn Sie gefühlsmässig engagiert sind, haben Sie Schwierigkeiten, Ihre Situation vom Verstand her klar zu erfassen. Andererseits interessiert Sie leblose Materie wenig. Sie fühlen sich stärker von Belangen angezogen, die mit dem Leben und der menschlichen Erfahrung zu tun haben. Sie eignen sich Ihr Wissen deshalb eher durch Erfahrung, als durch das Studium von Büchern an. Ständiger Wechsel von Situationen und Stimmungen entspricht Ihnen auch deshalb, weil Sie sich ohne weiteres an wechselnde Umstände anpassen können. Reisen und interessante Bekanntschaften sind für Sie sehr wichtige Möglichkeiten zu lernen und zu wachsen. Vielleicht interessieren Sie sich auch für Psychologie, weil Sie Gefühle auch gedanklich gut erfassen. Sie sind auch fähig, Ihre Gefühle mitzuteilen, was Ihren Austausch wesentlich bereichert.

Aufgrund dieser Eigenschaften sind Sie ein lebhafter Erzähler, doch kaum ein strenger Logiker. Sie bringen im Gespräch Assoziationen aus dem Gefühlsbereich ein, die den Rahmen einer rein rationalen Diskussion immer wieder sprengen. In emotionalen Situationen sind Sie andererseits manchmal zu rational, so dass ein reiner Gemütsmensch bei Ihnen vielleicht manchmal ein tieferes emotionales Engagement vermisst. Versuchen Sie sich deshalb in Gefühlssituationen etwas mehr gehen zu lassen, damit Ihr Verstand Sie hier nicht zu sehr kontrolliert.

Der grosse Vorteil dieser Konstellation liegt in Ihrer Unmittelbarkeit, in Ihrer Vielseitigkeit, sowie in der Fähigkeit, mit allen möglichen Menschen guten Kontakt zu finden, so dass sich jeder mit Ihnen wohlfühlt.

Der Mond im Spannungsaspekt zum Merkur

Ein Spannungsaspekt zwischen Mond und Merkur schafft einen Konflikt zwischen Fühlen und Denken, zwischen bildhaftem Sehen und begrifflichem Erkennen. Damit ergeben sich gewisse Schwierigkeiten, die äussere Wirklichkeit ganzheitlich zu assimilieren.

Vielleicht verdrängen Sie Ihre Gefühle und versuchen alles mit dem Verstand zu bewältigen. Sie entwerfen dann ein logisches Weltbild, das Ihnen unantastbar scheint, doch kann Ihre Existenz bei dieser Haltung allmählich ihren tieferen Sinn verlieren, da alles farblos werden kann. Die verdrängten Gefühle können sich aber auch durch die Hintertüre einschleichen, so dass Sie launisch werden und sich nicht mehr der Situation entsprechend verhalten. Sie können gar nicht mehr so logisch und konsequent handeln, wie Sie eigentlich möchten, und werden vielleicht auch intolerant. Dann sollten Sie Ihren Gefühlen mehr Beachtung schenken und diese zu akzeptieren versuchen.

Es kann jedoch auch das Umgekehrte eintreffen: Ihre Gefühle gewinnen die Oberhand und beeinflussen Ihr Denken, welches dadurch an Objektivität verliert und immer mehr dazu dient, Ihre Wünsche zu rechtfertigen. Dies kann zu Kommunikationsschwierigkeiten führen.

Die Lösung dieses Konflikts besteht in seiner Bewusstwerdung. Gelingt Ihnen diese, sind Sie aufgrund der Integration von Denken und Fühlen vielseitiger als die meisten Menschen.

Der Mond im harmonischen Aspekt zum Merkur

Sie haben einen gesunden Menschenverstand und sind in der Lage, unbewusste Wahrnehmung und verstandesmässiges Denken miteinander zu verbinden, so dass Fühlen und Denken einander nicht ausschliessen, sondern sich gegenseitig bereichern. Dadurch werden Sie sehr lebendig und vielseitig und können Ihre Gefühle auch gut ausdrücken. Es liegt Ihnen viel daran, verstanden zu werden, und Sie machen auch kein Geheimnis aus Ihrem Innenleben. Ihre Offenheit für das unbewusste Seelenleben kommt auch Ihrem allgemeinen Ausdrucksvermögen zugute. Sie schöpfen aus alltäglichen Beobachtungen und sind ein lebendiger Erzähler. Neue Situationen werden von Ihnen schnell erfasst, und Sie verhalten sich meist auch entsprechend. Ihre Lebendigkeit und Lebensnähe machen Sie sehr menschlich und verhindern jeglichen Fanatismus. Sie sind viel zu stark in Berührung mit dem Leben, als dass Sie sich in komplizierten Abstraktionen verlieren könnten.

Sie lernen gut und schnell und schätzen den Austausch mit anderen. Auch sind Sie fähig, diese auf sich einwirken zu lassen und Ihren Erfahrungskreis dadurch zu erweitern. Dies ermöglicht Ihnen einen vielseitigen Umgang. In jeder Situation verstehen Sie es, Ihre Meinung mit Erfolg anzubringen.

Eine Ihrer stärksten Seiten liegt darin, dass Sie Ihre Gefühle verstehen und nötigenfalls in Schach halten können. Sie werden kaum riskieren, dass realitätsfremde Gefühle Ihr Leben beherrschen. Die Offenheit zwischen Gefühl und Verstand verleiht Ihnen Phantasie und eine Fülle von Einfällen, die Sie vielleicht auch in einer literarischen Tätigkeit nutzen könnten.

Mond-Venus-Aspekte

Mond Konjunktion Venus

Die Konjunktion zwischen Mond und Venus macht Sie sehr weich und gefühlvoll. Aufgrund Ihrer Sensibilität fühlen Sie sich leicht in andere ein, was Sie sehr anpassungsfähig macht. Sie haben aber Mühe sich durchzusetzen, wenn man aggressiv mit Ihnen umgeht. Dieser Mangel an Sensibilität beim anderen stösst Sie ab, doch können Sie sich schlecht dagegen wehren. Sie wünschen sich eine Welt, in welcher keiner dem anderen Leid zufügt, haben selbst Mühe, Leid zu ertragen, und können auch andere kaum leiden sehen.

Ihre Liebenswürdigkeit macht Sie sehr beliebt. Sie bemühen sich, mit allen nett zu sein, denn es liegt Ihnen etwas an Ihrer Popularität und daran, dass man auch Sie gut behandelt. Sie sollten mit Ihrer Anpassung an die Umwelt jedoch nicht zu weit gehen und sich selbst treu bleiben. Auch sollten Sie Ihre Liebe für überflüssige Annehmlichkeiten etwas unter Kontrolle halten. Sie schätzen Komfort und ein gepflegtes Auftreten vielleicht zu sehr, und Ihre Freude am Genuss könnte Sie in finanzielle Engpässe führen. Diese Seite von Ihnen hat auch etwas mit Selbstliebe und Verzärtelung zu tun, und Sie neigen wohl manchmal zu einer gewissen Selbstverliebtheit.

Sie legen Wert auf ein angenehmes Heim und einen warmen, sympathischen Freundeskreis, und es fällt Ihnen wahrscheinlich auch nicht schwer, dies zu finden. Aufgrund Ihrer Neigung, sich recht früh zu binden, sollten Sie Ihre gefühlsmässigen Bedürfnisse kritisch erforschen, bevor Sie sich endgültig festlegen. Sie haben nämlich die Tendenz, in Gefühlsdingen sehr subjektiv und ohne Distanz zu handeln. So wäre es vielleicht ratsam, Ihre engsten Freunde zu konsultieren, bevor Sie sich endgültig binden.

Der Mond im Spannungsaspekt zur Venus

Sie haben ein grosses Bedürfnis nach Liebe; doch möchten Sie manchmal geschätzt und geliebt werden, ohne sich selbst gefühlsmässig engagieren zu müssen. Sie versuchen andere für sich zu gewinnen, indem Sie sich anmutig und »lieb« zeigen, doch legen Sie wahrscheinlich zu viel Wert auf äussere Erscheinung und Umgangsformen und erwarten, dass man Sie deswegen schätzt. Wenn dies nicht funktioniert, sind Sie enttäuscht und verunsichert.

Diese Unsicherheit ist weitgehend für Ihre Schwierigkeiten verantwortlich. Sie können nicht erwarten, dass andere Ihnen zunächst unerwidert Liebe entgegenbringen, und sollten das Risiko, echte Gefühle zu zeigen, auf sich nehmen, auch wenn dies mal zu einer Enttäuschung führt. Legen Sie in Beziehungen mehr Gewicht auf innere Werte, wie echtes gegenseitiges Verständnis und weniger auf äussere Erscheinungsformen. Achten Sie z. B. mehr darauf, ob die Zielvorstellungen Ihrer Freunde Ihren eigenen entsprechen, oder ob sie ganz verschieden sind.

Die Schwierigkeit dieser Konstellation liegt darin, dass das, was für Sie gefühlsmässig stimmt, oft nicht auch noch als schön und angenehm erlebt wird. Seelische und sinnliche Anziehung sind autonome Bereiche, so dass man vom Partner, von dem man sich seelisch angesprochen fühlt, nicht unbedingt auch erotisch angezogen wird, und umgekehrt. Dies kann zu grossen Spannungen zwischen Wunsch und Realität führen.

Beim Mann kann diese Konstellation darauf hinweisen, dass ihn zwei verschiedene Frauenbilder anziehen, welche sich nur schwer in einer Person vereinen lassen: Mutter und Geliebte oder Hetäre.

Bei der Frau führt die gleiche Konstellation zu Schwierigkeiten, Lebensgenuss und Familie miteinander zu verbinden. Meist siegt die eine oder andere Tendenz, so dass Aesthetik und Erotik das Seelische und Menschliche zurückdrängen, oder das Erotische moralisch abgewertet wird. Der ersten Variante entspricht die selbständige Frau, die vielleicht in einem Beruf der ästhetischen Branche tätig ist und wenig Beziehung zum Mütterlichen hat. Im zweiten Falle haben wir es mit der Mutter zu tun, die mehr oder weniger bereitwillig in Familienpflichten aufgeht, und die die spielerische, leichtlebige Seite des Weiblichen verachtet.

Da es aus sozialen Gründen schwierig ist, die erotische Komponente mit dem einen Partner und die gefühlvolle, verbindliche Seite mit einem anderen zu leben, drängt es sich auf, dem Partner, mit dem Sie sich emotionell verstehen auch erotisch näherzukommen. Daneben besteht ja auch die Möglichkeit, Ihre sinnlich-ästhetischen Bedürfnisse in einer musischen Betätigung zu leben, sei dies nun in Kunst, Mode oder Dekoration.

Es ist jedoch wichtig, dass Sie mit der Zeit ein gewisses Gleichgewicht zwischen Seele und Sinnlichkeit finden, damit Sie nicht einfach unerreichbaren Idealen nachhängen.

Der Mond im harmonischen Aspekt zur Venus

Ein harmonischer Aspekt zwischen Mond und Venus macht Sie gefühlvoll und gesellig. Man fühlt sich in Ihrer Umgebung wohl, denn Sie strahlen eine besondere Harmonie aus. Sie sind liebenswürdig, passen sich leicht an und verhalten sich häufig diplomatisch. Sie lieben das Schöne und legen somit Wert auf eine liebevoll gepflegte Umgebung. Ergeben sich in der Umwelt Konflikte, versuchen Sie zu vermitteln. Nützt dies nichts, ziehen Sie sich jedoch lieber zurück, als dass Sie sich involvieren, da Sie davon ausgehen, dass der Konflikt sich mit der Zeit von selbst löst. Diese geduldige, passive, doch zuversichtliche Haltung ist eine Ihrer Stärken, die häufig eine Wendung zum Bessern bewirkt.

Ihr Sinn für Aesthetik ist gut entwickelt, und Ihre Umgebung spiegelt Ihre innere Harmonie. Sie spüren auch instinktiv, was zu Ihnen passt, und dies nicht nur im Aesthetischen, sondern auch in Gefühlsfragen. Wenn Sie genügend Initiative und Energie aufbringen und sich für das einsetzen, was zu Ihnen passt, können Sie Ihr starkes Kontakt- und Anlehnungsbedürfnis in einer harmonischen Beziehung leben, die Ihnen viel Freude bringt. Versuchen Sie Konflikte jedoch mit falschen Kompromissen zu vermeiden, werden Sie Mühe haben, Ihr Harmoniebedürfnis zu verwirklichen. Waren Sie als Kind sehr verwöhnt, haben Sie jetzt vielleicht Schwierigkeiten, weil Sie sich den Härten des Lebens nicht gewachsen fühlen.

Im grossen und ganzen werden Ihnen Ihr Charme und Ihre konziliante Haltung jedoch viele Möglichkeiten eröffnen, weil Sie andere leicht für sich gewinnen können. Sie finden auch einen vielfältigen Freundeskreis, der Ihnen viel Unterstützung bietet.

Mond-Sonne-Aspekte

Mond Konjunktion Sonne

Die Konjunktion von Sonne und Mond verleiht Ihnen grosse Spontaneität und Echtheit. Wollen und Fühlen fallen zusammen, so dass Sie ohne Distanz aus Ihrer gefühlsmässigen Reaktion heraus handeln. Sie gehen daher vieles schnell und plötzlich an, ohne die Konsequenzen Ihres Verhaltens immer gleich zu berücksichtigen. Erst die Reaktion der Umwelt erlaubt es Ihnen, die Folgen Ihres Verhaltens zu erkennen.

Dadurch ergeben sich beträchtliche Stärken, aber auch Schwächen. Die grosse Stärke dieser Konstellation liegt in Ihrer überzeugten Haltung, die Sie zu einer Art »Naturkraft« macht. Im Moment, wo Sie handeln, fühlen Sie sich ganz sicher, so dass Sie auch erfolgreich sind. Es kann jedoch passieren, dass Sie am nächsten Tag durch einen Stimmungswechsel, oder wegen der Reaktion Ihrer Umwelt ganz anders denken. Die Zeit hilft Ihnen also abzuwägen. Sie sind nicht immer von der gleichen Sache überzeugt und können Ihre Haltung vom Vortag oft kaum verstehen. Um aus Ihren Erfahrungen zu lernen, müssten Sie deshalb versuchen, zwischen Höhen und Tiefen zu vermitteln und einen gemeinsamen Nenner zu finden. Ihr Durchsetzungsvermögen hängt ab von Ihrer Fähigkeit, aus Erfahrungen zu lernen, und Ihre Subjektivität abzubauen. Hüten Sie sich auch davor, Dinge anzureissen, die bloss einer Abreaktion dienen.

Beziehungen werden für Ihre Entwicklung sehr wichtig sein, weil Sie sich dadurch kennenlernen können. Sie brauchen die Umwelt vermutlich mehr als andere Menschen, um sich selbst zu erfahren.

Der Mond im Spannungsaspekt zur Sonne

Ein Spannungsaspekt zwischen Sonne und Mond bedeutet, dass Ihre Erwartungen und Möglichkeiten oft auseinanderklaffen. Es ist Ihnen schmerzlich bewusst, dass Sie sich übermässig anpassen müssen, um das zu erhalten, was Sie sich wünschen, und Ihre Art, die Dinge zu verrichten, führt häufig nicht zum gewünschten Resultat, sondern zu Schwierigkeiten.

Der Grund dafür liegt darin, dass ein Konflikt zwischen dem bewussten Wollen und dem unbewussten Wünschen besteht. Diese Spannung führt dazu, dass die eine Seite unbefriedigt bleibt, wenn die andere Erfüllung findet. Dieses Ungleichgewicht bewirkt auch, dass Sie mit Autoritätsfiguren, wie Vorgesetzten (oder in jüngeren Jahren mit Ihren Eltern), Schwierigkeiten haben. Sie werden wahrscheinlich so lange in diese Konflikte verwickelt sein, bis Sie einsehen, dass Sie diese zunächst bei sich selbst lösen müssen, oder zumindest der Umwelt zeigen, dass Sie sich darum bemühen.

Mit dieser Konstellation sollten Sie Ihren eigenen Gewohnheiten und Denkschemata kritisch begegnen. Zwar können Sie dabei mal den Eindruck haben, vor dem Nichts zu stehen, weil Sie so vieles, das Ihnen eine scheinbare Sicherheit bot, aufgeben mussten. Indem Sie sich den vielen Schwierigkeiten stellen, und diese bewusst angehen, können Sie jedoch wachsen und zum eigenen Meister werden. Vielleicht erreichen Sie dies erst in der zweiten Lebenshälfte, aber Sie werden dann froh sein, sich nicht mehr wie früher auf aggressive Auseinandersetzungen einlassen zu müssen.

Bis Sie diese Selbstüberwindung erlangt haben, dürften Sie mit dem anderen

Geschlecht jedoch oft Schwierigkeiten haben. Sie haben Mühe, Ihren Alltag und die Höhepunkte des Lebens miteinander zu verbinden. Manchmal überschätzen Sie sich, im nächsten Moment sind Sie jedoch wieder unentschlossen und wankelmütig. Versuchen Sie diese Unsicherheit nicht dadurch zu kompensieren, dass Sie andere beeindrucken und ständig äussere Anerkennung suchen. Sie würden damit nur Ihrem Selbstgefühl schmeicheln und in Ihrer Entwicklung kaum weiter kommen, da Sie dabei auch sehr fragliche Verbindungen eingehen könnten.

Ein Partner, der ein starkes inneres Gleichgewicht mitbringt und Ihnen dabei hilft, Ihre Stimmungsschwankungen, welche oft mit Vollmond- oder Neumondstellungen zusammenhängen, auszugleichen, wäre sicher von Vorteil. Sie mögen durch eine solche Beziehung auch die Ruhe und Harmonie finden, welche Sie zuhause bei Ihren Eltern vermissten. Dies braucht nicht unbedingt zu heissen, dass Ihre Eltern schlecht miteinander auskamen; – Sie selbst hatten in Ihrer Kindheit die Tendenz, einen Konflikt zwischen dem väterlichen und mütterlichen Element zu sehen. Dies führte dazu, dass Sie entweder die männliche oder die weibliche Ausdrucksweise bevorzugten und sich stärker mit dem einen oder andern Elternteil identifizierten. Sie werden deshalb darauf achten müssen, Männlichkeit und Weiblichkeit in der richtigen Perspektive zu sehen, und die Ursache Ihrer Probleme nicht nur im anderen Geschlecht zu suchen.

Der Mond im harmonischen Aspekt zur Sonne

Ein harmonischer Aspekt zwischen Sonne und Mond symbolisiert ein Gleichgewicht zwischen Wollen und Empfinden. Ihre Phantasie stellt sich ohne weiteres in den Dienst Ihres unternehmungslustigen Geistes, und Sie laufen nicht Gefahr, ein Unternehmen losgelöst von seinen Auswirkungen zu betrachten. Sie gehen also von den vorliegenden Gegebenheiten aus und verlieren sich kaum in uferlosen Zielen. Diese innere Ausgeglichenheit ist eine wichtige Voraussetzung für Ihre Beliebtheit. Auch Ihr gesunder Menschenverstand wird geschätzt.

Dadurch, dass die männliche und weibliche oder die Yang- und Yin-Komponente sich in Ihrer Psyche nicht bekämpfen, sondern gut aufeinander abgestimmt sind, haben Sie auch Erfolg beim anderen Geschlecht. Ihre Beziehungsfähigkeit erhält dadurch Auftrieb. Sie hatten vermutlich schon in Ihrer Kindheit eine harmonische Beziehung zu Vater und Mutter oder – sofern der eine oder andere Elternteil in Ihrer Erziehung nicht mitwirkte – zu männlichen, bzw. weiblichen Erziehern. So wurden Sie zu einem Menschen, der aus jeder Situation etwas zu machen weiss, selbst wenn Sie mit den äusseren Umständen nicht vertraut sind. Diese Stärke sollte Sie allerdings nicht dazu verführen, alles auf die leichte Schulter zu nehmen. Sie sind in der Lage, auch schwierige Situationen zu meistern und können sich deshalb in Ihrem Leben einiges vornehmen. Es wäre daher schade, wenn Sie aus Bequemlichkeitsgründen nicht auf die Herausforderungen des Lebens eingehen würden. In einer Beziehung können Sie sich auf einen weniger ausgeglichenen Partner einlassen, der Sie anregt, während Sie zu seiner Stabilität beitragen.

Wenn Sie dies wollen, haben Sie gute Ansätze, um eine führende Position einzunehmen. Sie setzen Ihren Willen durch, doch zeigen Sie gleichzeitig Verständnis für das Anliegen Ihrer Mitarbeiter. Sie können überzeugen, ohne aggressiv zu wirken, was Ihnen hilft, Menschen zu führen, ohne dass diese den Eindruck haben, geführt zu werden. Diese Eigenschaft kann Ihnen beim Aufbau einer Karriere sehr hilfreich sein.

Mond-Mars-Aspekte

Mond Konjunktion Mars

Sie sind sehr impulsiv und spontan und sprechen auf den leisesten Reiz sensibel an. Ihre Reaktion ist dann schnell und heftig, so dass Sie leicht übers Ziel hinausschiessen. Sie selbst – wie auch die anderen – staunen nachher über Ihre Reaktion, die sehr unangemessen sein kann. Der Grund für dieses Verhalten liegt darin, dass das Motiv Ihrer Reaktion unbewusst ist und mit einem Reiz zusammenhängt, auf den Sie durch frühere Erfahrungen sensibilisiert sind. Die Ursache dieser Empfindlichkeit ist Ihnen vielleicht selbst nicht bewusst, geschweige denn der Umwelt. Wenn Sie nicht in den Ruf einer unbeherrschten Person geraten wollen, sollten Sie Ihre Reaktionen deshalb etwas stärker kontrollieren lernen.

Diese Konstellation bringt aber auch positive Seiten mit sich: Sie sind ein Kämpfer und setzen sich für Ihre Ueberzeugungen voll ein. Das gilt auch für Menschen, die Sie lieb gewonnen haben, und die Sie gegen alles verteidigen. Sie kämpfen mit fairen Waffen, und man weiss bei Ihnen gleich, woran man ist. Wenn Sie Ihre Impulsivität kontrollieren lernen und Ihre Energie weniger für Launen verschwenden, sondern für wichtige Ziele einsetzen, können Sie Ihre Kräfte viel positiver nutzen.

Im beruflichen Bereich liegt Ihnen eine abwechslungsreiche Tätigkeit besser als Routinearbeit. Sie haben gerne mit Menschen zu tun und sind erfolgreich, wenn Sie Ihre Launenhaftigkeit kontrollieren lernen. Gelingt Ihnen dies nicht, könnten Sie mit Kollegen in Streit geraten, so dass diese Sie schliesslich meiden.

Im privaten Bereich entspricht Ihnen ein Partner, der sehr ausgeglichen ist. Sie werden die Beziehung beleben und dafür sorgen, dass man sich nie langweilt, während Ihr Partner Sie bei langfristigen Zielen unterstützt, die es gemeinsam zu erreichen gilt.

Der Mond im Spannungsaspekt zum Mars

Ein Spannungsaspekt zwischen Mond und Mars bewirkt, dass Ihr Energiehaushalt sehr stimmungsabhängig ist. Sie kennen aktive, initiative Phasen, dazwischen passive Zeiten, in welchen Ihre Vorstellungskraft allerdings sehr rege ist. Sie brausen oft auf, sind danach jedoch wieder recht träge. Sie können sich masslos über Kleinigkeiten und Alltägliches aufregen, wenn Ihre Gefühle dadurch angesprochen werden. Diese Gefühlsbetontheit ist anderen meist gar nicht so bewusst, so dass man Ihre heftigen, übers Ziel schiessenden Reaktionen oft nur schwer versteht. Ihre Ruhelosigkeit und Unbeherrschtheit können heftige Auseinandersetzungen mit der Umwelt provozieren, die sie nachher jedoch meist bereuen. Wenn Sie durch die Reaktionen der anderen auf sich selbst zurückgeworfen werden, empfinden Sie heftige Schuldgefühle, neigen zu Depressionen oder zeigen Selbstbestrafungstendenzen.

Wenn Sie dieses Verhalten nicht korrigieren, werden Sie ständig Probleme haben. Dies trifft sowohl für den Arbeitsbereich zu, wo Sie als launisch gelten und mit Vorgesetzten und Kollegen im Streit liegen könnten, als auch für den privaten Bereich. Ihr schwieriges Temperament kann auch dazu führen, dass Sie Beziehungen eingehen, die Sie wenig später wegen häufigen Konflikten aufgeben müssen. Dies fällt Ihnen jedoch sicher nicht leicht, da Sie sehr leidenschaftlich veranlagt sind, und Sie werden sich wahrscheinlich aufgrund dieses Leidensdruckes Ihrer emotionellen Probleme bewusst.

Wie können Sie dieses Problem lösen? Sie spüren wahrscheinlich selbst, dass ein Verdrängen Ihrer aggressiven Tendenzen auch nicht zum Ziele führt. Haben Sie dies versucht, leiden Sie inzwischen vielleicht unter Magen- oder Verdauungsbeschwerden, die darauf hinweisen, dass die Lösung woanders gesucht werden muss. Sie sollten Ihre Energie deshalb eher im Beruf einsetzen, indem Sie Ihr Wissen und Können entwickeln. Die dadurch erlangte Selbstsicherheit bietet dann einen gewissen Schutz vor Ihrer übertriebenen persönlichen Betroffenheit.

Im partnerschaftlichen Bereich sollten Sie sich hingegen für eine ruhige Person entscheiden, die Ihre Gemütsschwankungen ausgleichen kann. Vielleicht beanspruchen Sie bei kurzfristigen Entscheiden weiterhin die Führung, doch können Sie dem Partner die Verantwortung für langfristige Fragen zumindest teilweise übertragen. Ist dieser sehr ausgeglichen, und braucht er vielleicht einen zusätzlichen Schuss Dynamik, kann sich ein gutes Gleichgewicht einspielen, das beiden zugute kommt.

Der Mond im harmonischen Aspekt zum Mars

Ein harmonischer Aspekt zwischen Mond und Mars bewirkt, dass Sie meist in Einklang mit Ihren Gefühlen handeln. Das gibt Ihnen eine gewisse Wärme und

Anpassungsfähigkeit an die jeweilige Situation. Sie gelten als impulsiv, doch ist Ihre Impulsivität von Gefühlen getragen, so dass Sie andere damit weniger vor den Kopf stossen. Sie strahlen dadurch umso mehr Menschlichkeit aus und reagieren am spontansten, wenn Ihre Gefühle angesprochen werden oder wenn es darum geht, jemanden, den Sie gerne mögen, zu verteidigen. Ihre Heftigkeit vermischt sich jedoch kaum mit Hass, so dass man Ihnen diese selten übel nimmt.

Sie sind sehr gesellig und haben gerne Freunde um sich, welche Sie zu Taten mitreissen können. Ihre Impulsivität und Spontaneität bewirkt oft, dass Sie sich an die Spitze einer Gruppe stellen und die anderen animieren. Dies ist auch im Berufsleben der Fall, wo es Ihnen leicht fällt, mit anderen zusammenzuarbeiten, solange Sie sich nicht allzu sehr unterordnen müssen. Sie brauchen nämlich recht viel Handlungsfreiheit. Ihr Improvisationstalent macht Sie für einen dynamischen Arbeitseinsatz geeignet, während Ihnen eine Arbeit nach vorgeschriebener Methode weniger liegt.

Ihre aufrichtige Spontaneität wird Sie auch bei Jugendlichen beliebt machen, welche Ihren Impulsen bereitwillig folgen. Dies kommt auch Ihrem Familienleben zugute, wenn Sie Kinder haben.

Mond-Jupiter-Aspekte

Mond Konjunktion Jupiter

Eine Konjunktion zwischen Mond und Jupiter lässt Sie Ihre Gefühle spontan ausdrücken. Sie haben viel Auftrieb und versuchen, Ihre hohen Ideale und Hoffnungen in der Umwelt durchzusetzen. Ihr Lebensschwung, Ihre frohe Haltung und Ihr Enthusiasmus reissen andere oft mit, so dass man sich in Ihrer Umgebung wohlfühlt. Sie sind auch in der Lage, andere aufzumuntern, wenn es ihnen schlecht geht.

Sie sind grosszügig und hilfsbereit, nutzen andere kaum aus, sondern geben freiwillig viel von sich selbst. Damit helfen Sie anderen, ihre Kleinlichkeit zu überwinden. Sie fühlen sich jedoch am wohlsten mit Menschen, die Ihren Enthusiasmus und Schwung teilen, und die sich ebenfalls gerne frei schenken. Ihre Frische und Aufnahmebereitschaft zeigt sich auch auf Reisen, wo Sie das Neue tief auf sich einwirken lassen können. Diese Reisen und Kontakte zu Ausländern bringen Ihnen immer wieder neue Aspekte des Lebens nahe.

Mit einengenden Verhältnissen haben Sie allerdings Mühe. Sie brauchen Grosszügigkeit und Schönheit und empfinden reine Routine als beengend. Ein stimmiges Familienleben und der spontan gute Kontakt zu Kindern kann Ihnen jedoch helfen, Zwang und Routine als etwas Notwendiges hinzunehmen. Das Gefühl von Gemeinsamkeit und tiefem Austausch mit Freunden ist Ihnen sehr wichtig. Sie werden sich kaum je bloss für Pflicht und Arbeit einsetzen wollen, da das Leben für Sie auch Freude und Genuss bedeutet.

Daneben ist Ihnen aber auch der Lebenssinn sehr wichtig. Wenn Ihre Hoffnungen zu hoch gesteckt sind, sollten Sie sich von Zeit zu Zeit fragen, welche Ihrer Ziele Sie bisher verwirklichen konnten, damit Sie den Kontakt zur Realität nicht verlieren. Bei dieser Konstellation besteht nämlich die Gefahr, dass Sie Ihre Ziele immer wieder in eine ferne Zukunft verschieben, anstatt diese zu konkretisieren und der Realität anzupassen, so dass Sie darauf hin arbeiten können. Setzen Sie sich jedoch immer wieder mit Ihrem Hang zum Utopischen auseinander, kann dieser Aspekt viel zu Ihrem Glück beitragen. Die Konjunktion zwischen Mond und Jupiter kann nämlich als Fähigkeit gedeutet werden, sich zum rechten Zeitpunkt, am rechten Ort, richtig zu verhalten.

Der Mond im Spannungsaspekt zum Jupiter

Diese Kräfteverbindung verleiht Ihnen Enthusiasmus und macht Sie expansiver. Sie sind begeisterungsfähig und kontaktfreudig, möchten bei Ihrer Umgebung gut ankommen und tun daher auch viel für Ihre Beliebtheit. Allerdings verausgaben Sie sich manchmal zu sehr, bloss um anderen zu gefallen, sind vielleicht allzu kompromissbereit oder zwingen sich zu einer Haltung, die gut ankommt. Auf die Dauer können Sie dies jedoch nicht durchhalten, weil es Ihrem Wesen nicht entspricht. Dann kann einer schnellen Begeisterung eine ebenso plötzliche Abwendung folgen.

Ueberhaupt müssen Sie Ihre Tendenz zum Uebertreiben kontrollieren lernen. Versuchen Sie in Beziehungen daher gleich von anfang an so zu sein, wie Sie sich fühlen, um keine Versprechen zu machen, die Sie nachher brechen müssen. Sonst könnten sich Menschen, die zunächst sehr positiv auf Sie ansprachen, von Ihnen abwenden, was bei Ihrem Bedürfnis nach Beliebtheit besonders schmerzlich wäre. Auch im Bereich Ihrer Arbeit ergeben sich Enttäuschungen, wenn Sie Ihre Pläne bald wieder aufgeben müssen, weil diese zu wenig überdacht und ausgereift waren. Ihr Hang zum Uebertreiben kann sich auch im finanziellen oder kulinarischen Bereich äussern, doch sollten Sie diese kurzsichtige Genusspolitik Ihrer Gesundheit zuliebe beherrschen lernen!

Sie müssen wahrscheinlich noch lernen, mit Ihrem Hang zum Uebertreiben umzugehen. Bewältigen Sie diese Aufgabe, spüren Sie den Unterschied zwischen dem Wesentlichen und dem Unwesentlichen auch besser. Letztlich entscheiden Charakter und Moral aber weitgehend darüber, wie dieser Aspekt gelebt wird. Der Konflikt, der hier bewältigt werden soll, ist derjenige zwischen einem langfristigen Sinn und Ziel und momentanem Lustgewinn. Lernen Sie der Versuchung zu widerstehen, erhält Ihr Leben neuen Sinn, und Sie wirken auch irgendwie menschlicher.

Der Mond im harmonischen Aspekt zum Jupiter

Ein harmonischer Aspekt zwischen Mond und Jupiter erleichtert Ihnen vieles. Sie sind expansiv und fähig, in jeder Situation sich selbst zu sein. Indem Sie sehr natürlich über Ihre Gefühle sprechen, schaffen Sie ein Klima von Offenheit und Spontaneität, so dass man sich in Ihrer Nähe wohl fühlt, und Sie beliebt sind. Sie sind ein Optimist, und die Kraft Ihres positiven Denkens lässt Sie das Beste aus Ihrem Leben machen. Da Sie gut auf andere eingehen können und diesen Verständnis entgegenbringen, kommt man auch Ihrem Bedürfnis nach Anerkennung gerne entgegen.

Ihre positiven Kindheitserfahrungen wirken nach und machen Sie lebendig, ausgeglichen und optimistisch. Doch sollten Sie in Ihrer Zuversicht nicht zu bequem werden, da Sie an Ihrer Entwicklung auch arbeiten sollten. Gestatten Sie sich eine zu passive Haltung, könnten Sie, wenn sich die äusseren Umstände ändern, nämlich versucht sein, all Ihre Ziele in eine ferne Zukunft zu projizieren, damit Sie nichts dafür tun müssen, und so zusehends in Ihren Träumen leben.

Bringen Sie jedoch eine gewisse Disziplin auf, ist Ihr Gefühlsleben ziemlich harmonisch. Ihr Zukunftsglaube, sowie Ihre menschliche Haltung tragen viel zu Wachstum, Erfolg und sozialem Aufstieg bei.

Mond-Saturn-Aspekte

Mond Konjunktion Saturn

In Ihrer Kindheit legte man grossen Wert auf die Kontrolle Ihrer Gefühle, so dass diese schon in jungen Jahren eine massive Einschränkung erfuhren. Im Kindesalter, wo Gefühle die einzige Ausdrucksmöglichkeit sind, stiessen diese auf Kühle oder Ablehnung. Dies braucht nicht zu heissen, dass Sie nicht geliebt wurden, sondern lediglich, dass Ihre Eltern nicht fähig waren, ihre Zuneigung in Gefühlen auszudrücken. Die Betonung lag vielmehr auf Pflicht und Verantwortung. Möglicherweise fehlte in Ihrer Erziehung auch eine Mutterfigur, so dass Sie die Wärme und Spontaneität vermissten, die Ihnen damals geholfen hätte, Ihre Gefühlswelt zu entwickeln. Vor allem der Mutter dürfte es an spontanem Gefühlsausdruck gefehlt haben.

Als Folge dieser Erziehung fühlen Sie sich oft einsam und leiden vielleicht auch an Depressionen. Sie sind der Vergangenheit derart verhaftet, dass Sie Mühe haben, das Neue vorbehaltlos auf sich wirken zu lassen. Dadurch fällt es Ihnen auch schwer, sich unbelastet und ohne Skepsis auf eine Beziehung einzulassen. Sie empfinden Gefühle als zu wenig verlässlich und versuchen, im menschlichen Kontakt daher in erster Linie mit dem Kopf zu entscheiden. Die verdrängten Gefühle rächen sich aber meist, so dass Ihre Entscheidungen letztlich doch nicht so rational sind, wie Sie möchten. So dürften Sie unter depressiven Stimmungen leiden, welche auch Ihre Beziehungen vereiteln können.

Die Tatsache, dass Sie sich im Bereich der Gefühle nicht so wohl fühlen, liess Sie wahrscheinlich schon früh grossen Wert auf praktische Effizienz legen. Ihr Ideal bestand darin, der Umwelt eine kühle, aber kompetent wirkende Erscheinung entgegenzuhalten. Tatsächlich dürfte Ihnen dies geholfen haben, sich durch Leistung und die soziale Position, die Sie dadurch erreichten, auszuzeichnen. So haben Sie wahrscheinlich ein neues Selbstwertgefühl entwickelt, das Ihnen hilft, die schlechten Erfahrungen zu verarbeiten oder zu kompensieren, die Sie mit Ihren dominierenden Eltern machten.

Die Distanz zum Gefühl, die Sie sich früher notgedrungen erwarben, kann dann vor allem in der zweiten Lebenshälfte dazu beitragen, dass Sie sich weniger an äusseren Bindungen, als an geistigen Werten orientieren und eine recht abgeklärte Haltung entwickeln.

Mit den Jahren befreien Sie sich zusehends von Ihrer belastenden Vergangenheit, und Ihre Auseinandersetzung mit der Gefühlssphäre kann sehr positive Nebenwirkungen haben, indem Sie Menschenkenntnis und Lebensweisheit entwickeln.

Der Mond im Spannungsaspekt zum Saturn

Aufgrund dieses Aspekts fühlen Sie sich oft einsam und allein und öffnen sich häufig erst, wenn man sich intensiv um Sie bemüht. Sie fühlen sich minderwertig und glauben, im Leben schlecht weggekommen zu sein. Sie finden, dass Beziehungen Ihnen zu wenig bringen oder Sie sogar bedrücken.

Aufgrund dieses Eindrucks neigen Sie dazu, Ihre Gefühle zu verdrängen, und legen umso mehr Wert auf Effizienz und rein praktische Werte. Sie werden sich jedoch irgendwie mit Ihren Gefühlen aussöhnen müssen, da diese sich sonst unkontrolliert in Ihr Leben einbringen. Auch sollten Sie unbedingt mehr Kontakt zu anderen Menschen suchen, da Sie sich sonst allzu sehr auf sich selbst und die Vergangenheit konzentrieren. Dies könnte häufige Depressionen bedingen und eine gesunde Entfaltung Ihrer Persönlichkeit erschweren.

Ihre Angst vor einem gefühlsmässigen Engagement wurzelt in Ihrer Kindheit und Erziehung und geht darauf zurück, dass Ihre Eltern wohl zuviel Gewicht auf Pflicht und Verantwortung legten. Sie wurden streng erzogen oder lebten in beengenden Verhältnissen, so dass Sie schon sehr früh zu Gehorsam angehalten wurden und Ihre undisziplinierte, kindhafte Seite unterdrücken mussten. Dies brachte Sie in einem gewissen Sinn um Ihre Kindheit und um Ihre Spontaneität, die Sie nun erst wieder lernen müssen.

Häufig erinnert Sie ein Vorgesetzter oder Partner an den einen oder andern Elternteil, so dass Sie dadurch frühere Situationen in einem neuen Licht durchleben. Zeitweilig ordnen Sie sich dann unter und nehmen die Pflichten, die Ihnen auferlegt werden, einfach hin, doch empfinden Sie dabei eine gewisse Bitterkeit, welche Sie den andern auch spüren lassen. Dies erschwert Ihr Verhältnis zu Vorgesetzten, weil Sie in dieser Situation, die Sie so sehr an früher erinnert, das Gefühl haben, zu viel von sich preisgeben zu müssen. Mit der Zeit sollten Sie deshalb lernen, auf eigenen Füssen zu stehen und eine selbständige Tätigkeit auszuüben. Je mehr Kreativität Sie entwickeln, desto leichter werden Sie auch Ihr Gefühl von Bedrücktheit los.

Auch in einer Partnerschaft kann sich das alte Problem bemerkbar machen. Zuerst entscheiden Sie sich wahrscheinlich für einen Partner, der dem einen oder andern Elternteil entspricht, um die unverdauten Erfahrungen nochmals zu durchleben und neue Verhaltensmuster zu entwickeln, die Ihre alte Rolle sprengen. Später sollten Sie jedoch einen Menschen suchen, der weniger Strenge ausstrahlt, und der Sie in Ihrer Arbeit an sich selbst unterstützt.

Weil Sie mit Gefühlen zunächst Mühe hatten, müssen Sie sich nun intensiv mit diesem Bereich auseinandersetzen. Dies führt im positiven Fall zu einer echten emotionalen Unabhängigkeit, die vielleicht weiter reicht als bei den meisten Menschen. Sie realisieren nämlich, dass man in der Vergangenheit keine Sicherheit finden kann. Eltern sterben, und Partner können einen verlassen, so dass Sicherheit nicht in Bindungen an die Aussenwelt, sondern nur in sich selbst zu finden ist. So können Sie zu echter Individualität heranwachsen und unbewusste Gefühlsbereiche integrieren. Dieses innere Gleichgewicht werden Sie allerdings wohl erst in der zweiten Lebenshälfte erreichen.

Der Mond im harmonischen Aspekt zum Saturn

Diser Aspekt macht Sie im Ausdruck Ihrer Gefühle sehr zurückhaltend. Sie haben eine gewisse Angst, sich zu geben und vertrauen sich jemandem erst dann an, wenn Sie ihn gut kennen, da es Ihnen gefährlich erscheint, Ihre Gefühle allzu offen preiszugeben. Kühle und Effizienz sind Ihre Ideale, und Sie wirken daher ernst und sachlich und sind vielleicht gar nie ein richtiges Kind gewesen. Schon früh mussten Sie vernünftig und diszipliniert sein, um ja nicht unangenehm aufzufallen. Ihre Eltern – und ganz besonders die Mutter – betonten Pflicht und Verantwortung und zeigten Ihnen gegenüber wahrscheinlich wenig Wärme und Spontaneität.

Der Aspekt zwischen Mond und Saturn verleiht Ihnen einen praktischen und etwas nüchternen Zug. Sie haben wenig Hang zur Träumerei oder zur Leidenschaftlichkeit, da dies Ihnen zu gefährlich wäre und Sie mit übertriebener Spontaneität schlechte Erfahrungen gemacht haben. Sie sind sehr stark der Vergangenheit verhaftet und haben Schwierigkeiten, der Welt vorbehaltlos und unbekümmert entgegenzutreten. Dies führt oft zu Gefühlen von Einsamkeit, und Sie suchen mehr Geborgenheit. Aus Angst vor einer Zurückweisung können Sie Ihre Bedürfnisse jedoch oft kaum äussern.

Der Vorteil dieser Konstellation liegt andererseits darin, dass Sie wohl mehr als andere Wert auf ehrliche und aufrichtige Beziehungen legen. Sie sind zuverlässig und treu und geben stabilen Beziehungen den Vorzug. Sie lassen sich selten von den Umständen oder irgendwelchen Gefühlen treiben. Für tiefe Beziehungen gehen Sie, wenn nötig, Kompromisse ein. Es fällt Ihnen auch nicht schwer, sich an Abmachungen zu halten, und Sie profitieren im allgemeinen eher von festen Strukturen, die Ihnen ein Gefühl von Sicherheit vermitteln. Vielleicht haben Sie nicht sehr viele Freunde, doch sind diese umso zuverlässiger. Als Erwachsener erwarten Sie von Ihren Kindern Gehorsam, doch sind Sie auch in der Lage, ihnen eine stabile Grundlage für das Leben mitzugeben.

Mond-Uranus-Aspekte

Mond Konjunktion Uranus

Dieser Aspekt macht Sie sehr unkonventionell und originell. Sie haben ein starkes Bedürfnis, Ihren eigenen Weg zu gehen und ertragen äussere Zwänge schlecht. Sie möchten im Leben Ihren eigenen Willen durchsetzen und sich nicht den Masstäben anderer unterwerfen müssen.

Ihre Eigenwilligkeit ist wohl schon früh in der Kindheit zum Ausdruck gekommen. Sie dürften ein ziemlich undiszipliniertes Kind gewesen sein, und Ihre Eltern versuchten vielleicht mit allen Mitteln, Sie in Schranken zu weisen. Dies hat dazu geführt, dass Sie heute ein starkes Nachholbedürfnis verspüren, endlich sich selbst zu sein. Dieser innere Antrieb wird Ihr Gefühlsleben und Ihre Partnerschaften sehr stark prägen. In Ihren ersten Beziehungen dürften Sie von ungewöhnlichen und eigenwilligen Partnern angezogen worden sein. Diese Beziehungen entsprachen Ihrem unbewussten Wunsch, durch solche Kontakte auch selbst origineller zu werden und neue Aspekte des Lebens kennenzulernen. Sie dürften sich auch sehr plötzlich verliebt haben, um dann später möglicherweise die Erfahrung zu machen, dass die Beziehung – ebenso plötzlich wie sie eingegangen wurde – auseinanderging. Vielleicht dachten Sie, dies läge am Partner. Tatsache ist jedoch, dass Sie mit der Wahl eines unkonventionellen Partners selbst einen solchen Ausgang herbeiführten.

Vielleicht haben Sie in der Zwischenzeit gelernt, Ihre Originalität selbst zu leben und dadurch von Ihren Freunden für Ihre Spontaneität und Unberechenbarkeit geschätzt zu werden. Sie verstehen es, alles immer wieder auf eine neue Art anzugehen und ständig zu improvisieren. Ohne dass Sie an Konventionen haften würden, sind Sie zugleich sehr menschlich und unterstützen das Individuelle in jedem einzelnen. Sie haben Ihren eigenen Stil und auch den Mut, ihn zu leben. Wenn Sie diesen Punkt der Entwicklung erreicht haben, so werden Sie mit Vorteil eine Beziehung mit einem reifen Partner anstreben, eine Beziehung, welche auf Menschlichkeit und Kameradschaftlichkeit aufgebaut ist und beiden erlaubt, ihren eigenen Weg der Individuation zu gehen.

Der Mond im Spannungsaspekt zum Uranus

Dieser Aspekt zeigt, dass Ihre Gefühle recht wechselhaft sind. Sie haben Schwierigkeiten, sich gefühlsmässig zu engagieren und zu binden, weil Ihnen scheint, dass auf Gefühle kein Verlass ist. Dieser Eindruck dürfte Ihrer frühen Kindheit entstammen, wo Ihre Mutter Ihnen nicht die Geborgenheit brachte, die Sie gebraucht hätten. Diese dürfte eine etwas eigenwillige Person gewesen sein, welche vielleicht eher ihre eigenen Ziele verfolgte, als dass sie gefühlsmässig intensiv auf Sie eingegangen wäre.

Das Resultat dieser frühen Prägung ist ein gewisser Konflikt zwischen dem Bedürfnis nach Individualität, nach eigenem Tun und Lassen und dem Wunsch nach Bindung und Geborgenheit. Dies dürfte bewirken, dass der Bereich Ihrer Beziehungen häufig von plötzlichen Trennungen geprägt war. Vielleicht schien es dabei oft so, dass der Grund dafür bei der andern Person lag. Tatsache ist jedoch, dass Sie sich in Beziehungen gerade solche Menschen aussuchten, welche faszinierend und stimulierend wirken, jedoch ihren eigenen Weg gehen müssen und damit nicht unbedingt zu den Partnern gehören, welche am besten fähig sind, eine langfristige Beziehung aufrechtzuerhalten. Vielleicht fühlten Sie sich auch angezogen von Menschen, welche bereits gebunden waren. Sie haben in Ihrem Innersten eben Angst vor einer allzu engen Verbindung und vor der sich daraus ergebenden Verantwortung. Sie möchten sich nicht mit jemandem zusammentun, der Ihre Freiheit einschränkt und Ihre Beziehung zum Anlass nimmt, um weitgehende Forderungen zu stellen.

Sie sind manchmal sehr unbeherrscht in Ihren Reaktionen und sollten unbedingt versuchen, diese Seite etwas unter Kontrolle zu bekommen. Wenn Sie es verstehen, sich zu disziplinieren und sich lohnende Ziele vorzunehmen, so können Sie der immer verspürten Gefahr der Ablenkung entgehen und in künstlerischen oder unternehmerischen Bereichen Aussergewöhnliches leisten. Sie haben nämlich einen starken Bezug zum Zeitgeist und sind in der Lage, kommende Entwicklungen vorauszuahnen.

Der Mond im harmonischen Aspekt zum Uranus

Sie brauchen viel Freiheit und bestehen darauf, alles auf Ihre urpersönliche Art tun zu können. Sie haben das Bedürfnis, sich gefühlsmässig frei zu fühlen und nicht von anderen abhängig zu sein. Am lästigsten ist es Ihnen, wenn jemand aufgrund einer engen Beziehung oder einer Freundschaft das Recht beansprucht, Sie zu dominieren oder zu kontrollieren. Eigentlich möchten Sie jeden

Kontakt pflegen, der Sie persönlich anspricht. Dabei werden sie vor allem von ungewöhlichen Menschen angezogen, welche neue und individuell interessante Erfahrungen versprechen. In diesem Sinne legen Sie grossen Wert auf individuelle Freiheit und persönliche Wachstumsmöglichkeiten. Sie sind sehr aufrichtig und durchaus bereit, jemand anderem die Freiheiten, die Sie für sich in Anspruch nehmen, ebenfalls zuzugestehen. Ueberhaupt sind Sie sehr tolerant und akzeptieren auch die Eigenarten anderer, jedenfalls solange man nicht versucht, Sie zu beherrschen. Sie fühlen sich ebenfalls sehr wohl in ungewöhnlichen, absolut neuen Situationen, in welchen Sie meist instinktiv richtig reagieren. So sind Sie auch fähig, Ihren Wohnort zu wechseln und sich in einer neuen Umgebung rasch einzuleben. Vielleicht fällt Ihnen das sogar leichter, als allzulange in der gleichen Routine verharren zu müssen.

Die Intuition spielt bei Ihnen eine grosse Rolle. Oft fallen Ihnen neue Einsichten und Wege ganz unverhofft zu, ohne dass Sie wüssten, wie Sie zu dieser neuen Einsicht gekommen sind. Sie werden sich auch oft gar nicht die Mühe nehmen wollen, Ihren neuen Standpunkt zu begründen, weil er Ihnen selbst absolut klar ist. Denken Sie dabei etwas mehr an die andern, die vielleicht Ihren plötzlichen Gedankensprüngen nicht immer folgen können. Wenn Sie diesem Thema nicht genug Aufmerksamkeit schenken, so könnten Sie im gemeinsamen Zusammenleben Schwierigkeiten erfahren.

Sie werden einen Partner brauchen, der Verständnis hat für Ihre Individualität und Ihr Bedürfnis nach persönlichem Wachstum. Es wird dabei auch von Vorteil sein, wenn Sie Ihre kreativen Kräfte in einem künstlerischen oder unternehmerischen Bereich verwirklichen können. Ihre Originalität und Ihr Gefühl für das, was heute oder gar erst morgen aktuell sein wird, kann dabei Ihrem Erfolg sehr förderlich sein. Dazu wird es von Vorteil sein, wenn Sie früh schon Ihre Ausdrucksmittel entwickeln, damit Sie Ihre originellen Einsichten der Welt besser vermitteln können.

Mond-Neptun-Aspekte

Mond Konjunktion Neptun

Sie sind sehr sensibel und umgebungsabhängig. In einer Umgebung von feinfühligen Menschen können Sie richtig aufblühen und Ihre reiche Phantasie und Ihren Idealismus zeigen. Andererseits fällt es Ihnen sehr schwer, von streitsüchtigen oder allzu materialistischen Menschen umgeben zu sein. Sie spüren sofort die negativen Schwingungen und können sich in einer solchen Umgebung sehr schnell auch physisch schlecht fühlen.

Sie sind ein grosser Träumer und nicht sehr praktisch veranlagt, es sei denn, dass andere Komponenten des Horoskops in diese Richtung weisen würden. Sie leben oft in der Welt Ihrer Phantasien und Wunschvorstellungen, welche

Sie selbst gerne für wahr halten. Leider ist die Aussenwelt selten gleicher Meinung, und so fühlen Sie sich oft unverstanden. Seien Sie davor auf der Hut, dass Sie sich nicht immer vor unangenehmen äusseren Aufgaben in Ihre Wunschträume flüchten. Zwischen Realität und Wunschwelt könnte sich sonst ein Graben auftun, der im Laufe der Jahre immer tiefer würde. Dies könnte dann dazu führen, dass Sie vom Leben enttäuscht sind und sich benachteiligt fühlen.

Ihre starke Seite ist andererseits Ihre Fähigkeit, anderen Menschen zu helfen, weil Sie sofort herausspüren, wenn diese in Not sind und Ihre Hilfe brauchen. Tatsächlich können Sie dadurch, dass Sie anderen helfen, sich oft selbst helfen, indem Sie daraus ein besseres Selbstwertgefühl aufbauen können.

Eines Ihrer Hauptprobleme könnte in der praktischen Existenzbewältigung liegen. Versuchen Sie, stärker mit beiden Füssen auf dem Boden der Realität zu stehen und nicht unrealisierbare Pläne zu hegen. Ein realitätsgewandter Partner kann Ihnen helfen, diesen Weg zu gehen. Allerdings müssen Sie sich in Beziehungen davor in acht nehmen, den andern anfänglich nicht so zu idealisieren, dass er Ihren hochgeschraubten Erwartungen letztendlich nicht genügen kann. Nach einiger Zeit würden Sie ihn dann anders sehen müssen als Sie ihn anfänglich sehen wollten, was nur zu Enttäuschungen führen würde. Versuchen Sie Ihrem Partner auch genau zu sagen, wie Sie die Beziehung sehen, und was Sie davon erwarten. Dies wird sicher schwer sein, da Ihnen das selbst nicht ganz klar ist, aber Sie müssen diese Arbeit auf sich nehmen, um später nicht Ernüchterungen zu erleben.

Wenn Sie einen stärkeren Realitätsbezug durch entsprechende Arbeit an sich selbst gefunden haben, so werden Sie fähig sein, Ihre reiche Phantasie auch in den Dienst von künstlerischen Betätigungen zu stellen. Sie können dann auch von Ihren Ahnungen und Ihrem instinktiven Erraten der Psyche anderer Menschen profitieren.

Der Mond im Spannungsaspekt zum Neptun

Mit einem Spannungsaspekt zwischen Mond und Neptun müssen Sie sehr darauf achten, dass Ihre Gefühle und Wahrnehmungen den Bezug zur Realität nicht verlieren. Sie haben nämlich oft die Tendenz, die Dinge so zu sehen, wie sie Ihren Wunschvorstellungen entsprechen. Sie gehen also oft an der Wirklichkeit vorbei und nehmen nur das wahr, was Ihnen gefühlsmässig gerade passt. Den Rest möchten Sie nicht zur Kenntnis nehmen, und wenn man Sie dann mit Absicht darauf bringt, so sind Sie enttäuscht, weil Sie sich alles ganz anders vorgestellt hatten. Dies kann sowohl für Ihre beruflichen Ideale, als auch für Ihre Beziehungen zutreffen. Was die Sache noch schwieriger macht, ist die Tatsache, dass Sie Ihre Wünsche und Hoffnungen gerne mit einem Schleier umgeben und sie nur sehr unwillig zur Diskussion stellen. Damit weiss Ihre Umwelt oft beim besten Willen nicht genau, was in Ihnen vorgeht. Der Grund für dieses Verhalten ist darin zu suchen, dass Sie unbewusst ziemlich genau wissen, dass Ihre innerlich gehegten Wünsche anderen schwer mitzuteilen sind, sei es, dass diese in sich widersprüchlich sind, sei es, dass sie zur äusseren Wirklichkeit in Widerspruch stehen. Aus diesem Grunde weichen Sie gerne aus, wenn man Sie dazu auffordert, sich festzulegen.

Sie dürfen jedoch der Auseinandersetzung zwischen Ihren Wünschen und dem, was die äussere Realität oder die anderen Menschen bieten können, nicht ausweichen, weil sonst der Graben zwischen Ihren innerlich gehegten Idealen und den Verwirklichungsmöglichkeiten immer grösser würde. Sie müssten sich dann zunehmend in Ihre Traumwelt zurückziehen und würden den Zusammenhang mit dem praktischen Leben immer mehr verlieren. Sie kämen sich dann unverstanden vor und als jemand, der im Leben schlecht weggekommen ist, ohne sehen zu wollen, dass Sie derjenige waren, der sich Illusionen machen wollte. Auch wenn es – objektiv gesehen – so scheint, dass andere Menschen mit Ihnen auf eine unehrliche Art und Weise verfuhren, so dürfte der Grund darin zu suchen sein, dass Sie zunächst einmal solche Menschen unbewusst anzogen, Menschen nämlich, die Ihnen etwas vorspiegelten, das schöner war als die alltägliche Wirklichkeit. Zum zweiten dürften in Ihren Kontakten auch Menschen, die von Haus aus nicht so veranlagt waren, ziemlich bald herausgefunden haben, dass Sie nur einen Teil der Wahrheit zur Kenntnis nehmen wollten, und dass es bequemer ist, Ihnen Ihre Illusionen zu lassen.

Um aus diesem Teufelskreis herauszukommen, müssen Sie sich deshalb mit grossem Ernst bemühen, ganz ehrlich und aufrichtig von äusserlich sichtbaren und erkennbaren Tatsachen auszugehen, auch wenn Sie dazu vielleicht zunächst grosse beflügelnde Pläne aufgeben müssen. Sie sollten sich in Ihren Beziehungen auch Menschen aussuchen, welche realistischer sind als Sie und Ihnen helfen können, die Wirklichkeit so zu sehen, wie sie ist. Solchen Menschen müssten Sie allerdings auch Ihr volles Vertrauen entgegenbringen können und bereit sein, ihrem Rat zu folgen, auch wenn dieser Ihren Wünschen und vielleicht auch Ihrer vermeintlichen Intuition zuwiderläuft. Erst wenn Sie diesen Weg gegangen sind, werden Sie die positiven Manifestationen des Neptuns, wie echte Eingebungen und den Sinn für die Gesetze des Unbewussten und der Traumwelt, voll nutzen können. Ihre reiche Phantasie und Ihre intuitive Menschenkenntnis können dann dienstbar gemacht werden für musische Betätigungen oder für den Dienst am Nächsten. Das Kernproblem wird dabei darin liegen, echte Eingebung und projizierte Wünsche voneinander zu unterscheiden. Erst die positive Bewältigung der Realität kann bewirken, dass Sie die dazu notwendigen Kriterien in sich selbst ausbilden.

Der Mond im harmonischen Aspekt zum Neptun

Ein harmonischer Aspekt zwischen Mond und Neptun macht Sie sehr feinfühlig. Traum und Wirklichkeit verweben sich oft miteinander, und so sind Sie auch in der Lage, geheime Bande zwischen den Dingen zu sehen. Eine schöne Landschaft, feine Musik und ein Kunstwerk mit ansprechenden Farben und Proportionen können Sie zu Höhenflügen veranlassen. Ebenso entwickelt sind Ihre Phantasie und Ihr starker Bezug zu Ihrem Traumleben. Das kann soweit gehen, dass Sie nie genau wissen, was jetzt Traum und Wunsch oder Wirklichkeit ist.

Sie sollten Ihre Ausdrucksmittel entwickeln, um die von Ihnen verspürten inneren Wahrheiten der Umwelt besser mitteilen zu können. Dies kann verbal, oder mittels einer künstlerischen Kreation erfolgen. Wenn Sie das nicht tun, könnte sich diese innere Welt anstauen und letztendlich viel attraktiver erscheinen als die Auseinandersetzung mit der äusseren Realität. Es könnte zu einer Flucht in die Traumwelt und in ungelebte Wunschvorstellungen führen.

Sie reagieren sehr stark auf das Verhalten Ihrer Umwelt, sodass Sie um sich herum unbedingt eine passende Umgebung brauchen. Bemühen Sie sich deshalb, mit Menschen zusammenzusein, die ebenfalls feinfühlig sind, und die nicht negative, zersetzende Gedanken hegen. Sie haben nämlich viel Mühe, sich gegen äussere Aggressionen zu wehren, schon deshalb, weil Sie keine klare Grenze ziehen zwischen sich selbst und den andern, und damit die Gefühle der andern leicht zu Ihren eigenen werden. Daher können Sie in Gegenwart von harten und rücksichtslosen Menschen viel Energie verlieren.

Ihre starke Seite liegt darin, dass Sie die Fähigkeit haben, anderen Menschen ein Gefühl zu geben für das Vorhandensein einer reichen inneren Welt, die dem Leben erst Tiefe, Reichtum und Schönheit gibt. Diese Komponente sollten Sie auch in eine Beziehung hineintragen können, indem Sie mit Ihrem Partner eine Kommunikation aufbauen können, welche ohne Worte vor sich geht und die auf einem Erraten der gegenseitigen Wünsche beruht. Das könnte Ihrer Beziehung eine Note von Einzigartigkeit geben.

Wovor Sie sich in acht nehmen müssen, ist lediglich, dass Ihr Wunschdenken nicht überhand nimmt, und dass Sie sich nicht über eine Ihnen nicht passende äussere Wirklichkeit hinwegtäuschen, indem Sie die erstrebten Zustände in die Zukunft, in eine schönere Zeit, hinausprojizieren. Durch eine solche Haltung würden Idealität und Realität mit der Zeit immer mehr auseinanderklaffen.

Mond-Pluto-Aspekte

Mond Konjunktion Pluto

Sie haben sehr tiefe Gefühle, welche mit verborgenen archetypischen Bereichen Ihres Unbewussten in Zusammenhang stehen. Diese Verbindung zwischen der Gefühlssphäre und der »Unterwelt« der menschlichen Psyche macht es Ihnen oft schwierig, über Ihre Gefühle zu sprechen und diese bewusst zu machen. Oft fühlen Sie sich gänzlich von ihnen beherrscht, zum Guten oder zum Schlechten. Beim Erleben von archaischen, erschreckenden Elementen, die aus den seelischen Tiefen aufsteigen, werden Sie oft von Schuldgefühlen überwältigt.

Der Ursprung dieser Seelenlage ist in Ihrer frühen Kindheit zu suchen, wo Ihre Mutter oder eine andere weibliche Erziehungsperson einen stark prägenden Einfluss auf Sie ausübte. Sie legte wahrscheinlich den Grundstein für Ihr jetziges Wertsystem, indem sie bestimmte, was Sie als gut und was als schlecht bewerten sollten. Heute müssen Sie sich vielleicht über diese frühen Prägungen Gedanken machen, um im Gefühlsbereich freier zu werden und nicht so zwanghaft von der einen Person angezogen, und ebenso zwanghaft von einer andern abgestossen zu werden.

Ihre Liebesbeziehungen sind zweifellos sehr intensiv, mit einem starken Gefühlsengagement, welches jedoch gleichzeitig mit erheblichen Forderungen an den Partner verbunden ist. Wenn Sie sich engagieren, verlieren Sie oft schnell die Kontrolle über die Beziehung. So kann eine Verbindung einen konstruktiven oder destruktiven Verlauf annehmen, ohne dass Sie finden, Sie könnten viel dazu tun. Sie empfinden Beziehungen oft als etwas Schicksalhaftes. Dennoch sollten Sie eine Beziehung abbrechen, wenn diese destruktiv wird, und es sollte bei nüchterner Betrachtung oder beim Zuziehen eines neutralen Beraters leicht zu entscheiden sein, ob die Beziehung einen positiven, wachstumsfördernden, oder aber einen negativen Verlauf nimmt. Bei Ihrer Konstellation dürfte es nämlich kaum etwas zwischen diesen beiden Extremen geben.

Die Konjunktion zwischen Mond und Pluto fordert Sie zur Regeneration und Wandlung im seelischen Bereich auf. Wenn Sie diese Aufforderung annehmen, werden Sie in Ihren Verbindungen wahrscheinlich höchst interessante und wertvolle Neuanfänge erleben, und Menschen, die Sie von früher kannten, werden Sie später vielleicht als gänzlich verändert betrachten. Sträuben Sie sich jedoch gegen eine Wandlung, so bestehen alle Chancen, dass Absicherungstendenzen überhandnehmen. In diesem Falle werden Sie versuchen, andere über ihre Gefühle zu beherrschen, indem Sie sie verantwortlich machen für Ihren seelischen Zustand und in ihnen ein schlechtes Gewissen nähren. Sie könnten sich dann zum Haustyrannen profilieren.

Dieser Aspekt kann nur positiv ausgelebt werden, wenn man Respekt für die persönliche Freiheit der Mitmenschen entwickelt. Dazu muss man über frühkindliche Konditionierungen hinwegkommen. Dieser Aspekt beinhaltet jedoch eine starke Regenerationsfähigkeit, sodass solche Wandlungen im psychischen Bereich möglich sein sollten, sofern man sich nicht aus Angst dagegen sträubt. Positiv verwirklicht, verhilft dieser Aspekt zu gefühlsmässigen Höhepunkten, die den meisten andern Menschen fremd sind. Beruflich gesehen, kann er auch tiefe Einsichten auf dem Gebiet der Psychologie vemitteln.

Der Mond im Spannungsaspekt zum Pluto

Beziehungen mit andern sind sehr gefühlsintensiv und werden oft schmerzvoll sein, bis Sie es lernen, sich und die andern so zu sehen, wie sie sind. Sie haben zunächst oft Blockierungen, die Sie daran hindern, echte Gefühle auszudrükken. Wenn Sie jedoch einmal die Hürde nehmen und sich engagieren, haben Sie oft Angst, den andern zu verlieren. Das macht Sie sehr fordernd und possessiv. Sie meinen, dass sich der andere Ihrem Einfluss weniger leicht entziehen kann, wenn Sie ihn möglichst stark festhalten. Oft erreichen Sie mit diesem Verhalten jedoch genau das Gegenteil von dem, was Sie wollten.

Der Grund für diese Verhaltensart liegt in Ihrer Kindheit. Zweifellos hatten Sie eine Mutter, oder eine weibliche Erziehungsperson, die Sie als Kind sehr stark beherrschen wollte. Man gestand Ihnen in Ihren Gefühlen sehr wenig Freiheit zu und machte Ihnen wohl auch oft Vorwürfe, die zu einem permanenten schlechten Gewissen führen mussten. Sie hatten immer eine latente Angst vor Strafe. Diese Erziehung hat Ihr gefühlsmässiges Gleichgewicht gestört. Sie haben nun Schwierigkeiten, mit anderen Menschen auf gleicher Stufe zu verkehren, ohne dass Machtkonflikte im Spiel sind. Sie haben Angst vor Bindungen und namentlich vor dem Verlust des Partners. Gleichzeitig sind Sie in latenter Erwartung irgendeiner Strafe. Ihr Partner soll den Beweis erbringen, dass er Sie wirklich liebt und zu Ihnen hält, doch sind Ihre Erwartungen oft zu hoch. Leicht fordern Sie dann zuviel, sodass er sich tatsächlich von Ihnen abwendet, und die Strafe, die Sie fürchteten, jedoch gleichzeitig heimlich erwarteten, tritt ein. Aufgrund Ihrer Ausstrahlung mag es auch sein, dass Sie Partner anziehen, welche die elterliche Rolle weiterführen und die das Bedürfnis haben, Sie zu beherrschen. In diesem Falle werden Sie eine Mischung von Faszination und Rebellion erfahren, welche jedoch der Stabilität Ihrer Beziehungen kaum förderlich sein wird.

Ihre körperlichen Bedürfnisse sind erheblich, und so kann es sein, dass Sie auf seelisch stimmende Verbindungen, die Ihnen ohnehin schwerfallen, zugunsten von kurzfristigeren, aber sexuell intensiven Beziehungen verzichten. Sie sollten hier Vorsicht walten lassen, denn Sie würden mit einem solchen Verhalten letzlich an dem vorbeigehen, was Sie sich zutiefst wünschen, nämlich eine tiefe, beständige Beziehung.

Sie sollten unbedingt bereit sein, weniger Forderungen an den Partner zu stellen und Ihre Machtbedürfnisse etwas abzubauen, unabhängig davon, ob sie sich in Form von Eifersucht, von übertriebenen materiellen Kompensationen, oder von Autorität im Heim und in der Erziehung manifestieren. Ein ausgeglichener Partner, der weniger extremen Hochs und Tiefs ausgesetzt ist, kann Ihnen helfen, diesen Weg zu gehen. Damit er wirken kann, müssen Sie ihm jedoch vertrauen und seine Kompetenzen akzeptieren.

Aehnliche Schwierigkeiten können sich auch im Arbeitsbereich ergeben. Sie dürften Probleme haben mit Autoritätsfiguren und müssen es auch hier lernen, Kompromisse zu machen. Wenn Sie einen Beruf ausüben, der es Ihnen ermöglicht, anderen in ihrer Entwicklung zu helfen, seien dies nun Kinder oder Erwachsene, oder für das Wohl der menschlichen Gesellschaft etwas zu tun, so könnten Sie aus einer solchen Betätigung viel Selbstvertrauen schöpfen und Ihre ursprünglichen Aengste überwinden. Seien Sie vorsichtig mit okkulten Techniken! Fragen Sie sich ganz ehrlich, ob Sie damit anderen helfen möchten oder lediglich zu persönlicher Macht gelangen wollen.

Der Mond im harmonischen Aspekt zum Pluto

Dieser Aspekt gibt Ihnen viel Stärke und Widerstandskraft im Gefühlsbereich. Ihre Gefühle haben eine grosse Tiefe und Intensität, welche Ihnen eine starke Anziehungskraft vermitteln.

Sie scheinen mit den archetypischen Mächten des Unbewussten in Kontakt zu stehen und daraus grosse Kraft zu schöpfen. Das bedeutet natürlich auch, dass Ihre Beziehungen nicht an der Oberfläche bleiben dürfen, denn der Reichtum Ihres Innenlebens muss sich auch nach aussen widerspiegeln können. Aus diesem Grund dürften Sie sehr intensive Verbindungen eingehen. Dabei sind Sie im Gefühlsbereich der stärkere Pol, schon deshalb, weil Sie Ihre Gefühle in sich selbst regenerieren können und damit letztendlich kaum von einem spezifischen Partner abhängig sind. Sie können allerdings einen Partner an der Tiefe Ihrer Emotionen teilhaben lassen und Sie sollten dies auch tun, damit er sich nicht unterlegen und ausgeschlossen fühlt. Sie brauchen jedoch nie soweit zu gehen, eine Verbindung aufrechtzuerhalten, nur damit Sie sich gefühlsmässig geborgen fühlen. Sie sind nämlich durchaus in der Lage, auch auf den Trümmern einer vergangenen Verbindung ein neues emotionales Gleichgewicht zu finden.

Sie werden sich vielleicht manchmal in acht nehmen müssen, Ihre Stärke nicht zu missbrauchen, um Macht über andere auszuüben. Wenn Sie Ihre Fähigkeit, in die Psyche anderer einzudringen und deren Schwächen mühelos zu erkennen, dazu verwenden, um andere zu beherrschen, würde sich dies schliesslich gegen Sie richten. Seien Sie deshalb bemüht, Ihre psychologischen Fähigkeiten auch in den Dienst der andern zu stellen.

Ihr Bedürfnis, hinter die Rollenspiele und die Masken der täglichen Existenz zu schauen und die verborgenen Gründe des menschlichen Handelns zu erforschen, können Sie nutzbringend befriedigen, indem Sie sich mit Psychologie, Philosophie und esoterischen Disziplinen befassen. Auch beim Studium solcher Richtungen sollten Sie sich jedoch fragen, ob Sie damit nicht bloss Macht über andere erlangen möchten. Dies würde nämlich bewirken, dass Ihre Bestrebungen negativ auf Sie zurückfallen.

Aspekte des Merkurs

Merkur ist der Planet des Verstandes, der Logik und des mentalen Austausches, so dass er für das Verstehen von Zusammenhängen, sowie für Gespräch und Austausch mit anderen Menschen sehr wichtig ist. Im Gegensatz zum Mond, der den gefühlsmässigen Austausch verkörpert, hängt Merkur mit der rationalen, verstandesmässigen Kommunikation zusammen.

Das merkurische Denken ist analytisch und gründet auf der Dialektik von These und Antithese. Deshalb ist die Deutung von Merkuraspekten weitgehend vom Niveau einer Person abhängig. So ist bei dissonanten Aspekten ein hoher Intelligenzgrad möglich, wenn die Spannung zu einem schöpferischen Konflikt führt. Oft macht nämlich das Quadrat oder die Opposition die angesprochene Thematik besonders sichtbar und erzwingt damit eher eine intellektuelle Konfliktlösung.

Merkur fördert eine logische Analyse, sowie die Fähigkeit, sich mitzuteilen und zu erklären. Wird diese Seite jedoch übermässig betont, können Qualitäten wie Gesamtschau, Anteilnahme und Menschlichkeit zu kurz kommen.

In einer Umwelt, die sich so rational gibt wie die unsere, darf der Einfluss Merkurs nicht unterschätzt werden, da er notwendig ist, um gesellschaftliche Anerkennung zu finden und das Ego gegenüber Fremdeinflüssen zu behaupten. Auch die Mitteilung von tiefen Gefühlen und transzendenten Inhalten kann letztlich nur mit Hilfe eines stark gestellten und aktiv entwickelten Merkurs erfolgen.

Bei den Aspekten wird man sich fragen, welche Thematik zu erwarten ist, wenn Denken und Austausch von einer anderen planetarischen Kraft beeinflusst werden.

Merkur-Venus-Aspekte

Merkur Konjunktion Venus

Mit der Konjunktion von Merkur und Venus verstehen Sie es, das Schöne mit dem Nützlichen zu verbinden. Sie kommen mit den meisten Menschen gut aus, weil Sie Kompromisse eingehen können, um die Harmonie zu wahren. Sie wollen keinen Streit, sondern suchen verbindende Elemente, so dass Sie immer wieder eine Lösung finden, die allen entspricht. Sie haben diplomatische Qualitäten und sind überall gern gesehen.

Ihr Sinn für Form und Proportion ist entwickelt, und Sie haben eine gute Beziehung zum Sinnlichen, so dass Sie sich nicht im allzu Abstrakten verlieren. Sie fühlen sich nämlich eher von einer Weltanschauung angezogen, die mit Ihrer konkreten Realität zu tun hat. Diese Gabe hilft Ihnen, Ihre Erkenntnisse anderen näherzubringen, und man hat vielleicht sogar das Gefühl, dass Sie in schöneren Worten genau das zum Ausdruck bringen, was man selbst denkt. In Auseinandersetzungen sind Sie grosszügig und ermöglichen es dem Gesprächspartner, sein Gesicht zu wahren, indem Sie bei einer Meinungsverschiedenheit das Gemeinsame betonen.

Ihre angenehme und entgegenkommende Art wird Ihnen in den meisten Berufen zum Vorteil gereichen. Besonders günstig wäre es, wenn Sie Ihren Sinn für Form und Proportion auch beruflich einsetzen können. So dürften künstlerische Tätigkeiten, oder solche, die diplomatisches Geschick voraussetzen, von besonderem Interesse sein. Weniger günstig wäre eine Beschäftigung, in der Sie sich mit allzu nüchternen Fakten herumschlagen müssen.

Mit dieser Konstellation können Sie auch Geschäftssinn entwickeln, da Sie Ihr Augenmerk auch immer wieder auf Ihren persönlichen Vorteil richten. Dies gilt auch für Ihre Liebesbeziehungen, wo Sie wie immer das Nützliche mit dem Schönen zu verbinden wissen. Allerdings könnten Sie Schwierigkeiten damit haben, dass sich Ihr Verstand zu sehr in den Bereich der Gefühle einmischt.

Der Merkur im harmonischen Aspekt zur Venus

Diese Konjunktion verleiht Ihnen diplomatische Qualitäten. Sie drücken Ihre Meinung so taktvoll aus, dass Sie auch in schwierigen Situationen kaum Anstoss erregen. Da Sie immer von einer konkreten Situation ausgehen, sind Ihre Ansichten auch sehr wirklichkeitsnah. Da Sie spüren, wo die anderen stehen, kommen Sie nicht in Versuchung, ihnen etwas aufzudrängen, das sie ohnehin ablehnen. Sie haben ein ausgeprägtes Harmoniebedürfnis und möchten ein angenehmes Klima daher nicht durch eine Auseinandersetzung stören. Bei aufkommenden Schwierigkeiten setzen Sie daher Ihren Charme ein, um die Wogen zu glätten. Sie haben die Fähigkeit, auf Ihren Gesprächspartner einzugehen, so dass dieser spürt, dass Sie ihm zuhören und seine Meinung ernst nehmen.

Ihre verbindliche Wesensart und harmonische Ausstrahlung kommen Ihnen in den meisten Berufen zugute. Sie werden sich jedoch besonders in Bereichen verwirklichen können, wo Sie Ihren Schönheits- und Formsinn zum Ausdruck bringen können, da Sie wahrscheinlich künstlerisches Talent, oder zumindest Sinn für das künstlerisch Wertvolle besitzen. Daneben können Sie Ihre Aufmerksamkeit aber auch auf Dinge lenken, die persönlichen Erfolg versprechen. Ihre Gabe, das Nützliche mit dem Schönen zu verbinden, kommt Ihnen im materiellen Bereich ebenfalls sehr entgegen.

Eine übermässige Konzentration auf das Schöne und Angenehme kann sich jedoch auch nachteilig auswirken, indem Sie dann Schwierigkeiten haben, sich mit den Mühsalen des Lebens auseinanderzusetzen, oder in Beziehungen wichtigen Aussprachen aus dem Wege gehen, um die Harmonie nicht zu trüben. Wenn Sie sich zu wenig mit den Schattenseiten auseinandersetzen, stauen sich die Probleme jedoch an. Diese Gefahr besteht bei Ihnen, wenn Sie zu sehr an der Oberfläche bleiben und das Dunkle, Unheimliche meiden.

Merkur-Sonne-Aspekte

Merkur Konjunktion Sonne

Die Konjunktion von Sonne und Merkur macht Sie ziemlich subjektiv in Ihren Ansichten. Sie sind sich Ihrer Meinung recht sicher und es fällt Ihnen wohl leichter, Ihre eigenen Ueberzeugungen vorzutragen als fremde anzunehmen. Die aktive Rolle entspricht Ihnen in einer Diskussion also besser als die passive. Sind Sie sich dieser mangelnden Offenheit einmal bewusst, fällt es Ihnen vielleicht leichter, zumindest durch Lektüre andere Standpunkte auf sich wirken zu lassen. Möglicherweise haben Sie weniger Mühe, das geschriebene Wort aufzunehmen als die Einstellung einer anderen Person! Setzen Sie sich auch mit der Ungeduld auseinander, die Sie zeigen, wenn andere Ihre Ansichten nicht ernst nehmen.

Der positive Aspekt dieser Konstellation liegt darin, dass Sie Ihre Gedanken sehr gekonnt darstellen. Sie drücken sich logisch und geschickt aus und können andere mit diesen Fähigkeiten überzeugen und mitreissen. Sie haben auch ein echtes Bedürfnis sich mitzuteilen und können, wenn Sie diese Qualität im Beruf ausleben, viel von der nervösen Energie, die in Ihnen steckt, verbal abreagieren.

Merkur-Mars-Aspekte

Merkur Konjunktion Mars

Eine Konjunktion zwischen Merkur und Mars bewirkt, dass Sie sich mit Ihrer Meinung voll identifizieren und sich vehement dafür einsetzen. Sie haben das Bedürfnis, Ihre Ansichten immer wieder zum Ausdruck zu bringen, so dass Sie Diskussionen und Auseinandersetzungen sehr schätzen. Es ist für Sie ganz natürlich, dass jeder seinen eigenen Standpunkt einnimmt, der vom anderen abweicht. So suchen Sie im Gespräch weniger den Konsens als die Konfrontation verschiedener Argumente. Da Sie sich mit Ihren Ansichten derart identifizieren, fällt es Ihnen schwer, die Einwände anderer anzuhören und zu berücksichtigen, so dass Ihr Urteil oft einseitig und voreilig ist. Manchmal halten Sie selbst dann noch an Ihrer Meinung fest, wenn Ihnen jegliche Fakten fehlen. In einem solchen Fall improvisieren Sie bedenkenlos.

Diese Anlagen machen Sie zu einem etwas unbequemen, doch sehr anregenden Gesprächspartner. Sie engagieren sich so sehr, dass Sie andere schnell überzeugen.

Ihr Temperament stellt die andern leicht in den Schatten. Sie sind ein wirkungsvoller Redner und können auch schauspielerische Fähigkeiten entwikkeln. Tätigkeiten, in welchen Sie diese Begabung umsetzen können, wären gleichzeitig ein nützliches Ventil gegen die Nervosität, die bei dieser Konstellation häufig auftritt.

In einer selbständigen Tätigkeit können Sie sich besser verwirklichen als in untergeordneter Stellung, da Sie mit Ihren raschen Reaktionen und dem aufbrausenden Temperament mit Vorgesetzten Mühe haben können. In jedem Fall sollten Sie jedoch Selbstkontrolle üben. Versuchen Sie, Ihre Impulsivität in Schranken zu halten und einen Sinn dafür zu entwickeln, wann Sie sich gehen lassen können und wann Sie sich zurückhalten sollten. Dies fällt Ihnen vielleicht leichter, wenn Sie auf frühere Situationen zurückblicken und aus der Distanz entscheiden, wann Sie einen Fehler gemacht haben. Sie leben zwar meist zukunftsbezogen und schlagen sich daher wenig mit der Vergangenheit herum. Die Betrachtung Ihres bisherigen Lebens hilft Ihnen aber vielleicht herauszufinden, weshalb Sie heute noch nicht so weit sind, wie Sie sein möchten. Wenn Sie weniger kritisch und aggressiv auf andere zugehen, reagieren diese auch weniger heftig auf Sie, was Ihrer sozialen und materiellen Existenz nur zugute kommt.

Der Merkur im Spannungsaspekt zum Mars

Mit einem Spannungsaspekt zwischen Merkur und Mars setzen Sie sich äusserst vehement für Ihre Meinung ein und sind beleidigt, wenn man sie in dieser Form nicht akzeptiert. Kommen Sie damit nicht an, verlieren Sie die Geduld und sagen unhaltbare Dinge, die Sie im nachhinein zurücknehmen müssen. Wenn Sie Ihrer Sache nicht so sicher sind, wird Ihre Kritik manchmal auch fast zum Selbstzweck und kann Sie lähmen. Wahrscheinlich zeigen Sie diese Verhaltensweise auch gegenüber Autoritätspersonen: Sie sind anderer Meinung, haben aber Mühe, diese überzeugend zu vertreten. Dann schweigen Sie vielleicht, um die anderen im nachhinein jedoch heftig zu kritisieren. Sie nehmen alles viel zu persönlich und fühlen sich von einer entgegengesetzten Meinung in Ihrem Lebensnerv getroffen. Daher können Sie auch nicht sachlich darauf reagieren. Versuchen Sie, im Gespräch eine gewisse Distanz zu Angriffen und Argumenten zu finden, da diese ja nicht gegen Ihre Person gerichtet sind. Dann fällt es Ihnen leichter, nüchtern und sachbezogen mit den anderen zu reden. Versetzen Sie sich auch einmal in die Position Ihres Gesprächspartners und überlegen Sie sich, wie Sie an seiner Stelle argumentieren würden. So können Sie Ihre übertriebene Subjektivität vielleicht abbauen. Versuchen Sie, im Gespräch auch ganz bewusst erst zuzuhören und nachzudenken, bevor Sie Ihre Meinung nach aussen hin vertreten.

Gelingt Ihnen diese Disziplin, lernen Sie auf eine Art zu diskutieren, die andere nicht gleich herausfordert. Ihre neue Sachlichkeit wirkt überzeugender, ohne dass Sie an Dynamik oder Engagement eingebüsst hätten. Bedenken Sie, dass Sie nicht alles wissen, aber vieles von andern lernen können. Indem Sie Diplomatie und Taktgefühl entwickeln, kommt Ihnen auch die Umwelt entgegen, so dass Sie Ihre Ziele reibungsloser angehen und verwirklichen können. Es mag auch von Vorteil sein, wenn Sie sich einer humanitären oder sozialen Aufgabe zuwenden. Wenn Sie für ein überpersönliches Ziel kämpfen, fühlen Sie sich durch Angriffe wahrscheinlich weniger persönlich betroffen.

Der Merkur im harmonischen Aspekt zum Mars

Bei diesem Aspekt gehen Denken und Handeln eine harmonische Synthese ein, so dass Sie in der Lage sind, etwas zu erkennen und entsprechend zu handeln. Sie treffen schnelle und präzise Entscheidungen, ohne dass sich die Last der Vergangenheit störend einmischen würde. Auch spielen gefühlsmässige Betrachtungen dabei eine sekundäre Rolle. Sie zögern nicht lange, Ihre Meinung auszudrücken, und man weiss bei Ihnen deshalb, woran man ist. Sie sagen auch nicht einfach etwas, um gut anzukommen, sondern sind von Ihrer Ansicht überzeugt. Ihre Ehrlichkeit überwiegt daher häufig Ihr Taktgefühl.

Sie können auch Ihre Bedürfnisse direkt und spontan zum Ausdruck bringen. So scheuen Sie geselliges Zusammensein auch nicht, da Sie sicher nicht überfahren werden, sondern sich in jeder Diskussion durchsetzen. Mit dieser Selbstsicherheit können Sie sich auch einiges zumuten, da Sie es sich aus einer Position der Stärke leisten können, auf fremde Bedürfnisse einzugehen. Ihre Persönlichkeit erfährt dadurch eine Abrundung. Sie sollten auch mehr Geduld und Verständnis für Leute zeigen, die in ihren Reaktionen langsamer sind, als Sie.

Beruflich haben Sie gute Fähigkeiten für eine Aufgabe, die augenblickliches Handeln und schnelles Entscheidungsvermögen verlangt. Sie erfassen schnell, was zu tun ist, planen das Vorgehen und leiten die nötigen Schritte ein. Allerdings interessieren Sie sich hauptsächlich für unmittelbare Ziele und haben wenig Sinn für langfristige Aufgaben. Dieser Aspekt wird somit dem Techniker und Praktiker zugute kommen, aber auch dem Verkaufsleiter, der seine Leute mit seiner Dynamik anfeuert und zu höheren Leistungen anregt. Auch ein Redner profitiert von diesem Aspekt, der zu einer prägnanten Formulierung beiträgt.

Merkur-Jupiter-Aspekte

Merkur Konjunktion Jupiter

Sie müssen die Dinge in einem grossen Zusammenhang sehen können, damit es Sie wirklich packt. So besteht wohl kaum die Gefahr, dass Sie sich im Detail verlieren oder Dinge zusammenhangslos betrachten. Synthetisches Denken liegt Ihnen daher mehr als analytisches. Lebensnahe Materie fasziniert Sie weit mehr als kühle, nüchterne Fakten, die von einem höheren Sinn losgelöst sind. Sie denken gerne in grossen Zügen und orientieren sich meist an der Zukunft.

»Was noch nicht ist, kann noch werden«, und diese Zukunftsperspektive ist Ihnen wichtiger als die Vergangenheit, selbst wenn Ihnen diese helfen könnte, Ihre jetzige Situation zu verstehen. Dazu müssten Sie jedoch in Dingen wühlen, die »ohnehin nicht mehr zu ändern sind«, so dass es Ihnen lohnender erscheint, sich auf das zu konzentrieren, was noch zu verwirklichen ist. Sie sollten jedoch darauf achten, dass Sie sich tatsächlich an Ziele halten, die sich verwirklichen lassen, damit Sie nicht einem realitätsfremden Wunschdenken verfallen. Eine solche Haltung würde früher oder später zu Enttäuschungen führen.

Wenn Sie sich allzu ausschliesslich den grossen Zusammenhängen widmen, besteht jedoch die Gefahr, dass Sie wichtige Details übergehen und schliesslich darüber stolpern. Ihr Denken könnte dann etwas bequem und unscharf werden, indem Sie von apriorischen Vorstellungen ausgehen, die Sie nie genau unter die Lupe nehmen. Versuchen Sie daher konkreter zu werden und mehr auf Details zu achten. Wenn Sie immer wieder auf der Stufe des Entwurfs stehen bleiben, kommen Sie wohl nie auf einen grünen Zweig, weil andere Ihre Ideen aufgreifen und ausarbeiten.

Wenn Sie sich hier disziplinieren und auch gedankliche Kleinarbeit nicht scheuen, können Sie aus diesem Aspekt viel schöpfen. Ihr Wissensdurst wird dafür sorgen, dass Sie sich während des ganzen Lebens durch Reisen oder Auseinandersetzungen mit Psychologie, Philosophie und Religion weiterentwickeln und ein Wissen sammeln, das Sie zu einer beeindruckenden Synthese verarbeiten. Dieser Aspekt bewirkt dann, dass Sie Ihre Erkenntnis auf eine überzeugende Art vorzubringen verstehen. Ihr grosszügiges Denken, welches auch andere Standpunkte zu würdigen weiss, sorgt dann dafür, dass andere sich nicht zum Widerspruch herausgefordert fühlen. Sie haben gute Fähigkeiten für Berufe, in denen es darum geht, andere als Dozent oder Lehrer zu lehren, wie auch für eine publikumswirksame Betätigung, wie Public Relations, Werbung oder Journalismus.

Der Merkur im Spannungsaspekt zum Jupiter

Dieser Aspekt beschleunigt Ihre Denktätigkeit, Sie schalten sehr schnell und haben bei anfallenden Problemen das Bedürfnis, innert kürzester Zeit zu einer Entscheidung zu kommen. Dies bewirkt, dass Sie nicht immer alle Fakten berücksichtigen können, so dass Ihre Entscheidungen manchmal etwas voreilig sind. Sie begnügen sich allzu oft mit den allgemeinen Aspekten einer Fragestellung, ohne genügend ins Detail zu gehen. Aehnlich geht es Ihnen im Umgang mit Menschen: Sie beurteilen die anderen meist nicht kritisch genug, und Ihre Gutgläubigkeit kann zu Enttäuschungen führen. Auch geben Sie gerne zu schnell Versprechen ab, die Sie später nicht einhalten können.

Jupiter bewirkt nämlich eine Beschleunigung der mentalen Tätigkeit des Merkur, was zur Folge hat, dass Sie allzu salopp über Details hinweggehen. Wenn Sie eine Entscheidung gefällt haben, versuchen Sie diese oft auch wider besseres Wissen aufrechtzuhalten, um sich keine Blösse zu geben. So können Sie mit diesem Aspekt auch etwas rechthaberisch wirken, – eine Tendenz, die Sie abbauen sollten. Versuchen Sie daher, nicht immer gleich mit Ihrer Meinung vorzuprellen, sondern das eine oder andere Mal nichts zu sagen oder zweimal zu überlegen, bevor Sie sich ein Urteil bilden. Wenn Sie die Meinung Ihrer Gesprächspartner genau anhören, bevor Sie eine Stellungnahme abgeben, werden Sie sicher viele Sympathien gewinnen.

Sie sollten Ihr Denken also etwas disziplinieren. Versuchen Sie auch, weniger von unrealistischen Erwartungen auszugehen und nicht einfach zu hoffen, dass sich alles mit der Zeit so ergibt, wie Sie es sich wünschen. Wenn Sie einen Plan haben, wäre es gut, wenn Sie ab und zu eine Erfolgskontrolle durchführen, damit Sie jederzeit wissen, wo Sie stehen, und weniger Gefahr laufen, wichtige Schritte auszulassen. Messen Sie Ihre künftigen Erwartungen immer wieder an der Realität und an dem, was Sie tatsächlich erreichen können, und verzichten Sie darauf, Luftschlösser zu bauen.

Ein solch methodisches Vorgehen kann Ihnen helfen, die vorher erwähnten negativen Seiten dieses Aspekts in positive umzuwandeln. Ihr angeregtes Denken, das stets etwas Neues und Zukunftsträchtiges sucht, kann dann für konkrete Aufgaben eingesetzt werden. Besondere Erfolge könnten Sie in der Jurisprudenz, dem Erziehungswesen oder im Gebiet der Public Relations verzeichnen. Voraussetzung ist jedoch immer, dass Sie sich klare, erreichbare Ziele vornehmen, welche Sie systematisch angehen. Dazu müssen Sie Ihre Gedanken klar fassen und ein gewisses Gleichgewicht zwischen grosszügigen Plänen und sorgfältiger Kleinarbeit finden.

Der Merkur im harmonischen Aspekt zum Jupiter

Dies ist ein sehr positiver Aspekt, insofern er ein ausgeglichenes Denken bewirkt. Sie verstehen es, das, was langfristig vernünftig ist mit dem, was kurzfristig Erfolg verspricht, zu verbinden. Auch lehnen Sie sich im Denken nicht gegen die Tradition auf, sondern verstehen es, innerhalb einer gegebenen Ordnung neue Gedanken zu entwickeln, die im Bestehenden wurzeln. Sie glauben an einen Lebenssinn, und Ihr Optimismus wirkt sehr positiv auf Ihre Umgebung. Man fühlt sich wohl mit Ihnen, da Ihre Anschauungen grosszügig sind und verschiedenste Standpunkte harmonisch integrieren. Auch schätzt man Ihre Loyalität und Natürlichkeit. Autoritätspersonen fühlen sich von Ihnen auch nicht herausgefordert, was im beruflichen Bereich von grosser Wichtigkeit ist.

Man schätzt Sie aufgrund Ihres gesunden Menschenverstandes. Sie verstehen es, das, was für Ihre Umgebung vertretbar und sinnvoll ist, mit Ihrem eigenen Nutzen und Vorteil zu verbinden. Sie bringen Ihre Gedanken in einer Form vor, die für andere nachvollziehbar ist. Ihr Sinn für grosse Perspektiven und gesellschaftliche Zusammenhänge macht Sie für eine Tätigkeit im geschäftlichen und politischen Leben geeignet, wo es darum geht, andere zu überzeugen und auf eine harmonische Art zusammenzuarbeiten. Hingegen liegen Ihnen hochspezialisierte Aufgaben weniger, da Ihnen diese zu nüchtern und einseitig wären.

Mit dieser Planetenstellung können Sie sich wichtige intellektuelle und kommunikative Aufgaben vornehmen. Es wäre daher sehr schade, wenn Sie auf Ihren Lorbeeren ausruhen und bloss auf Lebensgenuss achten wollten, anstatt Ihre Fähigkeiten für das Gemeinwohl einzusetzen.

Merkur-Saturn-Aspekte

Merkur Konjunktion Saturn

Eine Konjunktion von Merkur und Saturn verleiht Ihrem Denken etwas Ernsthaftes, Tiefschürfendes. Schon als Kind haben Sie sich wohl für Dinge interessiert, die normalerweise nur Erwachsene beschäftigten. Ihr Bedürfnis, alle Informationen zu berücksichtigen, bevor Sie sich ein Urteil bilden, macht Sie im Denken eher langsam. Auch prellen Sie mit Ihrer Meinung nicht vor, sondern sagen erst dann etwas, wenn es gesagt werden muss. So sind Sie ein guter Zuhörer. Statt sich in Träumereien zu ergehen, bleiben sie im Denken so stark wie möglich auf dem Boden der Realität. Wenn Sie sich jedoch eine Meinung gebildet haben, nehmen Sie diese sehr ernst und sind auch bereit, dafür einzustehen. Sie möchten dann auch, dass die Meinung, die Sie sich so hart erarbeitet haben, von der Umwelt akzeptiert wird. Daher können Sie sehr viel Mühe darauf verwenden, Ihre Ansichten mit Beweisen zu untermauern. Wenn die anderen Ihrer Beweisführung nicht folgen können oder wollen, fühlen Sie sich jedoch zurückgesetzt und einsam, oder Sie neigen vielleicht sogar zu Depressionen.

Aufgrund Ihrer Gründlichkeit und Ihrer kompromisslosen Suche nach dem Wesentlichen fühlen Sie sich vor allem von ernsten Menschen angezogen, die nicht wahllos irgendwelche Meinungen vertreten. Dies kann Sie von oberflächlichen Kontakten abhalten, es Ihnen aber auch erschweren, das Leben von der leichten und unbeschwerten Seite zu nehmen. Dies könnte so weit gehen, dass Sie sich von anderen abkapseln und einsam werden. Versuchen Sie, das Leben daher etwas leichter zu nehmen und über Ihre Fehler zu lächeln. Wenn Sie Ihre Schwächen nicht so tragisch nehmen, haben Sie auch weniger Angst davor. Es wäre nämlich schade, wenn Sie im Moment, wo es zu handeln gilt, aus Angst doch nichts unternehmen.

Ihre Gründlichkeit wird von Ihrem Arbeitgeber geschätzt. Sie gehen den Dingen auf den Grund und versuchen nicht, anderen etwas vorzutäuschen, von dem Sie keine Ahnung haben. Weil Sie jedoch alles so genau nehmen, ist Ihr Tempo langsamer als das Ihrer Kollegen. Es wäre daher von Vorteil, wenn Sie einen Beruf ausüben, wo Sie in Ihrem eigenen Tempo arbeiten können, indem Sie eine selbständige Tätigkeit ausführen oder zumindest allein an einer Sache arbeiten. Sonst besteht nämlich die Gefahr, dass Ihnen Kollegen, welche schneller denken, Gedanken stehlen. Dies könnte besonders deshalb eintreten, weil Sie so sehr darauf bedacht sind, jeden Denkschritt zu beweisen. So können andere, welche über eine schnellere Kombinationsfähigkeit verfügen, Ihnen das Resultat ohne weiteres vorwegnehmen.

Sie fühlen sich am wohlsten, wenn Sie mit Dingen zu tun haben, die Ihnen schon bekannt sind. Treten neue Alternativen an Sie heran, können Sie die Meinungen und Schlussfolgerungen anderer nicht einfach übernehmen, sondern müssen sich alles erst selbst erarbeiten. Dies bringt Verzögerungen mit sich, so dass Sie oft Mühe haben mit Dingen, die Ihnen noch nicht vertraut sind. Sie halten sich lieber an das schon Bewiesene oder zumindest Beweisbare. Dadurch neigen Sie zu einem traditions- und gewohnheitsgebundenen Denken. Dem Neuen gegenüber leisten Sie Widerstand, bis es sich als tatsächliche Verbesserung herausgestellt hat.

Beruflich sind Sie besonders geeignet für Tätigkeiten, welche tiefschürfendes Denken und sachgerechte Präsentation verlangen. So liegen Ihnen vielleicht die Mathematik, das Ingenieurwesen oder eine Lehrtätigkeit. Jedenfalls verspüren Sie das Bedürfnis, Ihre Fähigkeit zu klarem Denken beruflich zu nutzen.

Der Merkur im Spannungsaspekt zum Saturn

Ein Spannungsaspekt zwischen Merkur und Saturn bewirkt, dass Sie Ihre Meinung allzu oft gegen andere durchzusetzen versuchen. Sie fühlen sich aufgrund

Ihrer Kommunikationsschwierigkeiten häufig unverstanden und gehen leicht in die Defensive, so dass Sie fremde Meinungen nicht mehr sachlich aufnehmen können. Sie verschanzen sich dann schnell hinter Vorurteilen und Denkgewohnheiten, die Ihnen Sicherheit bieten sollen, und lassen neue Gedanken nur ungern an Sie herankommen, weil Sie Ihre intellektuellen Konstruktionen, die Ihnen Halt geben, nicht aufgeben wollen. Ihr Denken ist daher konservativ und im Extremfall stur und unbeweglich. Vielleicht steht dieser Aspekt Ihrer Persönlichkeit in einem Zusammenhang mit Lernschwierigkeiten in der Schule, oder Sie hatten früher vielleicht Mühe, das, was Ihnen am Herzen lag, zum Ausdruck zu bringen, und ernteten mit Ihren zaghaften Versuchen nur Spott und Ablehnung.

Sie sollten sich nun darum bemühen, diese Kommunikationsschwäche zu überwinden. Sie sind ein gründlicher Denker und haben durchaus die Möglichkeit, Ihre Gedanken klar und sachlich zu entwickeln und zu präsentieren. Versuchen Sie daher, weniger misstrauisch und kritisch zu sein. Wenn Sie Ihre intellektuellen Minderwertigkeitsgefühle durch eine entsprechende Schulung überwinden, werden Sie merken, dass Ihnen die anderen positiver gegenübertreten als bisher.

Wenn Sie sich nun ohne Vorurteile an die Arbeit machen und durch Ihre exakte Art, die Dinge zu verrichten, zu einer neuen Selbstsicherheit gelangen, können Sie Ihre früheren Probleme überwinden. Dann bleiben Sie auch weniger am Detail haften und können sich grösseren Perspektiven zuwenden.

Wenn Sie diesen Weg gehen, haben Sie gute Ansätze, um Sachlichkeit und intellektuelles Niveau zu entwickeln. Sie können in der Mathematik, der Wissenschaft oder in irgendeiner Lehrtätigkeit einen wichtigen Beitrag leisten. In jedem Fall muss Sie Ihr Beruf aber intellektuell fordern, damit Sie Ihr Bestes geben können, und Ihre Talente Ihnen zu Selbstsicherheit und Unabhängigkeit verhelfen können. Indem Sie durch Ihre beruflichen Fortschritte Anerkennung finden, öffnet sich Ihr Denken auch zusehends für grosszügigere Perspektiven.

Der Merkur im harmonischen Aspekt zum Saturn

Mit einem harmonischen Aspekt zwischen Merkur und Saturn liegen Ihnen nüchterne Analysen, praxisnahe, sachbezogene Gedanken und überzeugende logische Argumentationen. Ihr Realitätssinn ist Ihre Stärke. Es besteht bei Ihnen kaum je Gefahr, dass Sie von einer überschäumenden Phantasie mitgerissen werden und Illusionen verfallen. Sie gehen immer vom Erreichbaren aus und bleiben Realist. Dies gilt zumindest dann, wenn keine Gefühle im Spiel sind. Sie arbeiten systematisch, gründlich und gewissenhaft und lassen keine Einzelheit und keine Vorschrift ausser acht. Sie haben Talent, um mit Zahlen und allem Messbaren umzugehen. Bei praktischer Veranlagung liegt Ihnen auch der Umgang mit dem Stofflichen.

Sie haben auch ein gutes Gedächtnis und vergessen Dinge, die Sie gedanklich erarbeitet haben, nicht so leicht. Der Nachteil dieser Komponente besteht allerdings darin, dass Sie dem Neuen Widerstände entgegenbringen. Sie gehen häufig von einem unmittelbaren Nützlichkeitsdenken aus, und wenn ein Projekt erst in der Zukunft Erfolg verspricht, ziehen Sie es kaum in Betracht. Ihr Denken hat also eine erd- und traditionsgebundene Note, und man kann Ihnen einen gewissen Mangel an Begeisterungsfähigkeit und Risikofreude vorwerfen. Sie wirken auch oft allzu sachlich und nüchtern, so dass es Ihnen nicht so leicht fällt, andere für sich einzunehmen. Natürlich schützt Sie diese Seite auch vor Unbesonnenheit, und alle, die Wert auf Verantwortungssinn und klares sachliches Denken legen, werden diese Gaben bei Ihnen schätzen. Dies gilt ganz sicher für Ihren Arbeitgeber, sofern Sie angestellt sind, und wahrscheinlich auch für viele menschliche Kontakte, sodass Sie mit sachlichen Menschen einen recht unproblematischen, harmonischen Austausch pflegen.

Gefühlsbetonten Menschen versuchen Sie aber wahrscheinlich ständig zu beweisen, wie irrational und unlogisch sie sind. Da Sie vielleicht nicht immer alles sagen, was zu sagen wäre, sondern sich hinter formalen Rücksichten verschanzen, um sich nicht allzu sehr zu exponieren, sind Sie im Dialog mit spontaneren Menschen in einem gewissen Vorteil. Versuchen Sie diese Seite jedoch nicht auszuspielen! Ihr Mangel an Spontaneität hat nicht nur Vorteile, sondern kapselt Sie auch sehr von den anderen ab. In zwischenmenschlichen Beziehungen können Sie daher viel von Menschen lernen, die weniger überlegt und sachlich handeln. Versuchen Sie z. B., Gefühlen positiver zu begegnen, da Ihr Leben sonst vor lauter Sachlichkeit seinen tieferen Sinn verlieren könnte.

Merkur-Uranus-Aspekte

Merkur Konjunktion Uranus

Eine Konjunktion zwischen Merkur und Uranus beschleunigt die Denkprozesse. Diese Kombination verleiht Ihrem Denken, welches auf künftige Möglichkeiten ausgerichtet ist, Originalität. Ihr Gehirn funktioniert wie ein Computer, der blitzschnell seine Schlussfolgerungen zieht. Ob diese brauchbar sind, hängt jedoch davon ab, mit welchen Daten Sie ihn gefüttert haben. So werden Sie aus diesem Aspekt nur dann Wertvolles schöpfen können, wenn Ihre Intuition auf ein solides Wissen zurückgreifen kann. Darin liegt auch die Schwäche dieses Aspektes. Es besteht eine gewisse Neigung zu vorschnellen Schlüssen, und Sie drücken sich manchmal davor, die nötigen Fakten in mühsamer Kleinarbeit zusammenzutragen. Diese Neigung mag Ihnen schon in der Schule Schwierigkeiten gemacht haben, weil Ihnen alles viel zu langsam ging und Ihre Ungeduld Ihre Aufmerksamkeit einschränkte. Am ehesten eigneten Sie sich den Stoff wahrscheinlich dann an, wenn Ihr Lehrer originell und unkonventionell war und Sie mehr zum eigenen Denken anregte als zum Auswendiglernen. Eine Disziplin wie Mathematik oder Physik, welche eigenes Kombinieren verlangt, liegt Ihnen daher besser als ein Gebiet, wo das routinemässige Erlernen eines sehr sachlichen Stoffes verlangt wird. Wiederholungen langweilen Sie. Angezogen fühlen Sie sich hingegen von Dingen, die in ständiger Wandlung begriffen sind. Sie lernen am besten, wenn Sie sich spielerisch mit einem Stoff auseinandersetzen können, und wenn sich die grossen Zusammenhänge auf einige elegante Formeln bringen lassen. Mit langsameren Denkern haben Sie oft Mühe und verlieren die Geduld.

Ihr Ausdruck zeichnet sich durch prägnante Formulierungen aus, die Schlagfertigkeit und Improvisationstalent verraten. Man wirft Sie in einer Diskussion nicht so leicht aus dem Sattel, denn Sie verstehen es, den Gesprächspartner durch unerwartete Einfälle zu überraschen und zu verunsichern. Sie schöpfen Ihre Einfälle aus dem Moment, was Sie recht unberechenbar macht.

So liegen Ihnen Berufe, die mit Mathematik, Physik, Technik, Elektronik in Zusammenhang stehen. Fehlt Ihnen jedoch die nötige Ausbildung auf einem dieser Gebiete, so können Sie sich auch dadurch auszeichnen, dass Sie in Ihrem Bereich moderne und rationalisierende Arbeitsmethoden einführen (z. B. Computereinsatz und rationelle Büro-Organisation). Routine und Gleichförmigkeit verabscheuen Sie jedoch. Ihre Arbeit soll Ihnen auch Spass machen, und die Möglichkeit beinhalten, Ihren Erfindungsreichtum zum Ausdruck zu bringen. So geben Sie dem Lebendigen und Beweglichen stets den Vorzug gegenüber dem Erstarrten, Sachlichen. Ihr Sinn für den Zeitgeist kann Sie bei entsprechender Vorbildung auch zum Journalismus führen oder zu ähnlichen Möglichkeiten, Ihren Standpunkt zum Ausdruck zu bringen.

Um die Kräfte dieses Aspektes voll zu nutzen, müssen Sie allerdings eine gewisse Disziplin aufbringen. Erst dann wird Ihre Intuition aus dem vollen schöpfen können, da Ihre Verwurzelung im Rationalen dem sprunghaften, alogischen Gedanken seine Berechtigung gibt.

Der Merkur im Spannungsaspekt zum Uranus

Ein Spannungsaspekt zwischen Merkur und Uranus beschleunigt Ihre Denkprozesse gewaltig. Alles, was Aufregung verspricht und neue Horizonte aufzeigt, zieht Sie an. Sie nehmen gerne extreme Standpunkte ein, wobei Ihr Bedürfnis nach dem Besonderen und Ausgefallenen Ihrer Wahrheitssuche manchmal abträglich ist. Das Bedürfnis, »besonders« zu sein, zwingt Sie oft dazu, Wahrheiten zu vertreten, die den anerkannten Vorstellungen völlig zuwiderlaufen. Dies kann Ihnen viele Kontakte erschweren, weil Sie allzu leicht über die Gefühle und Meinungen anderer hinweggehen. Auch ist Ihr Verhalten wechselhaft, denn kaum hat eine Wahrheit, die Sie bislang faszinierte, Ihren Neuheitswert verloren, wenden Sie sich einer neuen Idee zu. So übernehmen Sie nicht immer langfristig Verantwortung für das, was Sie sagen, was Zweifel an Ihrer Aufrichtigkeit aufkommen lassen kann.

Sie neigen zu voreiligen Schlussfolgerungen, auch ohne immer genug Wissen oder Erfahrung über eine Sache zu besitzen. Allerdings haben Sie auch die Fähigkeit, künftige Entwicklungen in Gedanken vorwegzunehmen, so dass Sie nicht in Denkschablonen erstarren. Um diesen neuen Ideen zum Durchbruch zu verhelfen, müssen Sie allerdings Disziplin erlernen. Sonst laufen Sie Gefahr, dass andere Ihre guten Ideen in die Praxis umsetzen, während Sie sich bereits mit etwas anderem auseinandersetzen, das Sie ebenfalls fallen lassen, sobald der Reiz des Neuen abgeklungen ist.

Ueberhaupt entscheidet Ihre Selbstkontrolle weitgehend darüber, wie positiv Sie diesen Aspekt zu leben verstehen. Wenn Sie es über sich bringen, in den Bereichen, die Sie interessieren, die nötigen Sachkenntnisse zu erarbeiten, kann Ihnen Ihre Intuition Perspektiven eröffnen, die einem weniger Inspirierten verschlossen bleiben. Die grösste Intuition nützt aber nichts, wenn das entsprechende Grundwissen fehlt. Und gerade in diesem Punkt mögen Sie schon früh Schwierigkeiten gehabt haben. Wahrscheinlich haben Sie von Ihrer Schulzeit nur mässig profitiert, indem Sie die meisten Lehrer als uninteressant oder beschränkt betrachteten. Was Sie dabei zweifellos gelernt haben, ist das Verneinen etablierter Anschauungen. Sie müssen sich jedoch bewusst sein, dass Sie der Tradition mit etwas Neuem begegnen müssen. Dazu gehört eben ein Wissen, das Sie sich aneignen müssen. Wenn Sie Disziplin üben, können Sie sich durch eine Begabung für Mathematik, Mechanik und Elektronik auszeichnen. Ueberhaupt könnte Ihnen ein solches Gebiet als willkommene Zuflucht vor unbefriedigenden Kontakten erscheinen. Hier können Sie Ihr eigener Meister sein und müssen sich nicht ständig an Regeln, die von andern aufgestellt wurden, aufreiben.

Versuchen Sie Ihre Neigung, andere um jeden Preis aus ihrer Reserve und Trägheit herauszulocken, zu kontrollieren. Dieses Verhalten zwingt Ihren Gesprächspartner zwar zum Nachdenken, doch ist dies nicht die beste Art, sich Freunde zu schaffen oder Freundschaften zu erhalten. Diese Neigung kann zu schnell wechselnden Freundschaften führen, weil Sie nicht in der Lage sind, Kompromisse zu schliessen.

Ein Spannungsaspekt zwischen Merkur und Uranus kann Ihnen viel Originalität verleihen und Ihnen helfen, Ihre Individualität in Beziehungen zum Ausdruck zu bringen. Wie gut Ihnen das gelingt, ist jedoch hauptsächlich davon abhängig, ob Sie bereit sind, die Regeln der Gesellschaft zu akzeptieren, so dass Sie sich nicht durch ständige Provokationen mit anderen überwerfen.

Der Merkur im harmonischen Aspekt zum Uranus

Ein harmonischer Aspekt zwischen Merkur und Uranus verleiht Ihrem Denken Originalität, Flexibilität und Sinn für künftige Entwicklungen. Sie laufen kaum Gefahr, sich gedanklich festzufahren, sondern sind stets in der Lage, sich auf die Erfordernisse der Zeit einzustellen. Sie haben eine rasche Auffassungsgabe und die Fähigkeit, sich positiv mit plötzlichen Veränderungen in Ihrer Umgebung auseinanderzusetzen. So lassen Sie sich durch unerwartete Situationen oder Argumente nicht aus der Fassung bringen, sondern reagieren mit Geistesgegenwart und guten Einfällen. Sie sind offen für neue Denksysteme und haben eine gute Fähigkeit zur Abstraktion.

Intuition und Verstand verbinden sich harmonisch. Sie können Ihre Gedanken auch ohne weiteres in Worte fassen, so dass Sie für andere verständlich werden. Wenn Sie mit einem schwierigen Problem konfrontiert sind, fällt es Ihnen auch nicht schwer, eine kreative Lösung zu finden, welche andern nicht so ohne weiteres einfallen würde. So gibt Ihnen dieser Aspekt gute Fähigkeiten für eine Arbeit, welche Originalität und neue Lösungswege verlangt.

Geeignete Berufe sind zu finden im Bereich der Mathematik, der Physik, der Elektronik, oder der Technik. Ihre Anlagen fördern auch Strategien, welche ein Einpendeln auf künftige Entwicklungen, sowie Improvisationstalent erfordern, (z. B. in der Wirtschaft und in der Büro-Organisation). Ihr Anspruch auf Würdigung der menschlichen Individualität und Freiheit kann Sie weiter zu Berufen befähigen, die zum Ziele haben, die Kreativität des Menschen zu fördern, so z. B. für gewisse Richtungen der Psychologie. Der Ausdruck Ihrer eigenen Individualität macht es Ihnen nämlich möglich, die Kreativität anderer zuzulassen.

Merkur-Neptun-Aspekte

Merkur Konjunktion Neptun

Mit dieser Konjunktion kommen bei Ihnen zwei Prinzipien zusammen: Der Zugang zur Welt des Traumes, des Irrationalen, des Unbewussten, aber auch des Wunschdenkens einerseits, und das begriffliche Denken, das Rationale und Analytische andererseits. Die Frage, ob Sie zu diesen beiden Komponenten Ihrer Psyche ja sagen können, oder ob Sie die eine oder andere mehr oder weniger verdrängen, wird darüber entscheiden, wie Sie diesen Aspekt leben.

Normalerweise werden sich bei der Konjunktion beide Prinzipien verbinden. Dies gibt Ihnen eine reiche Phantasie und einen direkten Zugang zur Welt des Unbewussten oder des Transzendentalen. Sie haben eine grosse Empfindsamkeit für das, was im andern vor sich geht, auch ohne dass ein Austausch über Worte stattfinden muss. Sie neigen folglich zum Erahnen von Dingen.

Dies macht es Ihnen aber gleichzeitig schwer, Ahnungen weiterzugeben, weil Ihnen das Begründen schwer fällt.

Wie rein Ihre Ahnungen sind, wird jedoch davon abhängen, inwiefern Sie ganz allgemein mit Ihrem Leben zufrieden sind. Wenn Sie enttäuscht sind und den Eindruck haben, schlecht weggekommen zu sein, dürfte Ihr Wunschdenken überhand nehmen und Ihnen das als wahr erscheinen lassen, was Sie sich innigst wünschen. Falls Sie solche Tendenzen bei sich entdecken, wird eine Ihrer Hauptaufgaben darin bestehen, zu lernen, zwischen dem, was real ist und zur konkreten Welt gehört, und dem, was lediglich das Produkt Ihrer Wünsche ist, zu differenzieren. Wenn Sie diese Arbeit nicht auf sich nehmen, wäre eine Vernebelung Ihrer Sicht der Dinge zu befürchten, gepaart mit einer Tendenz, sich um die Klärung heikler Fragen zu winden. Man könnte Ihnen dann mit Recht vorwerfen, dass Sie nicht immer die Wahrheit sagen. Nicht, dass man Sie der Lüge bezichtigen müsste, aber doch eines Hangs, vor allem das zu sagen, was der andere gerne hören möchte. Seien Sie dabei auch auf der Hut, dass Ihre schwärmerischen Ideen und Ihre Hilfsbereitschaft nicht lediglich Mechanismen sind, welche die Verfolgung Ihres eigenen Vorteils verschleiern sollen.

Es kann aber auch sein, dass Sie aufgrund einer, auf Logik, Verstand und Effizienz ausgerichteten Erziehung die Neptun-Komponente dieses Aspekts verdrängt haben oder diesen auf andere projizieren. In diesem Falle werden Sie in Ihrer Umgebung all das bekämpfen, was gefühlsbetont, unklar und nicht streng logisch beweisbar ist. Sie dürften dann zu einem der unnachgiebigsten Verfechter der Wissenschaft gegen jeden sogenannten »Aberglauben« werden. Die Gefahr ist dann die, dass Sie Ihre sonst streng eingehaltenen Kriterien von Sachlichkeit über Bord werfen, weil Sie sich in einem »heiligen Kampf« gegen etwas fühlen, was Ihnen äusserst bedrohlich erscheint. Die Bedrohlichkeit kommt jedoch daher, dass Sie diese Tendenzen in sich selbst nicht zulassen.

Im Normalfall wird Ihnen Ihre Phantasie gute Anlagen geben für alles, was künstlerisch und ganz allgemein musisch ist. Sie werden sich am besten in einer Arbeit verwirklichen können, welche Inspiration verlangt und mit dem Menschen oder der Natur zu tun hat. Anderen zu helfen wird für Sie oft bedeuten, dass Sie sich selbst helfen. Hingegen wird Ihnen eine Tätigkeit, welche technisch orientiert, kühl und sachlich ist, weniger liegen, da Ihr Bedürfnis nach Weite und Grenzüberschreitung dabei nicht befriedigt werden kann.

Am besten werden Sie mit diesem Aspekt umgehen können, wenn Ihre Verankerung in der Realität aufgrund Ihrer Erziehung und Lebenssituation gut ist. Dann werden Sie sich zumuten können, mit Ihrem Denken die Bereiche des Grenzenlosen zu ergründen, ohne ständig Angst haben zu müssen, den Boden der Realität auf eine gefährliche Art und Weise zu verlassen. Es wird auch wichtig sein, dass Ihre Schulung dafür gesorgt hat, dass Sie Ihre Inspiration begrifflich klar weitergeben können und somit nicht Gefahr laufen müssen, sich unverstanden zu fühlen.

Dieser Aspekt kann auch bedeuten, dass Sie von Zeit zu Zeit Probleme mit Ihrem Nervensystem haben, ohne dass dafür klar erkennbare Gründe vorliegen würden. Diese Zustände mögen wieder verschwinden, scheinbar so unbegreiflich, wie sie aufgetreten sind, ohne dass die traditionelle Medizin Ihnen dabei hätte helfen können.

Der Merkur im Spannungsaspekt zum Neptun

Mit einem Spannungsaspekt zwischen Merkur und Neptun geraten logisches Denken sowie Alltagsbewältigung in ein Spannungsverhältnis mit Ihren Wünschen, Ihren Idealen und Ihrer Traumwelt. Das Ergebnis dieses Aspektes kann sehr verschieden sein, je nachdem, wie gut es Ihnen gelingt, durch entsprechende Arbeit und Disziplinierung die beiden Komponenten zusammenzubringen. Es kann aber auch sein, dass Sie die eine zulassen und die andere verdrängen, oder die beiden unabhängig voneinander in verschiedenen Lebensbereichen zum Ausdruck bringen.

Sie werden von der Inspiration, welche dieser Aspekt bewirken kann, am besten profitieren können, wenn Sie sich in der materiellen Welt gut verankert fühlen. Dies wird am ehesten dann gewährleistet sein, wenn Ihnen Ihre Erziehung Mittel in die Hand gegeben hat, um das Traumhafte und Transzendentale verbal zum Ausdruck zu bringen. Wenn Sie im intellektuellen Bereich sicher sind, müssen Sie sich auch weniger vor einer Desintegration Ihrer Persönlichkeit fürchten, wenn Sie Gehalte zulassen, die zwar nicht beweisbar sind, aber dennoch die Kraft einer Gefühlsgewissheit besitzen. Sie werden dann die Möglichkeit haben, Realität und Idealität in die ihnen entsprechenden Schranken zu weisen. Im positivsten Fall wird Ihnen der Neptun Ideale vorgeben, die Sie mit Hilfe des Merkurs in die Welt des Konkreten umzusetzen vermögen. Sie könnten dann zu einem Sprachrohr des Visionären werden, zu jemandem, der seine Inspirationen aus dem grenzenlosen Reservoir des Unbewussten schöpft. Dies kann insbesondere eine Eignung für künstlerische Tätigkeiten, sowie für Berufe verleihen, die sich die Hilfe am Mitmenschen zum Ziele setzen, aber auch für all jene Bereiche, bei denen es darum geht, andere zu beeinflussen und für ein Ideal zu begeistern.

Falls die Integration nicht gelingt, hängt es sehr davon ab, welche Werte Ihre Erziehung in Ihnen gefördert hat. Falls Sie nach dem Verhaltensmuster der Effizienz und Logik erzogen wurden, so kann es sein, dass das Traumhafte, Visionäre, aber auch das Unbestimmte und Unverlässliche von Ihnen verdrängt, oder auf andere Menschen projiziert werden. Sie könnten dann zum fanatischen Kämpfer für das wissenschaftliche Denken werden, der alles Gefühlsmässige und Unbeweisbare als gefährlich und abergläubisch abtut. Eine solche Verdrängung, einer Ihnen innewohnenden Komponente, dürfte sich in einer Vorliebe für Philosophien manifestieren, die das Absurde und Sinnlose des menschlichen Lebens zum Gegenstand haben. Diese Haltung könnte Sie in eine psychische Isolation treiben, umsomehr als Sie sich möglicherweise einer ständigen Angst, betrogen und hintergangen zu werden, stellen müssten. Das Neptunische begegnet Ihnen dann wahrscheinlich eher in Ihrer Umwelt, indem Ihre Umgebung durch ihr nicht immer verlässliches Verhalten Ihre eigenen Absicherungsbedürfnisse durchkreuzt. Auch könnte Ihre Psyche dadurch rebellieren, dass Sie den Rausch suchen müssten, um wenigstens für einzelne Momente dem erdrückenden Korsett einer bis zur Kargheit durchrationalisierten seelischen Welt entweichen zu können.

Es ist aber auch möglich, dass die beiden Komponenten dieses Aspektes ohne echten Dialog nebeneinander bestehen. In diesem Falle wäre zu befürchten, dass Ihr Wunschdenken des öfteren überhand nimmt, und Sie das für wahr halten lässt, was bloss Fiktion ist. Dadurch könnten Sie das Opfer von Selbsttäuschungen, wie auch von Täuschungen durch andere werden. Man dürfte Ihnen dann mit Recht vorwerfen, dass Sie nicht immer die Wahrheit sagen, nicht einmal, weil Sie bewusst den andern irreführen möchten, sondern viel eher, weil Sie selbst nicht immer wissen, was wahr und real ist. Gerade im geschäftlichen Bereich werden Sie vor solchen Tendenzen auf der Hut sein müssen. Halten Sie sich in diesem Falle am besten an Pflicht und Ordnung, sowie regelmässige Abläufe, und leben Sie Ihr Bedürfnis nach absoluter Schönheit und Grenzenlosem im Bereich Ihrer Freizeit und Hobbies.

Wie auch immer die Kräfteverteilung bei diesem Aspekt aussehen mag, Sie werden ihn am positivsten leben können, wenn Sie einen Beruf haben, der Ihnen eine musische Betätigung oder die Hilfe am Nächsten ermöglicht. Erst die Auseinandersetzung mit dem Reichtum der menschlichen Psyche oder der Vielfalt der künstlerischen Darbietung wird in beruflicher Hinsicht der Weite des Neptunischen gerecht.

Der Merkur im harmonischen Aspekt zum Neptun

Ein harmonischer Aspekt zwischen Merkur und Neptun gibt Ihnen viel Phantasie und Sinn für das Traumhafte, Unaussprechliche. Sie fühlen sich angezogen von allem, was zum Wunder gehört und unser Leben reicher macht. Sie sind oft auch ohne Worte in der Lage, zu erraten, was Ihr Gesprächspartner denkt und was ihn beschäftigt. Diese Komponente kann Ihnen helfen, Ihre Gedanken so anzubringen, dass sie von den andern ohne Widerstand aufgenommen werden, ganz einfach deshalb, weil Sie sich in die Stimmungslage des Gegenübers versetzen können. Dies kann sehr nützlich sein, wenn es darum geht, andere zu beeinflussen, sie quasi mit Ihrem Gedankengut zu infiltrieren. Dieser Aspekt kommt somit Oeffentlichkeitsfiguren wie Politikern, aber auch Film- oder Fernsehschauspielern sehr zugute, indem ihre Präsentation vom Publikum gerne aufgenommen wird. Die negative Seite dieser Komponente kann allerdings in einer Tarnung der eigenen Absichten bestehen, indem man nicht anecken möchte und sich somit bemüht, nur Dinge zu sagen, welche gut ankommen.

Dieser Aspekt bewirkt allerdings nicht nur, dass Sie Ihre Gedanken so anbringen, dass Sie bei andern ankommen, sondern auch, dass Sie durchlässig sind für die Beeinflussung durch andere. Wegen dieser Empfänglichkeit ist es sehr wichtig, dass Sie sich möglichst nicht mit Leuten umgeben, welche auf Sie sichtlich eine negative Ausstrahlung haben. Sie sind zu sensibel und Ihr Nervensystem ist zu empfindlich, als dass Sie sich problemlos mit derben und grobschlächtigen Menschen umgeben könnten. Viel eher wird es richtig sein, wenn Sie Ihr Bedürfnis nach Schönheit und Traumhaftem auch in Ihrer unmittelbaren Umgebung verwirklichen. Nur so können Sie den, für Ihren Idealismus wichtigen, Nährboden schaffen.

Zweifellos werden Sie von ästhetischen Belangen angezogen sein und viel Sinn haben für Farben, Klänge und Formen. Dies kann Ihnen künstlerische Befähigungen geben, insbesondere eine grosse Sensibilität für Musik. Falls Sie sich für wissenschaftliche Belange interessieren, so werden Sie von Randproblemen oder Grenzwissenschaften angezogen sein. Sie werden überhaupt mehr Sinn haben für grosse Zusammenhänge, als für das Detail. Somit liegt Ihnen beruflich eine Tätigkeit, welche mit dem Menschen, der Natur oder gar mit kosmischen Zusammenhängen zu tun hat, näher als Aufgaben, welche eine peinlich genaue Pflege des Details verlangen.

Ihr Niveau wird sich wesentlich daran messen, ob Ihre Energie lediglich eine übertriebene Erwartungshaltung nährt oder ob Ihr Idealismus Sie auch zu konkreten Taten veranlasst. Seien Sie daher auf der Hut vor weltverbessernden Gedanken, welche nicht auf konkreten Leistungen Ihrerseits beruhen.

Merkur-Pluto-Aspekte

Merkur Konjunktion Pluto

Die Konjunktion von Merkur und Pluto weist darauf hin, dass Sie schon früh erfahren mussten, welche Macht über Worte ausgeübt werden kann. Sie erlebten wahrscheinlich, wie Ihre Eltern oder Lehrer ihre Worte wählten, um eine gezielte Wirkung auszuüben oder, anders ausgedrückt, wie Worte dazu verwendet wurden, um Sie zu kontrollieren. So ist es wahrscheinlich, dass Sie Schwierigkeiten hatten, Ihre noch unausgereifte Meinung gegenüber Erwachsenen, die mehr Wissen und Erfahrung hatten als Sie, durchzusetzen.

Diese anfängliche Hemmung im Ausdruck dürfte Ihrer Spontaneität jetzt noch im Wege stehen. Sie halten Worte für so wichtig, dass Sie im Umgang mit anderen Mühe haben, Ihren Gedanken freien Lauf zu lassen. Sie möchten immer wissen, welche Wirkung Ihre Worte auf andere haben. So mögen Sie sich mit Ihren Ansichten zurückhalten, bis der Moment da ist, wo Sie Ihre Meinung zielgerichtet anbringen können, so dass sie ins Schwarze trifft. Ihre Umgebung könnte Ihnen deshalb Manipulationstendenzen und kontrollierende Absichten vorwerfen.

Ihre frühe Konfrontation mit dem Thema der Kommunikation, im Zusammenhang mit Machtausübung, wird Sie auch für Belange sensibilisieren, die mit Kontrolle und Macht zu tun haben. So könnten Sie empfindlich sein für jegliche Form von Machtmissbrauch, was ein Interesse für Disziplinen wie Jurisprudenz oder Kriminalistik wecken könnte. Aber auch die Ausübung von Macht über geheime und verborgene Dinge könnte Ihr Interesse wachrufen und zu einer Beschäftigung mit Magie, Esoterik oder Yoga führen. Wie positiv oder negativ sich das auswirken mag, hängt davon ab, ob Sie damit primär Kontrolle über sich selbst oder über andere gewinnen möchten. Im ersten Fall kann dieser Aspekt die Grundlage für eine gekonnte Selbstbeherrschung und Selbstüberwindung ergeben. Wenn Ihr Horoskop diesen Aspekt aufweist und Sie sich für Esoterik interessieren, so sollten Sie sich fragen, was Sie damit beabsichtigen. Eine ethische Haltung ist hier von besonderer Wichtigkeit.

Dieser Aspekt dürfte in Ihnen auch eine grosse Wahrheitssuche auslösen. Seien Sie jedoch auch hier auf der Hut, dass Sie damit nicht lediglich Unstimmigkeiten bei anderen aufdecken, sondern auch Ihre eigenen Probleme angehen. Am positivsten wird Ihre Suche sein, wenn Sie nicht bei den Ueberzeugungen, die Ihnen Sicherheit bieten, stehen bleiben, sondern mit letzter Konsequenz an die Gesetzmässigkeiten herangehen, welche menschliche Verhaltensweisen und äussere Strukturen erzeugen. Dann bleiben Sie nämlich auch für die Seiten des Lebens aufnahmefähig, welche Ihren vorgefassten Meinungen widersprechen. Die Suche nach Erkenntnis könnte Ihnen dann ermöglichen, über sich selbst hinauszuwachsen.

Im beruflichen Bereich kann Ihnen dieser Aspekt im Verfolgen Ihrer Ziele viel Beharrlichkeit geben. Eine Frage, die Ihr Interesse geweckt hat, ein Problem, das es zu lösen gilt, werden Sie nicht so leicht beiseite schieben. Viel eher werden Sie von den verschiedensten Seiten her immer wieder daran gehen, den Knoten zu lösen.

Das einzige, wovor Sie sich in acht nehmen müssen, ist Ihr Bedürfnis, andere von Ihrer Meinung zu überzeugen. Denken Sie daran, dass Ihre Ueberzeugungen keine unabänderlichen Wahrheiten sind, was sich schon darin zeigt, dass sich in Ihrem Leben Ihre Meinungen wohl schon verschiedentlich gewandelt haben. Sie werden sich wahrscheinlich auch weiterhin ändern, und so wäre es absurd, von den anderen zu erwarten, dass sie alle Ihre gegenwärtigen Ueberzeugungen teilen sollen. Wenn Sie andere dazu zwingen wollen, der gleichen Meinung zu sein wie Sie, werden Sie sich Feinde schaffen, welche nur darauf warten, Sie bei der nächsten Gelegenheit zu überlisten. Durch Ihre Fähigkeit, die geheimen Motive anderer zu erraten und die Schwachstellen des Gegenübers zu entdecken, können Sie anderen tatsächlich als gefährlich erscheinen. Wenn Sie sich Ihrer Macht bewusst sind, können Sie auch darauf verzichten, sie auf diese Art einzusetzen. Diese Erkenntnis werden Sie sich allerdings höchstwahrscheinlich erst im Laufe eines längeren Lernprozesses aneignen.

Der Merkur im Spannungsaspekt zum Pluto

Ihr freier Ausdruck wurde in der Kindheit durch Autoritätspersonen eingeschränkt. Wahrscheinlich wurden Ihre Meinungen von einem Elternteil nicht zugelassen. Sätze wie: »Wenn du dann älter bist, wirst du das verstehen können«, oder »wir wissen besser, was für dich richtig ist«, dürften typisch gewesen sein. Auf alle Fälle erlebten Sie, wie über Worte Macht und Kontrolle ausgeübt werden können. Die normale Reaktion auf diese frühkindliche Konditionierung ist das Bestreben, als Erwachsener die eigene Umgebung zu kontrollieren, wie die Eltern dies mit Ihnen taten. So könnten Sie sich im Umgang mit anderen Probleme schaffen, indem Sie unbewusst dazu neigen, die Konversation zu manipulieren, und zu sehr auf die Wirkung Ihrer Worte bedacht sind.

Im Extremfall könnten Worte schliesslich mehr dazu dienen, andere zu beeinflussen, als das auszudrücken, was Sie wirklich meinen. Dies würde heftige Kommunikationsprobleme hervorbringen, und Sie könnten erleben, wie andere sich von Ihnen abwenden, weil ein echter Austausch auf gleicher Stufe nicht möglich erscheint. Zu diesem Problemkreis kann auch gehören, dass Sie sich ungewöhnliche Anschauungen zulegen, die Sie mit grösster Vehemenz vertreten. Sie sind dann von diesen Ueberzeugungen wie besessen und reagieren mit einem ungeheuren Kräfteaufgebot, sobald jemand diese Meinungen auch nur scheinbar in Frage stellt. Um dieses Verhalten zu überwinden, sollten Sie realisieren, dass es sich um Ueberzeugungen handelt, welche Ihnen im Moment sehr wichtig sind, dass diese jedoch schon deshalb keinen universellen Charakter haben können, weil Sie selbst vor einigen Jahren über die gleiche Sache ganz anders dachten. Es mag Ihnen klar werden, dass Sie in der Diskussion lediglich Ihrer gegenwärtigen Verranntheit Luft verschaffen wollen und sich dabei einer Schwarz-Weiss-Malerei bedienen, welche andere, die zu einer gemässigteren Haltung neigen, nicht unbedingt nachvollziehen müssen.

Sie können diesen Aspekt positiv leben, wenn Sie Ihr Interesse auf die Gesetzmässigkeiten lenken, welche unsere Verhaltensweisen und Maskenspiele bestimmen und dabei bei sich selbst nicht Halt machen. Dann kann diese Konstellation zu einer echten Wahrheitssuche führen, welche auf die verborgensten Geheimnisse des Lebens gerichtet ist. Gerade die Konfrontation mit anderen kann Ihnen helfen, Ihre vorgefassten Meinungen hinter sich zu lassen und für neue Aspekte des Lebens, die in Ihren bisherigen Konstruktionen keinen Platz hatten, aufnahmefähig zu werden. Sie hätten dann die Möglichkeit, sich über eine konsequente Erkenntnissuche grundlegend zu wandeln.

In der Praxis dürfte dieser Aspekt dazu führen, dass Sie für jegliche Form von Machtmissbrauch extrem sensibilisiert sind. Gekoppelt mit Ihrem Interesse für alles Verborgene, könnte dies äusserlich zu einer Beschäftigung mit Kriminalistik oder Jurisprudenz führen. Stärker auf innere Werte bezogen, würde sich das Interesse entsprechend auf Grenzwissenschaften wie Okkultismus, Esoterik, Yoga und vielleicht auch Magie richten. Wichtig ist dabei, dass Ihre Anstrengungen nicht primär darauf ausgerichtet sind, Macht über andere zu erlangen, sondern vor allem der Selbsterkenntnis und Selbstbeherrschung dienen. Dementsprechend wäre im Falle einer Beschäftigung mit Okkultismus ein rigoroser ethischer Kodex am Platz.

Der Merkur im harmonischen Aspekt zum Pluto

Dieser Aspekt verleiht Ihrem Denken Beständigkeit. Sie interessieren sich für die verborgenen Dinge des Lebens und spüren gern Geheimnisse auf. Wenn Sie sich intensiv mit etwas beschäftigen, können Sie sehr viele Aspekte des Lebens kennenlernen, welche andern vielleicht entgehen. Gleichzeitig ist es jedoch wahrscheinlich, dass Sie vieles, das nicht in Ihr momentanes Blickfeld passt, ausser acht lassen. Sie sind in Ihren Interessen sehr selektiv und geben denjenigen Belangen den Vorzug, die auf eine geheime und verborgene Dimension ausmünden können.

Dieser Aspekt weist auch auf die Fähigkeit hin, die geheimen Wünsche und Motivationen anderer zu erraten. Deren Verhalten, sowie die Spiele, die die Menschen Ihrer Umgebung miteinander treiben, mögen Ihnen Anlass sein zu tiefschürfenden Ueberlegungen über die Geheimnisse des Lebens. Dies kann ein lebhaftes Interesse für Psychologie wecken, das sich auch beruflich niederschlagen könnte.

Natürlich mögen Sie auch Dinge beschäftigen, welche mit Geheimnissen, untergründigen Machenschaften und Motivationen zu tun haben, so zum Beispiel Kriminalistik, Medizin, wissenschaftliche Forschung und vielleicht auch Jurisprudenz. Jurisprudenz deswegen, weil dieser Bereich in engem Zusammenhang steht mit der Macht, die durch das Wort ausgeübt werden kann – ein Thema, das Sie grundsätzlich interessiert.

Ganz allgemein bietet dieser Aspekt gute Voraussetzungen, um Ihre Meinung auf überzeugende und nachhaltige Art und Weise vorzubringen, ohne dadurch Widerstände bei anderen hervorzurufen. Im positivsten Falle wird diese Konstellation auf eine grosse Wahrheitssuche ausmünden, und Sie dazu befähigen, zum Sprachrohr des Unsichtbaren zu werden, zu jemandem also, der die Gesetzmässigkeiten erkennt, welche hinter den Erscheinungen liegen, und diese auch in logische und assimilierbare Gehalte zu kleiden versteht. Damit sind auch die pädagogischen und didaktischen Fähigkeiten angesprochen, die durch diesen Aspekt gefördert werden.

Die Aspekte der Venus

Die Aspekte der Venus geben uns Hinweise über das Harmoniegefühl, den Sinn für Schönheit und Proportion, sowie über das erotische Empfinden. Bei beiden Geschlechtern geben die Venusaspekte darüber Auskunft, welche Art von Beziehung gesucht wird. Beim Mann finden wir dabei auch Anhaltspunkte für das erotische Suchbild der Frau. Bei der Frau zeigt diese Stellung vor allem an, wie sie sich als Frau fühlt und ihre physische Weiblichkeit akzeptiert.

Besonders bei disharmonischen Aspekten zur Venus sind künstlerische Leistungen als Sublimierung möglich. Diese sind nämlich Ausdruck eines Venusprinzips, das meist zu überspannt ist, um reibungslos in der täglichen Wirklichkeit gelebt zu werden, so dass es zu einer aesthetischen Stilisierung drängt.

Bei den Aspekten der Venus wird man sich fragen, welche Thematik zu erwarten ist, wenn das Bedürfnis nach Harmonie und Ergänzung durch einen Partner, durch die eine oder andere planetarische Kraft, gefördert oder beeinträchtigt wird.

Venus-Sonne-Aspekte

Venus Konjunktion Sonne

Eine Konjunktion zwischen Sonne und Venus verleiht Ihnen Warmherzigkeit und Sinn für das Schöne, und Ihre Liebenswürdigkeit erleichtert Ihnen vieles im Leben. Sie verstehen es, sich zu präsentieren, so dass Sie gut ankommen. Es ist Ihnen sehr wichtig, Liebe geben und empfangen zu können. Dazu gehört auch eine stark entwickelte Geselligkeit und ein Bedürfnis nach Austausch und Kontakt.

Während Sie gegenüber Personen, die Sie wenig kennen, viel Takt und Höflichkeit zeigen können, blühen Sie erst in Gegenwart eines Menschen, der Sie liebt, richtig auf. Es gelingt Ihnen dann, sich durch die Hülle der Höflichkeit so zu zeigen, wie Sie sind.

Achten Sie jedoch darauf, dass Sie sich nicht aus übertriebener Kompromissbereitschaft übermässig anpassen, sondern versuchen Sie sich so zu geben, wie Sie sind. Sonst könnten Sie wichtigen Problemen ausweichen, anstatt sich ihnen endlich zu stellen.

Ihr Sinn für das Schöne sorgt dafür, dass Sie eine anmutige Umgebung einrichten, die auch denen zugute kommt, die mit Ihnen leben. Sie werden ein sicheres ästhetisches Gefühl haben und sich in Angelegenheiten der Kunst ein eigenes Urteil bilden, ohne auf fremde Meinungen abzustellen.

In Gesellschaft möchten Sie nicht übersehen werden, und Sie verstehen es, nützliche Kontakte zu knüpfen. Es besteht jedoch eine gewisse Gefahr von Eitelkeit und Narzissmus, wenn Sie es für selbstverständlich erachten, dass man Sie schätzt, ohne dass Sie etwas dafür tun.

Venus-Mars-Aspekte

Venus Konjunktion Mars

Mit einer Konjunktion von Venus und Mars wirken Sie erotisch sehr anziehend und haben einen gewissen Magnetismus. Man reagiert daher intensiv auf Sie, doch geschieht dies vielleicht nicht immer so, wie Sie möchten. Wenn Sie Ihre Sinnlichkeit aufgrund einer strengen Erziehung oder negativer Erfahrungen nicht wahrhaben wollen, empfinden Sie es wahrscheinlich als unangenehm, dass Sie in anderen sinnliche Schwingungen auslösen. Frauen reagieren hier auch empfindlicher als Männer.

Wenn Sie jedoch voll zu Ihrer Sinnlichkeit und Instinkthaftigkeit stehen, schätzen Sie die Tatsache, dass Sie andere Menschen nicht indifferent lassen, und dies kann Ihnen zu vielfältigen Beziehungen verhelfen. Sie haben ein Bedürfnis nach intensivem Kontakt mit der Umwelt, auch wenn dieser manchmal schmerzhaft ist. Sie sind fähig, aktiv auf das Du zuzugehen, und Ihre Leidenschaftlichkeit erhöht Ihre Chancen im Wettbewerb mit andern. Sie fühlen sich von aktiven und intensiv lebenden Menschen angezogen, doch möchten Sie nicht, dass der andere versucht, Kontrolle über Sie auszuüben. Sie wollen sich frei fühlen und ertragen Einschränkungen schwer. Am liebsten möchten Sie dem anderen Ihren eigenen Rhythmus aufdrängen – doch wird dies in der Praxis zu Konflikten führen, so dass die Auseinandersetzung zwischen eigenen und fremden Ansprüchen zu einem zentralen Motiv in Ihrem Leben werden dürfte. Sie werden diesbezüglich im Laufe der Zeit einen Kompromiss finden müssen, wenn Sie langfristig stabile Beziehungen aufbauen wollen. Sonst könnten Sie darunter leiden, dass die anderen in Ihnen eher das Faszinierende als das Beständige suchen.

Im Arbeitsbereich werden Sie sich am besten dort bewähren, wo Sie mit Menschen zu tun haben oder in einer Gruppe arbeiten können. Sie brauchen in Ihrem Beruf nämlich den direkten Kontakt mit dem Leben, da Ihre persönliche Entwicklung dies verlangt. Sie geraten dabei aber oft in Situationen, wo Sie unsicher sind, ob Sie Ihre Bedürfnisse durchsetzen oder den Ansprüchen der anderen entsprechen sollen. Ein befriedigendes Gleichgewicht wird sich wohl erst im Laufe der Zeit einstellen.

Ihre Beziehung mit dem gegengeschlechtlichen Elternteil beeinflusst Ihre spätere Entwicklung ganz wesentlich. Vielleicht verspürten Sie für diesen Elternteil eine Art Hassliebe, welche sich auch auf spätere Beziehungen mit dem andern Geschlecht übertragen könnte. Somit suchen Sie vielleicht unbewusst

Partner, die Sie vom Bewusstsein her ungeeignet finden, die Sie jedoch gleichzeitig ungeheuer faszinieren.

Oft führen mit diesem Aspekt Enttäuschungen im Bereich der intimen Beziehungen zu einer Sublimierung auf künstlerischer Ebene. So wird die Harmonie, die man im Alltag nicht finden konnte, im schöpferischen Prozess entwickelt.

Die Venus im Spannungsaspekt zum Mars

Ein Spannungsaspekt zwischen Venus und Mars steigert Ihr Schönheitsbedürfnis, sowie Ihr sexuelles Begehren. Sie strahlen einen erotischen Magnetismus aus und dürften auf das andere Geschlecht einen nicht unerheblichen Eindruck machen. Das Problem liegt jedoch darin, dass Sie sehr starke Wünsche haben, die Sie unbedingt befriedigt haben möchten. Der Partner kann dies als Zwang empfinden, gegen den er sich zur Wehr setzen muss. Versuchen Sie hier kompromissbereiter zu sein und dem anderen mehr Raum für eigene Wünsche zu lassen. Wenn Sie sich diesbezüglich nicht anpassen können, werden Sie aufgrund Ihrer Anziehungskraft zwar viele und intensive, aber nicht sehr dauerhafte Beziehungen eingehen, die vor allem erotischer Art sind und wo die emotionale Uebereinstimmung weitgehend ausgeklammert ist. Eine solche Beziehung führt langfristig oft zu Machtkonflikten, weil Sexualität, die zur Routine wird, zur Beherrschung eines Partners ausgenutzt werden kann.

Während diese Probleme mit dem andern Geschlecht sich oft erst im Laufe einer intimen Beziehung manifestieren, können sie im Kontakt mit dem gleichen Geschlecht schon bei den ersten Begegnungen spürbar werden. So werden Sie aufgrund Ihres Magnetismus von Personen gleichen Geschlechts oft als Konkurrent betrachtet, vor dem man sich in acht nehmen muss.

Sie sind in Ihren Zu- und Abneigungen recht kompromisslos. Entweder mögen Sie einen Menschen, sind sehr aufmerksam und zeigen Ihren ganzen Charme, oder er lässt Sie kalt, so dass Sie ablehnend wirken. Mit Menschen, die Sie gut mögen, pflegen Sie einen sehr leidenschaftlichen Austausch und erwarten, dass Ihre Avancen erwidert werden. Bei einer Abweisung reagieren Sie dann ebenfalls heftig.

Ihre gewaltige Triebenergie wird wahrscheinlich in Beziehungen allein nicht voll befriedigt werden können. Sie brauchen daher eine Betätigung, die eine gewisse Sublimierungsfunktion hat, und können so ein besonderes Interesse für Kunst, Literatur bzw. Theater entwickeln oder Ihre Energien in Tanz oder Sport ausleben. Ihre geniesserische Seite kann in einfacherer oder subtilerer Form gelebt werden, doch sollte sie mit Ihrer Tatkraft und Effizienz verbunden werden.

Die Venus im harmonischen Aspekt zum Mars

Sie haben eine freundliche, entgegenkommende Art. Ihre körperlichen Bedürfnisse und Ihre Sinnlichkeit sind betont, doch nicht übertrieben, und Sie verstehen es, sich in einer Beziehung anzupassen. Aufgrund Ihres starken Harmoniebedürfnisses sorgt dieser Aspekt für eine Verfeinerung Ihres triebmässigen Ausdrucks. Bei aller Anpassung an die Umstände wissen Sie Ihre Eigenart doch zu wahren, was man an Ihnen schätzt. Sie verstellen sich nicht, sondern sind sich selbst.

Auch wenn Sie stark engagiert sind, lassen Sie das Angenehme nie ganz aus den Augen, so dass Sie sich kaum je in einer sturen Haltung versteifen. In sorglosen Phasen finden Sie an Vergnügungen und kleinen Abenteuern Gefallen, doch sprengt diese Neigung den Rahmen des Schicklichen kaum, sondern fördert Charme und Warmherzigkeit.

In der Liebe sind Sie mit ganzem Herzen dabei, und durch Ihre gewinnende Art wird es Ihnen wohl kaum an Begegnungsmöglichkeiten fehlen. Ihre Beziehungen sind intensiv, wobei sich Ihr Augenmerk besonders auf Menschen richtet, die ebenso lebendig und natürlich sind wie Sie. Sie brauchen jemanden, mit dem Sie Ihre Spontaneität ausleben können.

Der Schlüssel Ihres Erfolgs im Umgang mit Menschen liegt ganz wesentlich darin, dass man sich durch Ihre Art nicht bedroht fühlt. Vielmehr verstehen Sie es, anderen Vertrauen einzuflössen, was jede Form von Zusammenarbeit begünstigt. Gleichzeitig kommen Sie auch mit Kindern gut aus. Berufe, welche Spontaneität, Teamarbeit und ästhetischen Sinn erfordern, werden Ihnen besonders liegen. Im Beruf oder Hobby können auch Musik, Kunst und Literatur eine wichtige Rolle spielen.

Venus-Jupiter-Aspekte

Venus Konjunktion Jupiter

Dieser Aspekt macht Sie besonders zärtlich und grosszügig. Wenn Sie an den menschlichen Wert einer Person glauben, zögern Sie nicht, Ihre Gefühle zu zeigen. Sie erwarten jedoch, dass diese erwidert werden, und können anderen gegenüber recht hohe Erwartungen stellen. Entsprechend fällt Ihnen der Kontakt mit Menschen, die ebenfalls grosszügig und spontan sind, leichter als mit zögernden und ängstlichen Personen. Da Sie nach einer sozialen Position, Wohlstand und vielleicht auch Luxus streben, fühlen Sie sich von Menschen, welche selbstsicher wirken und ebenfalls eine Verbesserung anstreben, stärker angezogen als von bescheidenen und genügsamen Individuen.

Die Empfindungswelt könnte bei Ihnen aber allzu-grosse Bedeutung gewinnen, und Sie sollten nicht zu üppige und eitle Bedürfnisse entwickeln, da sich diese schwer befriedigen lassen, ohne sich von anderen sehr abhängig zu machen. Zu hoch geschraubte Ansprüche rauben Ihnen vielleicht Ihre Freiheit, wenn Sie alleine nicht in der Lage sind, Ihre Wünsche zu befriedigen. Bei Frauen mit diesem Aspekt besteht zuweilen eine Sehnsucht, dem Märchenprinzen zu begegnen, der einem ein sorgloses Leben und den ersehnten Status bietet.

Ueberhaupt führt dieser Aspekt oft zu Anpassungsschwierigkeiten, da die eigenen Anschauungen für die Umwelt als verbindlich betrachtet werden. So mag man seine Wünsche auf andere projizieren und enttäuscht sein, wenn diese nicht wie erwartet reagieren. Auch das Partnerbild kann von solchen Projektionen betroffen sein: Vielleicht erwarten Sie von einem Partner so viel, dass ein gewöhnlicher Sterblicher Ihren Anforderungen kaum gerecht werden kann. Mitunter haben Sie nicht zu einem realen Menschen, sondern zu einem Idealbild, das mit dem wirklichen Partner wenig zu tun hat, eine Beziehung.

Wenn Sie lernen, mit beiden Füssen auf dem Boden der Realität zu bleiben, und Ihre Erwartungen am Erreichbaren messen, haben Sie mit diesem Aspekt jedoch die besten Chancen, dass die Umwelt Ihnen durch Glücksfälle und fördernde Begegnungen immer wieder entgegenkommt. Dazu werden Sie jedoch eine gewisse Selbstdisziplin entwickeln und auf die unmittelbare Erfüllung jedes kleinsten Wunsches verzichten müssen.

Eine Verwirklichung auf dem künstlerischen Sektor oder in einem Beruf, der ästhetische Befähigungen verlangt, wird Ihnen helfen, notwendige Verzichte im Kleinen zugunsten einer Verwirklichung im Grossen zu erbringen. Dazu gehört auch, dass Sie Ihre Aufmerksamkeit weniger auf die eigene Person, als auf eine soziale und berufliche Aufgabe richten.

Die Venus im Spannungsaspekt zum Jupiter

Dieser Aspekt macht Sie charmant und beliebt. Sie sind fröhlich, expansiv und oft sehr grosszügig, wobei diese Grosszügigkeit auch mit Ihrem Bedürfnis nach Anerkennung zusammenhängt. Sie fühlen sich wohler, wenn andere Ihnen etwas schuldig sind als umgekehrt. Man schätzt die gute Stimmung, die Sie ausstrahlen, doch nimmt man Sie aufgrund Ihrer Neigung zum Uebertreiben nicht immer so ganz ernst. Sind Sie inspiriert, kennen Sie nämlich keine Grenzen. In schwierigen Situationen wählen Sie oft den leichteren Weg, bedienen sich Ihres Charmes und bauen mit Ihrer entgegenkommenden Haltung die Abwehrmechanismen des anderen ab. Mit der Wahrheit können Sie aber manchmal etwas zu grosszügig umgehen, und Sie kommen oft nicht ohne »Notlügen« zurecht.

Eines Ihrer Hauptprobleme liegt darin, dass Sie sich Ihres Selbstwertes nicht sicher genug sind, um auf die ständige Bestätigung durch die Umwelt verzichten zu können. Sie tun daher vieles, um anderen zu gefallen, und können deshalb auch zweifelhafte Beziehungen eingehen. Vielleicht nehmen Sie allzu rasch Kontakt auf, wenn Sie sich von jemandem bestätigt fühlen, und fallen dann Schmeicheleien zum Opfer. Wenn ein Partner es mit Ihnen hingegen ernst meint und Rechte und Pflichten klar definieren möchte, befällt Sie oft eine Bindungsangst. Sie möchten sich lieber frei geben können, als sich an bestimmte Abmachungen und Erwartungen halten zu müssen.

Wenn Sie sich disziplinieren lernen und sich einer Wahrheit verpflichtet fühlen, welche nicht nur für Sie, sondern für alle gilt, können Sie jedoch die positiven Möglichkeiten dieses Aspektes verwirklichen. Versuchen Sie, Ihre eigenen Fehler nicht immer zu beschönigen und sich nicht ablenkenden Wunschvorstellungen hinzugeben. Langfristig haben Sie mehr davon, wenn andere sich bei Ihnen wohl fühlen und Ihnen gute Gefühle entgegenbringen. Sind Sie arbeitsam, und stehen Sie materiell auf eigenen Beinen, sind Sie auch weniger von äusserem Beifall abhängig. Ueberprüfen Sie Ihre Erwartungen immer wieder darauf, ob diese realisierbar sind. Beruflich liegt Ihnen der Umgang mit Menschen oder einem Publikum, so dass Ihnen eine Tätigkeit im Bereich der Public Relations oder der Werbung entsprechen würde. Auch haben Sie Fähigkeiten, um in Kunst oder Mode kreative Arbeit zu leisten.

Die Venus im harmonischen Aspekt zum Jupiter

Sie sind gesellig und dürften mit diesem Aspekt viele Freunde haben. Sie strahlen Wohlwollen, Wärme und Freundlichkeit aus. Bequemlichkeit und Genuss sind Ihnen wichtig, doch möchten Sie sich damit nicht abschliessen, sondern alle, die Ihnen nahestehen mit einbeziehen. Sie sind tolerant und Ihr Augenmerk ist vor allem auf die positiven Seiten Ihrer Mitmenschen gerichtet. Sie glauben an den menschlichen Wert jedes einzelnen und helfen ihm damit, seine Qualitäten zu entwickeln. Obwohl Sie Luxus und Komfort lieben, teilen Sie das Ihre auch dann, wenn es bescheiden ist. Sie häufen Dinge also nicht nur für sich selbst an, sondern lassen sie auch anderen zugute kommen. Dies schafft eine positive Atmosphäre, so dass andere Ihnen auch gerne entgegenkommen.

Mit diesem Aspekt neigen Sie jedoch kaum zu harter Arbeit. Sie nehmen das Leben lieber von der angenehmen Seite, und Ihre Stärke liegt eher in Ihrem Taktgefühl und Ihrer positiven Einstellung zum Leben, als in Disziplin und Durchsetzung. Sie suchen nicht den Kampf, sondern den Konsens, und Sie ziehen sich nur dann zurück, wenn der Gesprächspartner Ihnen keine Anerkennung zollt. Dies dürfte jedoch nur selten der Fall sein, denn indem Sie andere akzeptieren, schaffen Sie ein positives Klima, in welchem auch Sie die gewünschte Bestätigung finden.

Sie haben starke ethische Gefühle und einen Hang zum Traditionellen. Daher fühlen Sie sich von Menschen angezogen, welche aufrichtig und ehrlich sind, und hassen das Vulgäre und Perverse. Gute Umgangsformen sind Ihnen ebenso wichtig wie soziale Anerkennung. Dies wird sich auch in Ihren Partnerschaften niederschlagen, wo Sie gesellschaftlich anerkannten Formen des Zusammenseins, wie der Ehe, den Vorzug geben.

Beruflich liegt Ihnen der Umgang mit Menschen, aber auch der musische Bereich. Falls Sie Ihre künstlerischen Interessen nicht im Rahmen des Berufs ausleben können, nehmen Musik, Theater und Tanz in Ihrer Freizeit wohl grossen Raum ein.

Venus-Saturn-Aspekte

Venus Konjunktion Saturn

Mit diesem Aspekt haben Sie etwas Mühe, Ihre Gefühle zu zeigen, da Sie sich vor einer Zurückweisung fürchten. Erst wenn Sie jemandem sehr viel Vertrauen entgegenbringen, können Sie sich richtig öffnen und Ihre weiche Seite zeigen. Sonst wirken Sie zurückhaltend und höflich, damit man Sie ja nicht ablehnt. Wenn Sie sich in einer Beziehung öffnen, verlangen Sie jedoch vollständige Zuwendung. Sie sind recht verwundbar und können starke Eifersuchtsgefühle entwickeln, wenn sich der Partner von Ihnen abwendet.

Sie können Ihr Bedürfnis nach emotioneller Sicherheit auf zwei verschiedene Weisen ausleben: entweder Sie unterhalten aus Angst vor einer schmerzlichen Bindung vielfältige Beziehungen, die Sie zu nichts verpflichten, oder Sie wenden sich einer stabilen Beziehung zu, die Ihnen alles bedeutet, und innerhalb welcher Sie absolute Treue fordern. Auch dann können Sie sich aber oft nicht des Eindrucks erwehren, dass Sie mehr geben müssen als Sie erhalten. Vielleicht haben Sie das Gefühl, dass dies notgedrungen zu einer verpflichtenden partnerschaftlichen Beziehung gehört. Ihr Gefühl, in Beziehungen ausgenutzt zu werden, ist jedoch ein persönliches Problem und hängt mit den Partnern zusammen, von welchen Sie sich angezogen fühlen.

Andererseits führt dieser Aspekt dazu, dass Sie in der Lage sind, eine Beziehung aufrechtzuerhalten, in der gewisse Schwierigkeiten verarbeitet werden müssen. Sie spüren, dass Sie eine Aufgabe zu bewältigen haben, und dass Sie mit einem anderen Partner ähnliche Probleme hätten wie mit dem jetzigen. Ihr grösster Wunsch ist nämlich, eine Beziehung aufzubauen, welche von Dauer ist. In jüngeren Jahren fühlten Sie sich möglicherweise vor allem von älteren Partnern angezogen, weil diese vielleicht mehr Verantwortungssinn und Sicherheit verkörpern als jüngere Menschen. Diese Art der Partnerwahl kann sich im Laufe der Zeit jedoch ändern.

Es ist möglich, dass Sie Ihr erotisch-emotionales Gleichgewicht erst in späteren Jahren finden, sei dies in Form einer reifen und harmonischen Beziehung, oder indem Sie Ihr Bedürfnis nach Schönheit und Harmonie in einer kreativen Tätigkeit leben. Sie haben mit diesem Aspekt nämlich gute Voraussetzungen für eine künstlerische Betätigung oder eine Beschäftigung im Bereich von Mode, Kunst, Dekoration oder Kosmetik.

Die Venus in Spannungsaspekt zum Saturn

Mit einem Spannungsaspekt zwischen Venus und Saturn haben Sie oft den Eindruck, dass Sie mehr geben müssen als Sie erhalten. Sie fühlen sich gezwungen, in Beziehungen Kompromisse einzugehen, die Ihnen eigentlich widerstreben, und Sie glauben, dass Ihre Gefühle nicht erwidert werden, wenn Sie diese ausdrücken. Ist dies schon mehrmals passiert, dürften Sie eine gewisse Bitterkeit und Resignation entwickelt haben. Es scheint vielleicht, als seien Sie nicht dazu bestimmt, in Beziehungen Freude und Glück zu erleben. Dieses Verhaltensmuster wiederholt sich aber immer wieder, wenn Sie zusehends Abwehrmechanismen dagegen entwickeln. Eine gefühlsmässige Enttäuschung mit einem Elternteil könnte dann zu einem beherrschenden Motiv in Ihrem Leben werden.

Fragen Sie sich deshalb, ob Sie von anderen im erotischen oder emotionellen Bereich nicht einfach zu viel verlangen, weil Ihre Erwartungen unerfüllbar sind. Bedenken Sie, dass jeder im Leben Kompromisse eingehen muss, und dass alle in ihren Beziehungen schwierige Zeiten durchmachen.

Ihr grösstes Problem ist wohl Ihre Enttäuschungsbereitschaft und Ihr mangelndes Selbstwertgefühl. Sie fühlen sich oft unsicher und nicht liebenswert. Dadurch werten Sie sich selbst in den Augen der anderen ab, und viele Schwierigkeiten gehen darauf zurück, und nicht etwa auf Ihren Mangel an Liebenswürdigkeit.

Um Ihre Minderwertigkeitsgefühle zu überwinden, mag es von Vorteil sein, wenn Sie sich beruflich verwirklichen und durchsetzen können. Dazu sind besonders Berufe im Bereich der Kunst und Aesthetik oder solche, die mit der Verwaltung von Vermögen zu tun haben, geeignet. Ihre Aengstlichkeit und soziale Gehemmtheit kann dann mit der Zeit durch harte Arbeit kompensiert werden.

Lernen Sie anderen auf halbem Weg zu begegnen, anstatt sich im Elfenbeinturm zu verschanzen und von einer Idealwelt zu träumen. Wenn Sie bereit sind, sich in Beziehungen zu exponieren und blosszustellen und realisieren, dass die Welt dabei nicht zusammenbricht, sind Sie auf dem richtigen Weg. Es nützt nämlich nichts, wenn Sie für jemanden Gefühle empfinden, diese aber nie zum Ausdruck bringen. »Nur wer wagt, gewinnt«, gilt für Sie ganz besonders im Gefühlsbereich. Versuchen Sie daher mehr zu geben, anstatt sich darüber zu beklagen, dass andere zu viel von Ihnen verlangen.

Die Venus im harmonischen Aspekt zum Saturn

Mit einem harmonischen Aspekt zwischen Venus und Saturn sind Sie im Ausdruck Ihrer Gefühle eher zurückhaltend. Bevor Sie sich engagieren, müssen Sie sich vergewissern, dass es der andere ernst und ehrlich meint. Sie legen mehr Wert auf eine stabile, langfristige Beziehung, als auf kurzlebige, sinnliche Leidenschaften. Sie sind selektiv und warten lieber auf die »richtige« Beziehung, als dass Sie einen flüchtigen Kontakt aufnehmen. In Ihrer Wahl können auch gesellschaftliche und materielle Rücksichten eine Rolle spielen, und Sie können sich kaum für jemanden begeistern, der Ihr Leben durcheinanderbringen würde.

Somit sind Sie in Beziehungen eher traditionsgebunden. Dies hat Vorteile, bringt jedoch auch Gefahren mit sich, da Sie Ihre anerzogenen Tabuvorstellungen in Ihre Beziehungen einbringen können, so dass Ihr Partner Ihnen mit einem gewissen Recht Zurückhaltung oder gar Kälte vorwirft. Oft versuchen Sie nämlich zu sehr einem Ideal von Untadeligkeit nachzuleben.

Wenn Sie dies wissen, können Sie versuchen, in Ihrer Beziehung etwas lokkerer zu sein, denn es besteht auf Ihrer Seite kaum die Gefahr der Treulosigkeit. Viel eher müssen Sie darauf achten, dass Ihr Verständnis von Treue nicht zu einer übermässigen Fixierung führt. Sie haben nämlich Schwierigkeiten, mit der Last der Vergangenheit fertig zu werden, und müssen damit umgehen lernen, um in Beziehungen mehr Spontaneität zu entwickeln. Fragen Sie sich, wenn immer Sie Ihrem Partner Leichtfertigkeit vorwerfen, ob Sie diese nicht einfach deshalb übelnehmen, weil Sie insgeheim selbst freier leben möchten. So könnten Sie versuchen, Ihre Unfreiheit durch Kritik am Partner zu kompensieren.

Ihre Stärke liegt in der Fähigkeit, eine Beziehung auch durch schwierige Zeiten hindurch zu führen. Sie haben mit Recht das Gefühl, dass man sich eine Beziehung erarbeiten muss und dabei gewisse Beschwernisse auf sich zu nehmen hat. Ihr Partner spürt dies, was ihm eine gewisse Sicherheit vermittelt, die Ihre Kühle und Ihren Mangel an Spontaneität zumindest teilweise kompensiert.

In Ihrem Geschmack sind Sie eher diskret, was sich beispielsweise in der Bevorzugung dunkler, unauffälliger Farben ausdrückt. Auch mögen Sie traditionelle Kunst und Antiquitäten besser als die Kunst der Avantgarde oder modisches Design. Auch im Aesthetischen achten Sie also eher auf Wertbeständigkeit, als auf einen zeitbedingten Liebhaberwert.

Beruflich können Sie sich in der Verwaltung von Sach– oder Finanzwerten bestätigen und im Bankgewerbe, im Handel mit Liegenschaften oder im Versicherungswesen gute Arbeit leisten. Auch das Gebiet der Architektur oder der Inneneinrichtung liegt Ihnen, wobei Sie wiederum eher zum klassischen Stil neigen.

Venus-Uranus-Aspekte

Venus Konjunktion Uranus

Eine Konjunktion zwischen Venus und Uranus macht Sie zu einer höchst originellen Persönlichkeit. Beziehungen und menschliche Kontakte sind für Sie dazu da, um Ihre Individualität und Eigenständigkeit besser kennenzulernen. So brauchen Sie in Verbindungen viel Spielraum und reagieren allergisch, wenn Sie den Eindruck haben, Sie müssten für etwas dankbar sein. Es wird wichtig sein, dass Sie dieses Bedürfnis nach Entwicklung und Freizügigkeit innerhalb von Beziehungen verstehen. Venus und Uranus bedeuten ja, wenn sie in einem Horoskop zusammenkommen, dass Beziehungen zur Aufgabe haben, den Individuationsprozess zu fördern. Aus diesem Grunde kann nicht die Anpassung im Vordergrund stehen. Ihre Anziehung zu aufregenden und unkonventionellen Partnern trägt zwar nicht unbedingt zur Stabilität Ihrer Beziehungen bei, denn Sie suchen sich Leute aus, die ebenfalls ihren eigenen Werdegang brauchen. So kann man Ihnen nur empfehlen, Beziehungen nach Ihren eigenen Regeln zu leben. Sie sollten sich dabei jedoch vergewissern, dass der andere diese Regeln akzeptiert und Ihr Bedürfnis nach einer gewissen Distanz versteht, da Sie sonst bald Schuldgefühle entwickeln würden.

Sie gehen Beziehungen oft aufgrund einer plötzlichen Faszination ein und haben später Probleme, wenn sich die Routine des Alltags einschleicht. Dann können Sie Ihr Interesse an der Beziehung verlieren, es sei denn, Ihr Partner würde Sie durch seine Originalität ständig neu anspornen oder dass die Umstände dafür sorgen, dass Sie nicht immer zusammensein können. Es ist tatsächlich so, dass Ihnen eine räumliche Distanz oder zeitliche Unterbrüche helfen können, eine Beziehung langfristig aufrecht zu erhalten. Falls diese Ihre Freiheit jedoch zu sehr einschränkt, sind Sie in der Lage, sie ebenso plötzlich abzubrechen, wie Sie sie eingegangen sind. In den meisten Fällen kann sich diese jedoch in eine gute Kameradschaft verwandeln.

Die Konjunktion zwischen Venus und Uranus gibt auch berufliche Indikationen. Gerade weil das Bedürfnis nach Harmonie in engen Beziehungen nicht ohne weiteres zu verwirklichen ist, wird es Ihnen ein Anliegen sein, Harmonie und Aesthetik beruflich zum Ausdruck zu bringen. So könnte Ihnen diese Konjunktion gute Ansätze geben, um im Bereich der Grafik, der Mode oder der Innendekoration interessante Leistungen zu erbringen. Auch weist dieser Aspekt darauf hin, dass Ihnen der Umgang mit Menschen beruflich wichtig sein wird. Dieser wird Ihnen mehr liegen als eine isolierte Sachbearbeitertätigkeit, zumal Ihnen Routine und Gleichförmigkeit Mühe machen.

Die Venus im Spannungsaspekt zum Uranus

Mit diesem Aspekt liefern sich Ihr Bedürfnis nach Bindung und jenes nach Unabhängigkeit einen Kampf. Obwohl Sie sich oft, wenn Sie allein sind, eine stimmige Beziehung wünschen, versetzen Sie die Erwartungen des Partners manchmal in Panik. Sie haben Angst, festgelegt zu werden und Ihre persönliche Entwicklung durch eine Beziehung in Frage gestellt zu sehen. Sie suchen zwar Gleichgewicht, Beziehung und Harmonie, doch müssen Sie all dies gleich wieder hinter sich lassen, um nach der nächsten Stufe zu streben. Dieser Aspekt führt dazu, dass Sie in Beziehungen oft gerade das wollen, was Sie nicht haben. Sind Sie allein, wünschen Sie sich Nähe, sind Sie gebunden, so wünschen Sie sich nichts sehnlicher als Freiheit.

Sie können eine Beziehung ganz plötzlich und aufgrund einer gegenseitigen Faszination eingehen und fühlen sich von ungewöhnlichen, kreativen und unberechenbaren Partnern angezogen. Will Ihr Partner eigene Wege gehen, und legt er Wert auf Distanz, verspüren Sie bald einmal einen starken Wunsch nach Nähe. Engagiert sich der Partner aber intensiv für Sie, und möchte er Ihre Beziehung mit Rechten und Pflichten definieren, so werden Sie unruhig und bangen um Ihre Entwicklung als Individuum. Ihr Unabhängigkeitsbedürfnis äussert sich dann beispielsweise, indem Sie aus der Beziehung ausbrechen, Ihrem Partner Vorwürfe machen, oder ihn zurückweisen. Dadurch wird die Nähe, die Ihnen zu viel wird, gebrochen und Sie sind frei, auf einer anderen Ebene ein neues Gleichgewicht zu suchen.

Sofern Sie diesen Prozess durchschauen und ihn bewusst leben, ist dies nicht unbedingt negativ zu werten. Beziehungen haben bei diesem Aspekt nämlich den Hauptzweck, Ihren Individuationsprozess voranzutreiben. Wenn Sie die Freiheiten, die Sie beanspruchen, auch Ihrem Partner zugestehen können, und wenn er um Ihre Spielregeln weiss, so ist nichts dagegen einzuwenden. Haben Sie sich einen Partner ausgesucht, der viel selbständiger ist als Sie, ist es jedoch wichtig, dass Sie auch seine Verhaltensregeln akzeptieren und ihn nicht in ein Korsett zu zwängen versuchen.

Der Spannungsaspekt zwischen Venus und Uranus wirkt sich natürlich auch auf anderen Ebenen aus. So laufen Sie kaum Gefahr, sich in alltäglichen Genüssen zu verlieren, denn Sie drängen, sobald eine gewisse Sättigung erreicht ist, weiter zu neuen Horizonten. Es ist Ihnen sehr wichtig, sich durch nichts von Ihrer individuellen geistigen Entwicklung abbringen zu lassen. Ihre Wendigkeit und Beweglichkeit hilft Ihnen, immer wieder ein neues Gleichgewicht zu finden, das Ihrem momentanen Entwicklungsstand entspricht. Auf Ihrer Suche nach Genuss und Erfüllung fühlen Sie sich den gängigen Normen kaum verpflichtet, was Ihre Umwelt zeitweise befremden mag. Für Ihre eigene Entwicklung ist dies jedoch wichtig, und echte Freunde werden Ihnen Ihr Verhalten kaum ankreiden.

Von beruflichem Interesse ist dieser Aspekt insofern, als er Sie leicht über traditionelle Normen hinweggehen lässt. Ihr Sinn für den Zeitgeist ist stark ausgeprägt, ebenso wahrscheinlich das Verständnis für Kunst und Aesthetik. Sie schätzen moderne Kunst, Grafik, Werbung und Mode, sowie Fernsehen und Film. Wenn Sie Ihre kreative Ader entwickeln, werden Ihre Beziehungsprobleme wahrscheinlich etwas entschärft, weil das Bedürfnis nach Individualität und Kreativität nicht mehr nur auf der Beziehungsebene gelebt werden muss.

Die Venus im harmonischen Aspekt zum Uranus

Ein harmonischer Aspekt zwischen Venus und Uranus weist darauf hin, dass Sie in Beziehungen einen gewissen Spielraum für Ihre individuelle Entfaltung brauchen. Eine Beziehung, die Sie zu sehr einschränkt, können Sie langfristig kaum akzeptieren. Viel eher suchen Sie das Faszinierende und Prickelnde in Verbindungen. Sie wissen auch, dass der Rückhalt, den eine Beziehung gibt, Ihre Individuation nicht ersetzen kann, und dass Beziehungen ihre Berechtigung haben, solange die Entwicklung beider in eine ähnliche Richtung verläuft. Gegenseitige Erstarrung kann aber kaum Sinn und Zweck einer Beziehung sein.

Diese Suche nach Lebendigkeit in Ihren zwischenmenschlichen Beziehungen bewirkt, dass Ihre Freunde, die oft sehr originell und individualistisch sind, Ihnen sehr wichtig sind. »Normalverbraucher« stossen Sie eher ab. Sie suchen einen Austausch, der Sie die Beschränkungen des Alltags vergessen lässt. Bezüglich Ihrer Freunde sind Sie auch sehr offen und tolerant und neigen kaum zur Possessivität. Sie erwarten einen kreativen Austausch, der durch feste Erwartungen nur gebremst würde.

Kreativität ist Ihnen auch im beruflichen Bereich wichtig. Sie haben gute Voraussetzungen, um Ihre künstlerische Ader zum Ausdruck zu bringen. Dieser Aspekt bedeutet jedoch nicht unbedingt, dass Sie Ihre künstlerischen Fähigkeiten auch praktisch einsetzen werden. Er weist lediglich darauf hin, dass Sie Geschmack haben, allerdings mit einer sehr eigenwilligen Note. Es geht darum, dass Sie sich in Ihrem Schaffen zum Ausdruck bringen. Dies kann Ihnen Befähigungen geben für Grafik, Werbung, Innenarchitektur oder Mode. Auf der Suche nach neuen Pfaden für Ihren kreativen Ausdruck werden Sie dabei Tradition und Routine hinter sich lassen wollen.

Venus-Neptun-Aspekte

Venus Konjunktion Neptun

Eine Konjunktion zwischen Venus und Neptun bewirkt, dass Sie in Beziehungen stets auf der Suche nach einer Person sind, die Sie idealisieren können. Sie neigen dazu, weniger vom Du auszugehen, wie es tatsächlich ist, als vielmehr von der Vorstellung, die Sie von ihm haben. Dies kann Ihnen Enttäuschungen bescheren, weil letztlich kein einzelner Mensch so universell und perfekt sein kann, wie Sie sich ihn wünschen. Bevor Sie Ihre Erwartungen zurückschrauben, dürften Sie somit in Beziehungen Enttäuschungen erleben. Diese Enttäuschungen können auch damit zu tun haben, dass Sie sich auf eine unrealistische Art für den andern aufopfern. Wenn Sie jemanden lieben, meinen Sie, alles für ihn tun zu müssen und sind dann enttäuscht, wenn Sie nicht ebensoviel zurückerhalten. Vielleicht entwickeln Sie auch Schuldgefühle, sobald Sie realisieren müssen, dass Ihre Liebe doch nicht so rein ist, wie Sie sich vorstellen, dass sie sein sollte. Die wichtige Lektion mit diesem Aspekt ist also, dass Sie in Beziehungen lernen, von der konkreten Wirklichkeit auszugehen und nicht vom Begriff einer absoluten, quasi himmlischen Liebe. Wenn Sie bei Ihren ursprünglichen Vorstellungen der absoluten Liebe bleiben wollten, würde Ihnen nichts anderes übrig bleiben, als von einem Partner zum nächsten zu gehen, in der Hoffnung, dass Sie endlich den ersehnten Prinz oder die Prinzessin kennenlernen werden, welche das ermöglichen wird, was Sie sich ewig in Ihren Träumen ersehnt haben. Das Resultat einer solchen Haltung wäre die schmerzliche Einsicht, dass verbindliche Beziehungen eine Illusion sind, und es nichts Verlässliches ausserhalb Ihnen selbst gibt.

Wichtig ist es bei diesem Aspekt deshalb, dass Sie himmlische und menschliche Liebe nicht miteinander verwechseln. Bemühen Sie sich, die Menschen so zu nehmen, wie sie sind, und lernen Sie ihre wirkliche Persönlichkeit schätzen, anstatt des Bildes, das Sie sich von ihnen machen. Wenn Sie realisieren, dass die Ebene, auf der Sie Ihr konkretes Bedürfnis nach Beziehung verwirklichen können, eine andere ist, als diejenige von subtilen Feinheiten und Entgrenzung, die Sie mit diesem Aspekt erleben können, dann werden Sie jedem Bereich seinen gebührenden Platz zuweisen. Dann könnte es Ihnen gelingen, Ihr Bedürfnis nach absoluter Schönheit und perfekter Aesthetik im Bereich der Künste oder Musik zum Ausdruck zu bringen. Ihre Feinfühligkeit ist in diesem Bereich sehr gross, und Sie werden zweifellos eine sehr feine Antenne für alles haben, was künstlerisch ist, auch wenn Sie selbst das entsprechende Talent nicht zum Ausdruck bringen.

Dieser Aspekt bringt es gleichfalls oft mit sich, dass man Schwierigkeiten hat, sich an einen einzigen Partner zu binden, weil er niemals alle Eigenschaften haben kann, die man sich erträumt. So kann ein Hang entstehen, sich nicht auf eine Person festzulegen, oft gefördert durch die Suche nach Partnern, die irgendwie gebunden sind und somit keine verbindliche Beziehung eingehen können. Falls Sie dies mit vollem Bewusstsein tun, ohne insgeheim etwas Bindendes zu erwarten und ohne den andern irrezuführen, so ist dagegen nichts einzuwenden. Erfahrungsgemäss ist dies jedoch schwierig, weil dabei aufgrund unserer Erziehung meist Schuldgefühle auftreten. Seien Sie dabei auch auf der Hut vor Menschen, die Ihnen etwas vormachen, was Sie aufgrund Ihres Wunschdenkens vielleicht nur allzu gerne glauben würden. Wenn Sie es jedoch verstehen, der Liebe und den Beziehungen zwischen Menschen den richtigen Stellenwert zuzuweisen, das heisst zu akzeptieren, dass jede Beziehung auch Verantwortung und Routine beinhaltet, dann werden Sie Ihr Potential voll zum Ausdruck bringen können. Sie werden dann in der Liebe eine Dimension erleben, welche Sie von Ihrem Ego wegführt und Ihnen eine Dimension von Transzendenz vermittelt.

Die Venus im Spannungsaspekt zum Neptun

Dieser Aspekt zeigt an, dass Sie sehr romantisch sind und sehr intensive Liebesphantasien haben. Eigentlich verfolgen Sie ein Ideal mystischer Liebe. Die Verquickung dieses Ideals mit der Realität dürfte allerdings Schwierigkeiten machen, und so neigen Sie dazu, sich einen Partner eher aufgrund der Idealvorstellungen auszusuchen, die Sie auf ihn projizieren, als aufgrund dessen, was er wirklich ist. Dies führt dann zu Enttäuschungen, sobald das erste Verliebtsein vorüber ist und Sie merken, dass Sie sich in ihm getäuscht haben. Sie haben sich freilich nur deshalb in ihm geirrt, weil Sie ihn anders sehen wollten, als er ist. So mögen Sie mit der Zeit in Beziehungen vorsichtig werden und sich gar nicht mehr so richtig engagieren, um nicht Gefahr zu laufen, wieder enttäuscht zu werden. Dieses Skript hat damit zu tun, dass Ihnen in Ihrem Innersten eine Bindung an das Irdische als Verrat an höheren geistigen Möglichkeiten erscheint. So hilft auch Ihr Unbewusstes nach, indem es Sie mit Partnern zusammenbringt, welche vielleicht auch nach objektiven Kriterien enttäuschend sind, sei es, dass sie nicht ganz zuverlässig sind oder Ihre auf Entgrenzung hinzielenden Liebesgefühle nicht erwidern. Vielleicht suchen Sie sich auch Partner aus, welche bereits gebunden sind oder nicht eigentlich eine engagierte Beziehung wollen. Möglicherweise verherrlichen Sie auch einen früheren Partner, von dem Sie sich trennten, weil Sie meinen, sich ihm gegenüber nicht richtig verhalten zu haben und diesbezüglich jetzt noch Schuldgefühle empfinden.

Auch in der besten Beziehung dürften Sie des öfteren Phantasien haben, welche von Ihrem gegenwärtigen Partner abschweifen. Sie erwarten von der Liebe eben mehr als das, was eine übliche, vertragliche Verbindung, wie zum Beispiel die Ehe, bringen kann. Sie haben ein Bedürfnis nach besonderen Stimmungen, welche Ihre Phantasie anregen können. Die Beziehung muss für Sie eine Traumqualität beinhalten. So kommt mit diesem Aspekt auch des öfteren das Bedürfnis auf, eine besondere Stimmung durch eine romantische Umgebung, oder durch bewusstseinsverändernde Mittel (zum Beispiel Alkohol oder Drogen) herzustellen.

Da der Neptun auch oft ein Bedürfnis mit sich bringt, zu helfen oder sich helfen zu lassen, kann dieser Aspekt auch zu den folgenden Verhaltensweisen führen: Einerseits mögen Sie in Beziehungen mit Menschen, die Ihnen nahestehen, den Eindruck haben, dass Sie nicht viel Liebe zurückerwarten dürfen. So suchen Sie sich einen Partner aus, den Sie bewundern können, und für den Sie sich aufopfern. Nach diesem Muster können Sie Menschen anziehen, welche für Sie nicht die besten sind, und die Ihr angetastetes Selbstwertgefühl weiter unterminieren.

Andererseits können Sie sich auch jemanden aussuchen, der hilflos ist, so dass Sie sich in helfender Weise für ihn aufopfern können. Dies dient dann dazu, Ihr Selbstwertgefühl zu heben und dadurch einen Eindruck von scheinbarer Macht zu haben. Dennoch, auch diese Situation ist problematisch, was Sie spätestens dann merken werden, wenn der andere sich nicht mehr helfen lassen will. Sie könnten dann auf Ihre Situation des »hilflosen Helfers« zurückgeworfen werden. Versuchen Sie deshalb lieber, ganz bewusst mit konkreten Situationen umzugehen und Menschen so zu nehmen, wie sie tatsächlich sind, und nicht so, wie Sie sie haben möchten.

Die positive Seite dieses Aspekts beruht vor allem darin, dass er sehr sublimationsträchtig ist. So könnte Ihr enttäuschtes Suchen nach Harmonie und perfekter Schönheit in der äusseren Welt dazu führen, dass Sie sie dort finden, wo sie wirklich möglich ist, nämlich im Bereich der Kunst oder der Musik. Tatsächlich tritt dieser Aspekt sehr häufig in Horoskopen von Künstlern und berühmten Musikern auf. Allerdings müssen Sie sich dazu an die Arbeit machen. Dieser Aspekt bedeutet noch nicht, dass Sie die Fähigkeiten für etwas Schöpferisches haben werden, aber er zeigt an, dass Sie dafür eine grosse Sensibilität mitbringen. Es geht also um eine Hebung der Stufe weg vom Materiellen, Körperlichen zum Geistigen hin.

Die Venus im harmonischen Aspekt zum Neptun

Mit einem harmonischen Aspekt zwischen Venus und Neptun neigen Sie zu sehr idealisierten Liebesgefühlen. Liebe und Erotik sind für Sie ein Tor zu den subtilsten, feinfühligsten Seiten des Lebens. So werden Sie hohe Anforderungen an die Reinheit Ihrer Beziehung stellen. Da Sie aber sehr liebesfähig sind, dürfte es Ihnen nicht schwer fallen, diese Bedürfnisse innerhalb von Beziehungen zu befriedigen. Liebe ist für Sie wie eine Berauschung, der Sie sich ganz hingeben können.

Tatsächlich ist die Grenze zwischen physischer Liebe und Nächstenliebe bei

Ihnen fliessend. Sie vermögen sich in den andern hineinzuversetzen und können seine Wünsche erraten.

Dieser Aspekt beinhaltet aber auch eine künstlerische und geistige Seite. Falls Sie die nötigen Talente entwickeln, werden Sie Ihre reiche Formphantasie in den Dienst einer künstlerischen Betätigung stellen können. Dieser Aspekt bedeutet allerdings noch nicht, dass Sie das tun werden, er zeigt nur an, dass Sie die nötige Sensibilität und das Schönheitsgefühl haben, um eine künstlerische Karriere zu fördern. Die geistige Seite dieses Aspekts kann sich andererseits niederschlagen in einer Fähigkeit, über Ihr Ego hinauszuwachsen, indem Sie die Grenzen zwischen sich selbst und den andern als fliessend erleben. So werden Sie vielleicht auch das Bedürfnis haben, Menschen, welche Hilfe brauchen, beizustehen.

Falls mit diesem Aspekt Entgleisungen auftreten, so sind sie am ehesten zu suchen in einer Tendenz zum untätigen Verträumtsein und in der Abhängigkeit von lusterzeugenden Stimmungen und Situationen. Das Bedürfnis nach Genüsslichkeit mag dann nicht immer beim Schicklichen haltmachen und die erotisierte Phantasie könnte unverbindliche Bindungen, welche lediglich aufgrund des Lustprinzips zustandekommen, fördern.

Wie dieser Aspekt auch gelebt wird, Ihre Beziehungsthematik wird für Sie ein Ansatz sein für die Verfeinerung Ihres Wesens. Sie dürften in diesem Bereich getragen sein von einem Glücksfaktor, der auf geheimnisvolle Art und Weise Menschen in Ihren Bann zieht und in Ihren Lebensweg bringt, wenn immer Sie für Ihre weitere Entwicklung jemanden brauchen.

Venus-Pluto-Aspekte

Venus Konjunktion Pluto

Dieser Aspekt verleiht Ihnen Anziehungskraft und Magnetismus. Menschen, denen Sie begegnen, bleiben Ihnen gegenüber nicht kalt. Viel eher erregen Sie sowohl stark positive, als auch negative Reaktionen. Einzelne werden Sie unwiderstehlich finden, während andere gleich zu Beginn Abwehrreaktionen entwikkeln, aus Angst, unter Ihren Einfluss zu geraten. Dabei kann es Ihnen selbst allerdings ganz ähnlich gehen. Sie neigen zu starken Sympathien oder Antipathien und sind manchmal selbst darüber erstaunt, zu welchen Menschen Sie Ihr Instinkt treibt. Tatsache ist, dass Sie nicht aufgrund von rationalen Ueberlegungen Ihre Beziehungswahl treffen, sondern aufgrund eines instinkthaften Verlangens, welches sich zwischendurch auf unwiderstehliche Art meldet. Dies wird Sie auf Ihrer Suche nach einer absoluten und ungewöhnlichen Liebe auf merkwürdige Wege geführt haben, welche Ihrer Umgebung des öfteren unverständlich erscheinen mussten.

Dieser Aspekt bewirkt ein starkes Bedürfnis nach Symbiose, nach einem

Einsaugen des anderen oder einem Eingesaugtwerden, einem Zustand, der absolute Sicherheit und Geborgenheit vermitteln soll. Dieses Urbedürfnis dürfte jedoch schon während Ihrer Kindheit mit der praktischen Realität in Konflikt geraten sein. So versuchten Sie vielleicht mit dem gegengeschlechtlichen Elternteil eine solche Symbiose zu verwirklichen, mussten jedoch erleben, dass diese geliebte Person, von der Sie totale Zuneigung erwarteten, sich Ihnen entzog. Was zurückblieb war ein grosser Schmerz, ein traumatisches Erlebnis und die subjektive Erkenntnis, dass die Liebe gleichzeitig wie ein vergifteter Pfeil ist, dass es keine Bindung ohne Auflösung, keinen Genuss ohne Leid gibt. Je nach dem, wie stark der Schock damals war, kann dieses Erlebnis zu verschiedenen Entscheidungen geführt haben.

Es kann sein, dass Sie die Erfüllung dieses Wunsches nach Nähe auf später vertagten, in der Hoffnung, einen Partner oder eine Partnerin zu finden, der Ihnen diese Sicherheit und Nähe geben wird, die Sie vom geliebten Elternteil nicht erhalten konnten. Gemäss diesem Verhaltensmuster würden Sie vom Partner unbedingte und absolute Liebesbeweise erwarten, allerdings gleichzeitig in der geheimen Erwartung von Strafe und Enttäuschung. Wenn Sie sich dabei nicht an einen Tyrannen, sondern im Gegenteil an einen äusserst liebevollen Partner binden, so besteht die Gefahr, dass Sie sich unbewusst – um die erwartete Strafe Wirklichkeit werden zu lassen – derart verhalten, dass er sich zu seiner Rettung vor Ihren unerfüllbaren Ansprüchen zurückziehen muss. Eine Reihe solcher Erlebnisse könnte Sie dann auf das wirkliche Thema dieses Aspektes bringen, nämlich auf die Erkenntnis, dass Beziehungen Ihnen keine letzte Sicherheit geben können, sondern dass Sie diese in sich selbst finden müssen.

Eine Enttäuschung im frühkindlichen Stadium kann jedoch auch zu einer andersartigen Entscheidung geführt haben. Vielleicht haben Sie die Abwendung desjenigen Elternteils, den Sie so liebten, derart schmerzhaft empfunden, dass Sie damals beschlossen, diese Art von Nähe und die damit verbundene Abhängigkeit nie mehr zuzulassen. In diesem Falle werden Sie sich bemühen, Ihre Gefühle zu kontrollieren und Ihre Energie auf konkrete Verwirklichungen in der materiellen Welt zu richten. Dies kann Sie dazu anspornen, durch Arbeit und Einsatz Macht über Ihre Umgebung zu erlangen. Sie werden dann versuchen, in einer Beziehung möglichst oft der oder die Gebende zu sein, d.h. die Gesetzmässigkeiten der Beziehung zu diktieren. Dazu könnte ein Partner gehören, der seelisch oder materiell von Ihnen abhängig ist.

Auch diese Haltung werden Sie jedoch kaum bis zu Ihrem Lebensende beibehalten können, ohne zwischendurch aufwühlende Erfahrungen machen zu müssen, sei es dass die Beziehung durch Erstarrung und durch Machtkonflikte unbefriedigend wird, oder sich der Partner nach langem Ringen doch letztlich von Ihnen entfernt. Grundsätzlich kann eine solche Trennung auch durch äussere Einflüsse und Schicksalsschläge erfolgen.

Die eigentliche Aufgabe bei diesem Aspekt liegt darin, zu realisieren, dass einem letztlich kein anderer Mensch bleibenden Rückhalt und Sicherheit bieten kann und keine Beziehung zu diesem Zweck zu missbrauchen ist. Viel eher bedeutet dieser Aspekt die Aufforderung, soviel Selbstwert zu entwickeln, dass man auch allein sein kann. Erst dann werden Beziehungen nicht mehr zwanghaft den beschriebenen Gesetzmässigkeiten folgen müssen.

Die Venus im Spannungsaspekt zum Pluto

Ihr gefühlsmässiger Austausch ist sehr intensiv, und Sie üben eine magnetische Wirkung auf andere aus. Allerdings gereicht Ihnen dies nicht nur zum Vorteil, denn Sie werden die einen sehr stark anziehen, während sich andere – aus Angst vor Ihrer Wirkung und Ihren Erwartungen – ostentativ abgrenzen und mit Ablehnung reagieren. Diejenigen Menschen, auf die Sie eine starke Wirkung ausüben, sind andererseits wiederum nicht Personen, mit denen Sie eine unproblematische Beziehung haben können. Das Problem liegt darin, dass Ihr Verhalten oft Wünsche und Bedürfnisse ausdrückt, welche nicht dem entsprechen, was Sie bewusst möchten und suchen. So wird Ihr Beziehungsschicksal bewegt und von Leidenschaft geprägt sein. Mit anderen Worten: Sie werden sich oft eine Beziehung suchen, welche Leiden schafft.

Schicksalsmässig haben diese Gesetzmässigkeiten natürlich einen tieferen Sinn. So werden Ihnen Beziehungen die Gelegenheit bieten, Ihre schwierigsten und verborgensten psychologischen Probleme auszutragen und bewusst zu machen. Wenn zwischen einem Partner und Ihnen etwas schief läuft, so hat dies mit Veränderungen in Ihrer Psyche zu tun, welche Sie von Ihrem Bewusstsein her noch nicht verstehen. Diese unbewussten Inhalte kommen an die Oberfläche und drücken sich in einem Verhalten aus, das einer Art Besessenheit ähnelt. Dadurch, dass der innere Prozess nun nach aussen getragen wird, haben Sie bessere Möglichkeiten, sich damit auseinanderzusetzen. Sie werden also sehr viele Einsichten gewinnen können, wenn Sie in einer Beziehung zwischendurch etwas Abstand nehmen und nüchtern beobachten, was vor sich geht, mit der Bereitschaft, es auf sich selbst zu beziehen, ohne gleich dem andern die Schuld zu geben. Erst dann werden Sie verstehen können, warum Machtkonflikte in Ihren Beziehungen eine so grosse Rolle spielen, wobei das Spektrum reichen kann vom Parnter, der eine überwältigende, aber auch destruktive Wirkung auf Sie ausübt, bis zur umgekehrten Situation, in der Sie jemanden suchen, den Sie möglichst beherrschen können, dafür aber allmählich jeden Respekt vor ihm verlieren. In beiden Fällen ist das Thema der Suche nach absoluter Symbiose angesprochen, nach dem Bedürfnis, sich den anderen einzuverleiben, oder vom anderen aufgesogen zu werden.

Aus diesem Verhalten kann eine Kette von Bindungen und Trennungen, von Genuss und Leiden resultieren, und eine Lösung ist erst dann möglich, wenn Sie sich im Alleingang Ihre wirklichen Bedürfnisse bewusst machen. Sie haben damit Gelegenheit, eine Beziehung gleich von Anfang an auf die Möglichkeit dieser Bedürfnisbefriedigung hin zu prüfen. Bis zu diesem Zeitpunkt werden Sie sich in Beziehungen oft selbst sabotieren, indem unechte Bedürfnisse Ihre Partnerwahl beeinflussen. Wenn Sie sich Menschen aussuchen, die nicht wirklich zu Ihnen passen, dann wird auch jeder Versuch, den anderen zu kontrollieren, um eine Trennung oder einen Verlust aufzuhalten, nutzlos sein. Gerade wegen Ihres aktiv oder passiv kontrollierenden und manipulierenden Druckes werden sich andere vorzeitig von Ihnen abwenden.

Das eigentliche Thema dieses Aspekts ist das Zulassen einer Transformation alles Schablonenhaften, das Sie in sich tragen, über die Beziehung. Um zu dieser Verwandlung ja sagen zu können, müssen Sie allerdings lernen, sich als Mensch zu akzeptieren, indem Sie das Potential, das Sie in sich tragen, kennen und schätzen lernen.

Dieser Aspekt hat also ganz massgeblich mit einer Entwicklung Ihres Selbstwertes zu tun, indem Sie darauf verzichten, Ihre Selbstbestätigung nur aus dem Anklang, den Sie bei anderen finden, herzuleiten. Die wichtige Erfahrung, die hier gemacht werden muss, ist die Einsicht, dass Liebe nicht erzwungen werden kann. Wir können andere dazu bringen, sich uns gegenüber höflich und entgegenkommend zu verhalten, jedoch nicht dazu, uns zu lieben. Das ist alles, was wir mit Kontrolle und bewusster Einwirkung erreichen können. Der Versuch, die eigenen Gefühle, und vielleicht auch die Gefühle der anderen zu kontrollieren, kostet sehr viel Energie. Sobald dieser Versuch aufgegeben wird, wird diese Energie frei für die eigene Transformation. Mit der Entwicklung von Sicherheit in uns selbst kommen wir dann auch mit der Kreativität in Berührung, welche diese Energie in neue Bahnen lenken kann.

Die Venus im harmonischen Aspekt zum Pluto

Dieser Aspekt intensiviert Ihre Gefühle, und Sie neigen zu einem tiefen Engagement für die Menschen, die Ihnen wichtig sind. Dies wird sich sowohl auf Freundschaften, als auch auf eine intime Beziehung auswirken. Ihre Kontakte erlauben keine Oberflächlichkeit, denn Ihre Beziehungen aktivieren tiefere Aspekte Ihrer Persönlichkeit. Man kann sich auf Sie verlassen, und Sie werden einen Menschen, der Ihnen wichtig ist, nicht wegen kleiner Details oder Streitigkeiten aufgeben. Es wird Ihnen nicht schwerfallen, Ihr Bedürfnis nach echtem und intensivem emotionalen Kontakt zu befriedigen, da Sie sich die entsprechenden Menschen aussuchen. Viel eher sehen Sie von einer Beziehung ab, als einen Kontakt zu pflegen, der keinen echten Austausch gewährleistet.

Dieses gesunde Unterscheidungsvermögen hängt auch mit Ihrer Fähigkeit zusammen, geheime und untergründige Motivationen bei anderen zu erkennen. Da Sie gleichzeitig auch einen guten Bezug zu Ihren tieferen Bedürfnissen haben, laufen Sie kaum Gefahr, sich in Ihrer Wahl wesentlich zu irren. Auch wissen Sie, dass zu jeder Beziehung Krisen gehören, und dass erst deren Zulassen Kreativität und Entwicklung in einer Beziehung ermöglichen. So fühlen Sie sich nicht so leicht aus dem Sattel geworfen, wenn in einer Beziehung Schwierigkeiten auftreten. Dies kann zu grosser Treue führen, jedenfalls so lange Sie an die Echtheit und Aufrichtigkeit Ihres Gegenübers glauben können.

Ein weiterer Effekt dieses Aspektes liegt in Ihrer Gerechtigkeits- und Wahrheitssuche. So werden Sie sich dafür einsetzen, ruhig, aber mit Beharrlichkeit, Ungerechtigkeiten aufzudecken und zu bereinigen. Dies kann sich auch im beruflichen Bereich niederschlagen, indem Sie sich für soziale Aufgaben einsetzen.

Die Aspekte der Sonne

Die Sonne stellt im Horoskop den zentralen Lebensantrieb dar. Sie entspricht dem Willen, der Selbstbehauptung und dem Zentrum der Persönlichkeit. Somit weisen Aspekte der Sonne auf Möglichkeiten der Selbstdurchsetzung hin. Harmonische Aspekte, insbesondere zu schnelleren Planeten, sind somit ein Hinweis dafür, dass Sie in sich selbst einen soliden Mittelpunkt haben. Sie können sich in den verschiedensten Situationen gut behaupten und fühlen sich nicht so schnell überfordert. Sie können sich auch gegen heftige äussere Widerstände durchsetzen und sich selbst treu bleiben. Diese Stellungen sind meist auch ein Hinweis auf eine gute Vitalität und Gesundheit.

Spannungsaspekte der Sonne weisen hingegen auf psychologische Durchsetzungsprobleme hin. Dabei besteht die Möglichkeit, durch Schwierigkeiten hindurch zu selbsterworbener Eigendurchsetzung zu gelangen. Bei schwierigen Aspekten der Sonne kann man somit in der ersten Lebenshälfte einige Hemmnisse erwarten. Die Möglichkeit liegt darin, aus diesen Schwierigkeiten zu lernen, was in der zweiten Lebenshälfte häufig einen Vorsprung gegenüber andern vermittelt.

Bei den Aspekten der Sonne lautet die Frage, welche Thematik zu erwarten ist, wenn Lebensanstrieb und Selbstdurchsetzung durch die eine oder andere planetarische Kraft beeinträchtigt oder gefördert werden.

Sonne-Mars-Aspekte

Sonne Konjunktion Mars

Die Konjunktion von Sonne und Mars macht Sie zu einer ausgesprochen dynamischen und aktiven Persönlichkeit. Sie möchten jede Idee gleich in die Tat umsetzen, und man erlebt Sie als äusserst willensstark und impulsiv. Die Tatsache, dass soviel Kraft von Ihnen ausgeht, mag weniger aktive Personen jedoch in die Defensive drängen, und dies kann die Realisierung Ihrer Ziele langfristig behindern, wenn Sie sich nicht darauf einstellen und daraus lernen. Aufgrund Ihrer Impulsivität spüren Sie nämlich nicht immer gleich, ob Sie richtig liegen. Erst wenn Sie die Reaktionen der Umwelt beobachten, erfahren Sie, ob Sie sich angemessen verhalten, und können so lernen, Ihre Ziele effizienter umzusetzen, indem Sie weniger Anstoss erregen. Sie können von anderen auch nicht gleich Anerkennung erwarten, ohne die Wertschätzung Ihrer Person durch entsprechende Leistungen rechtfertigen zu können.

Bemühen Sie sich um eine gewisse Kompromissbereitschaft, und lernen Sie auch, Kritik besser zu akzeptieren. Sie neigen nämlich dazu, Ihre Meinung als die einzig richtige anzusehen.

Versuchen Sie aus Fehlern und Rückschlägen zu lernen, statt sich auf einen bestimmten Weg zu versteifen, und setzen Sie Ihre Energie für klare und langfristig verbindliche Ziele ein. Entsprechen Ihre Ziele wirklich Ihrer Persönlichkeit, werden Sie Ihre gewaltige Arbeitskraft sehr konstruktiv einsetzen können. Vielleicht wäre es sinnvoll, sich bei der Wahl Ihrer Ziele von neutralen Personen beraten zu lassen, welche die Dinge objektiver sehen. Sie wirken überzeugender, wenn Sie sich für ein Ziel einsetzen, das Ihnen zutiefst entspricht.

Ihre wichtigste Lektion besteht vielleicht darin, Ihre Impulsivität und Egozentrik zügeln zu lernen, um so ein Uebereinkommen mit anderen zu finden. Dies gilt auch für Ihre triebhafte Seite, die manchmal zu direkt nach Befriedigung drängt. Versuchen Sie auch hier, stärker auf den andern einzugehen.

Wettkampf und Leistungssport dürften ein gutes Ventil für Ihre beträchtliche körperliche Energie sein. Wenn Sie etwas Selbstkontrolle üben, können Sie Ihre Kraftreserven jedoch auch für Ihre Karriere einsetzen.

Die Sonne im Spannungsaspekt zum Mars

Ein Spannungsaspekt zwischen Sonne und Mars gibt Ihnen viel Initiative, doch haben Sie manchmal Schwierigkeiten, Ihre Energie wirklich auf die Ziele auszurichten, welche Ihnen im Innersten wesentlich sind. Manchmal überanstrengen Sie sich, bis Ihre Kräfte fast versagen, und Sie sollten sich mehr Ruhe gönnen, um nicht körperlichen Raubbau zu betreiben.

Ihre Erwartungen sind hoch gesteckt, doch zeitigen Ihre Anstrengungen oft nicht die erwarteten Resultate, was Sie natürlich entmutigt. Statt die Ursache Ihrer Misserfolge bei anderen zu suchen, sollten Sie sich fragen, weshalb dies häufig so ist. Mit der Zeit lernen Sie Ansprüche und Möglichkeiten besser aufeinander abzustimmen. Sie sollten sich in Ihren Aktivitäten nämlich etwas disziplinieren und gewisse Prioritäten setzen. Verlieren Sie sich nicht in Nebensächlichkeiten, sondern kümmern Sie sich zuerst um das, was Ihnen wesentlich ist. Versuchen Sie auch, für fremde Ansichten offener zu sein, und sich nicht so leicht durch eine abweichende Meinung herausfordern zu lassen. Beobachten Sie, wie andere sich in Stress-Situationen verhalten, und wie die Umwelt darauf reagiert: Mit einem aufbrausenden Verhalten schafft man sich Feinde, welche die Verwirklichung Ihrer Ziele erschweren.

Mit dieser Konstellation sind Sie geneigt, immer gleich zu handeln, ohne Ihre Energie auf die wichtigsten Ziele zu konzentrieren. Oft besteht daher ein Missverhältnis zwischen der Energie, die auf langfristige Ziele, und jener, die für unmittelbare Reize aufgebracht wird. Diese Impulsivität und Ungeduld führt dazu, dass Sie etwas zu hastig vom Zaume reissen, um es nach kurzer Zeit abzubrechen. Lernen Sie deshalb, weniger zu beginnen, aber das Angefangene auch zu Ende zu führen.

Ihre Lebendigkeit und Ihr Enthusiasmus machen Sie sehr beliebt, doch können Sie oft nicht darauf verzichten, die Aufmerksamkeit auf sich zu lenken und das Gesprächsthema auf Dinge zu bringen, die Ihnen speziell gut bekannt sind. Sie sollten deshalb lernen, mehr auf andere einzugehen und zu einem besseren Zuhörer zu werden, anstatt Ihr Ich immer gleich in die Waagschale zu werfen.

Nebst einer Tendenz zu Verletzungen und möglicherweise Unfällen werden Sie zu Krankheiten mit einem akuten Verlauf und hohem Fieber neigen.

Auch Ihre Liebeserfahrungen sind sehr heftig. Ihre starke Sinnlichkeit und Ihr Bedürfnis nach Bestätigung im sexuellen Bereich veranlassen Sie dazu, an eine Beziehung sehr hohe Erwartungen zu stellen, so dass sich diese nicht immer befriedigen lassen. Vielleicht streben Sie etwas Unerreichbares an oder sind unzufrieden mit dem, was Sie haben. Als Frau fühlen Sie sich von sehr männlich wirkenden Partnern angezogen, als Mann bemühen Sie sich sehr darum, männlich zu wirken.

Eine gesunde körperliche Betätigung, wie z.B. ein sportlicher Wettkampf hilft Ihnen, Ihre Energien in nützliche Bahnen zu lenken. Mit zunehmender Selbstkontrolle setzen Sie Ihre beträchtlichen Energien auch konstruktiver ein. Dann gereicht Ihnen Ihr Kräfteüberschuss zum Nutzen, indem Sie Leistungen erbringen, zu denen nicht viele in der Lage wären.

Die Sonne im harmonischen Aspekt zum Mars

Ein harmonischer Aspekt zwischen Sonne und Mars macht Sie bei der Verwirklichung Ihrer Ziele erfolgreich. Sie verlieren sich nicht im Detail, sondern konzentrieren sich auf das, was Ihnen am Herzen liegt. Sie richten Ihr Leben nach eigenem Gutdünken ein und bringen dies irgendwie fertig, ohne andere dadurch vor den Kopf zu stossen. Selbst wenn Sie eine vorrangige Stellung anstreben, nimmt man Ihnen dies ab, da Sie andere mitreissen.

Sie sind also sehr geeignet, um in einem Team eine führende Rolle zu übernehmen. Aus demselben Grunde kommen Sie auch mit Jugendlichen gut aus, da diese spüren, dass Sie Ihren Willen nicht gegen die Persönlichkeit des anderen durchsetzen wollen. Man wird Sie wegen Ihres Schwungs, Ihres Eifers und Ihres Muts bewundern. Da Sie die praktischen Gesichtspunkte immer wieder berücksichtigen, laufen Sie auch kaum Gefahr, Luftschlösser zu bauen.

Da Sie Ihre Arbeit nicht todernst nehmen, sondern sie als eine Betätigung betrachten, die gleichzeitig Spass machen soll, erreichen Sie Ihre Ziele mit Schwung und spornen auch andere an, dabei mitzuwirken.

Ein bisschen Selbstbeherrschung werden Sie mit der Zeit jedoch entwickeln müssen. Zwar können Sie, da Ihnen vieles auf Anhieb gelingt, dem Trugschluss verfallen, es sei Ihnen alles erlaubt. Doch sollten Sie lernen, andere nicht gleich als Rivalen zu betrachten und sich durch einen anderen Standpunkt nicht allzu sehr provozieren zu lassen.

Sonne-Jupiter-Aspekte

Sonne Konjunktion Jupiter

Eine Konjunktion zwischen Sonne und Jupiter macht Sie optimistisch und enthusiastisch. Sie sind grosszügig und fühlen sich umso besser, je mehr Sie für andere tun können. Die Tatsache, dass Sie mit einer positiven Einstellung an die Umwelt herangehen, öffnet Ihnen viele Türen. Sie verstehen es, andere mitzureissen und für Ihre Zukunftspläne zu begeistern. Allerdings haben Sie auch eine ziemlich hohe Meinung von sich selbst, was zu einer Selbstüberschätzung führen könnte. Versuchen Sie deshalb, eine gewisse Selbstkontrolle zu üben und stärker auf dem Boden der Realität zu bleiben.

Aufgrund dieser Konstellation zeigen Sie bei leiblichen Freuden und in finanziellen Angelegenheiten wenig Mass. Sie sollten daher nicht allzu verschwenderisch sein und Ihre Lebensziele sorgfältiger planen. Verlegen Sie nicht zu viele Wünsche in eine ferne Zukunft, sondern fragen Sie sich ab und zu, was Sie bereits verwirklichen konnten. Versuchen Sie auch, die Menschen in Ihrer Umgebung realistischer zu sehen und sie nicht einfach Ihren Wünschen entsprechend wahrzunehmen, da dies schliesslich zu Enttäuschungen führen müsste. Allerdings ermöglichen Ihnen Ihr Zukunftsglaube und Enthusiasmus vieles, was anderen vorenthalten bleibt. Diese Konstellation ist durchaus ein »Glücksfaktor« im Horoskop. Wenn Sie sich etwas mässigen, wird Ihnen vieles zufallen, wofür sich andere endlos abmühen müssen.

Es ist günstig, wenn Sie eine Tätigkeit haben, die Ihnen ermöglicht, Ihre Kreativität zum Ausdruck zu bringen, da Ihnen Routinearbeit kaum liegt. Sie haben das Bedürfnis, in grossen Zusammenhängen zu denken und brauchen auch im Arbeitsbereich eine gewisse Grosszügigkeit. Beengende Verhältnisse machen Ihnen daher Mühe, und Sie neigen in einer allzu engen Umgebung dazu, sich in eine Traumwelt voll schöner Pläne zu flüchten, die erst in einer fernen Zukunft realisiert werden sollen. Wenn Sie all Ihre Hoffnung in die Zukunft setzen, machen Sie sich jedoch unglücklich.

Ihre offene und grosszügige Haltung der Umwelt gegenüber zieht ebenfalls grosszügige, begeisterungsfähige Menschen an.

Gelingt es Ihnen bei dieser Konstellation, auf dem Boden der Realität zu bleiben, haben Sie sehr gute Chancen, Ihre Ziele zu verwirklichen. Voraussetzung ist jedoch, dass Sie sich in jeder Hinsicht etwas mässigen, da Sie sonst gesundheitliche Schwierigkeiten haben könnten, wenn Sie beispielsweise zu viel essen und trinken.

Die Sonne im Spannungsaspekt zum Jupiter

Ein Spannungsaspekt zwischen Sonne und Jupiter kann Ihnen im Leben von grosser Hilfe sein, wenn Sie sich disziplinieren und nicht ständig übertriebene Erwartungen hegen. Dieser Aspekt verleiht Ihnen viel Initiative und Enthusiasmus, um Risiken einzugehen und Dinge in Gang zu bringen, die andere aus Trägheit oder übermässiger Vorsicht nicht anrühren würden. Sie haben ein starkes Bedürfnis nach Bewegung und Umsatz, und es fehlt Ihnen nicht an Zielen, auf die Sie zusteuern möchten. Sie sollten jedoch auch auf die Realisierbarkeit Ihrer Ziele acht geben, damit Sie nicht zu hoch greifen. Ihr Enthusiasmus kann nämlich zu weit gehen, wenn Sie einfach voraussetzen, dass alles gut geht, selbst wenn Sie sich keine besondere Mühe geben. Versuchen Sie, auf dem Boden der Realität zu bleiben und eine regelmässige Erfolgskontrolle durchzuführen.

Fehlt Ihnen die nötige Selbstkontrolle, geraten Sie mit Moral und Recht in Konflikt, und Ihre Tendenz, Ihr »Konto« zu überziehen und Versprechen abzugeben, die Sie nicht einhalten können, wirkt sich dann negativ aus. Ein eventueller Hang zur Verschwendung könnte dann Leute anziehen, die von Ihrem Ueberfluss profitieren möchten, die sich jedoch abwenden, sobald Sie nicht mehr imstande sind, so viel zu bieten. Möglicherweise neigen Sie auch zu einer gewissen Arroganz, die Ihnen Sympathien vereiteln könnte.

Wenn Sie jedoch bereit sind, aus negativen Erfahrungen zu lernen und die Situationen zu analysieren, in die Sie aufgrund Ihres übertriebenen Geltungsbedürfnisses geraten sind, haben Sie sehr gute Möglichkeiten, Ihre Ziele zu verwirklichen. Setzen Sie jetzt schon Prioritäten, damit Sie eine klare Linie haben. Aus Ihren anfänglich vielleicht überspannten Erwartungen entwickelt sich so eine abgeklärte, doch hoffnungsfrohe Haltung.

Die Sonne im harmonischen Aspekt zum Jupiter

Ein harmonischer Aspekt zwischen Sonne und Jupiter ist in Ihrem Leben ein eindeutiger Glücksfaktor. Sie neigen dazu, Ihren Willen auf eine Art und Weise einzubringen, die den jeweiligen Verhältnissen Rechnung trägt. Sie zeigen auch viel Wohlwollen und Verständnis für die Belange anderer und strahlen eine Gutmütigkeit aus, welche bewirkt, dass man Ihr Bedürfnis nach Einfluss akzeptiert.

Falls Sie schöpferische Fähigkeiten haben, verleiht Ihnen diese Konstellation beste Verwirklichungschancen. Vergessen sie jedoch nicht, dass Sie das Ihre dazu beitragen müssen. Sie dürfen sich also nicht auf Ihren Lorbeeren ausruhen und annehmen, dass Ihnen alles automatisch zufällt.

Mit dieser astrologischen Konstellation können Sie sowohl zum Tatmenschen werden, der es im Leben zu einer weitgehenden Selbstverwirklichung bringt, als auch zum etwas trägen, aber zufriedenen Geniesser und Lebenskünstler, der immer wieder Glück hat, so dass es ihm nie richtig schlecht geht. Beiden Varianten ist ein Bedürfnis nach einer angenehmen und grosszügigen Lebensweise gemein. Beim Tatmenschen äussert sich dies in Form von gehobenen sozialen Verhältnissen, beim Lebenskünstler als Freiheit von einschränkenden Arbeitsbedingungen. Immer wird jedoch eine gewisse Unabhängigkeit in der Lebensführung erstrebt.

Die Stärke dieser Konstellation liegt darin, dass Sie auf Ihrem Weg den menschlichen Aspekt immer mitberücksichtigen, so dass Sie mit Ihren Anliegen gut ankommen. Dies kommt wiederum Ihren eigenen Plänen zugute.

Schwebt Ihnen eine Karriere vor, so haben Sie mit einem harmonischen Aspekt der Sonne zum Jupiter die grössten Chancen, diese zu verwirklichen. Auch sonst wird Ihnen das Glück in vielen Situationen entgegenkommen.

Sonne-Saturn-Aspekte

Sonne Konjunktion Saturn

Eine Konjunktion von Sonne und Saturn gibt Ihnen ein starkes Bedürfnis nach Selbstverwirklichung. Sie sind sehr tiefgründig und in der Lage, viel Verantwortung zu übernehmen. Das wird die Umwelt sehr bald gemerkt haben, und man wird Ihnen manchmal mehr Lasten aufbürden, als Ihnen lieb ist. Sie sollten schauen, dass diese ernste Seite Sie nicht daran hindert, sich auch an den angenehmeren und leichteren Seiten des Lebens zu erfreuen. Möglicherweise kann Ihnen ein Partner helfen, spontaner mit dem Lebensstrom mitzugehen, indem er Sie von Ihren ernsten Beschäftigungen wegzulocken weiss.

Wahrscheinlich setzten Sie sich schon als Kind mit Dingen auseinander, welche normalerweise erst die Erwachsenen beschäftigen. Sie hatten dadurch die Möglichkeit, schneller als andere zu reifen, kamen jedoch auch etwas um die unbekümmerten Erfahrungen des Kindesalters. Wahrscheinlich lehrte Sie Ihre Erziehung schon früh, Disziplin zu üben und sich mit ernsten Dingen auseinanderzusetzen. Sie mögen das damals als Hemmung empfunden haben und beneideten wahrscheinlich die andern Kinder, die viel unbekümmerter leben konnten. Die Arbeit an sich selbst, die Sie damals schon leisteten, wird Ihnen in der zweiten Hälfte des Lebens zugute kommen. Sie haben die Möglichkeit, in dieser Phase zu Ihrer eigenen Autorität zu werden, wenn Sie in der Vergangenheit aus Ihren Erfahrungen lernten. Da Sie schon früh auf Ihre eigentlichen Ziele zusteuerten und sich Ihren eigenen Weg mühsam erarbeiteten, verfügen Sie in der zweiten Lebenshälfte über ein reiches Erfahrungsmaterial.

Die Einsamkeit könnte eines Ihrer Hauptprobleme sein. Da Sie Ihren eigenen Weg gehen mussten, kann es sein, dass Sie sich von andern Menschen etwas abgeschnitten fühlen und in einem zweiten Anlauf lernen müssen, die

Spontaneität, die Sie in sich haben, auch auszuleben. Dies ist dann am ehesten möglich, wenn Sie mit Ihren Leistungen zufrieden sind. Sie könnten der Aussenwelt dann wie eine Vater- oder Mutterfigur erscheinen, welche Wissen, Realitätsbewältigung und Geborgenheit verkörpert. Der Anklang, den Sie damit finden, kann Ihnen den Ausdruck Ihrer Gefühle wiederum erleichtern.

Gewöhnlich bringen Sie Ihre Gedanken nicht zum Ausdruck, wenn nicht ein triftiger Grund dafür vorliegt. Sie prellen mit Ihren Ansichten also nicht vor. Wenn Sie jedoch Ihre Meinung kundgeben, so möchten Sie auch, dass andere zuhören. Für unverbindliche Gespräche haben Sie wenig Sinn, und oberflächliche Menschen werden Sie eher abstossen.

Die Verwirklichung Ihrer Ziele ist Ihnen wichtig, da Sie sonst bitter werden könnten. Um Ihren Lebensschwung besser zu erhalten, sollten Sie jedoch auch versuchen, ab und zu der täglichen Routine zu entweichen und sich nicht von Ihrem übermässigen Pflichtgefühl absorbieren zu lassen. Fördern Sie in Ihrem Leben daher alles, was Ihnen echten Lebensgenuss gibt. Dadurch werden Sie offener und enthusiastischer und neigen dann weniger zu Dogmatismus, so dass Sie bei der Umwelt besser ankommen.

Die Sonne im Spannungsaspekt zum Saturn

Ein Spannungsaspekt zwischen Sonne und Saturn wird Ihnen gewisse Probleme bezüglich Selbstwertgefühl und Selbstbestätigung aufgeben. Er verlangt, dass Sie eine mehr oder weniger latente Lebensangst überwinden. Es dürfte Ihnen zunächst an Selbstvertrauen gefehlt haben, so dass Sie der Umwelt gegenüber eine defensive Haltung einnahmen. Sie hatten Angst, enttäuscht zu werden und suchten schon früh nach Möglichkeiten der Selbstbestätigung. Damit entwickelten Sie bereits in jungen Jahren einen erheblichen Lebensernst. Ob die hemmenden Faktoren an einer materiell einschränkenden Umwelt oder an strengen Eltern und Erziehern lagen, ist relativ unwesentlich. Tatsache ist, dass Sie sich schon früh gegen widrige Umstände durchsetzen mussten. Fragen der Schuld sowie von Recht und Unrecht nahmen in Ihrer Erziehung viel Raum ein. Das führte dazu, dass Sie von Anfang an gegen eine Art »schlechtes Gewissen« ankämpfen mussten.

Mit dieser Ausgangslage wird Ihr Wille darüber entschieden haben, wie Sie Ihre Probleme zu lösen vermochten. Im positiven Fall entwickelten Sie ein eigenes inneres Selbstvertrauen, statt sich an äussere Autoritäten anzulehnen. Vielleicht verstanden Sie es, Versagungen Ihrer Wünsche und Ansprüche in einen umso grösseren Selbstbehauptungswillen umzumünzen. In diesem Falle werden Sie als Erwachsener besser als andere wissen, wer Sie sind, und was Sie haben, weil Sie sich alles gegen äusseren Widerstand erarbeiten mussten. Versuchen Sie in diesem Fall, mit der Zeit auch andern gegenüber etwas toleranter zu sein und nicht soviel von ihnen zu erwarten, wie Sie von sich selbst fordern. Viele Menschen möchten das Leben eben leichter nehmen als Sie selbst.

Es ist aber auch möglich, dass Sie nicht so schnell mit den Problemen von Schuld und Sühne, welche Ihnen Ihre Erziehung auferlegt hat, fertig werden. Vielleicht bleibt bei Ihnen das Gefühl zurück, dass Sie im Leben schlecht weggekommen sind. In diesem Falle sollten Sie versuchen, auf Ihren Qualitäten aufbauend, stärker in die Zukunft und weniger in die Vergangenheit zu schauen. Wenn Sie sich Ziele vornehmen, welche im Bereich des Möglichen liegen, und diese Schritt für Schritt angehen, dann werden Sie im Laufe der Zeit Erfolge erringen. Sie müssen die Tatsache erkennen lernen, dass es allein auf Sie ankommt, wie Sie Ihr Leben meistern, und dass Probleme, die auftauchen, nicht ausschliesslich von Ihrer Umwelt, sondern auch von Ihnen mitverursacht werden. Ein optimistischerer Partner, als Sie es selbst sind, kann Ihnen helfen, diesen Weg zu begehen.

Die Sonne im harmonischen Aspekt zum Saturn

Ein harmonischer Aspekt zwischen Sonne und Saturn verleiht Ihnen Selbstsicherheit. Sie gehen langsam und bedächtig vor und verschwenden Ihre Energie nicht für unnütze, vergängliche Dinge, da Sie eher auf das Beständige und Langfristige Wert legen. Diese Seite wirkt allerdings ernüchternd, und man wird Ihnen vielleicht manchmal eine gewisse Kühle und Distanziertheit vorwerfen. Gleichzeitig wird die Umwelt jedoch realisieren, dass man Ihnen vertrauen kann, was schon früh dazu führt, dass man Ihnen Verantwortung aufbürdet. Sie nehmen diese jedoch im allgemeinen gerne auf sich und verstehen damit umzugehen. Sie zeichnen sich auch durch Geduld und Taktgefühl aus. Vielleicht sollten Sie jedoch versuchen, sich auch von den leichteren Seiten des Lebens einnehmen zu lassen, da Ihnen etwas mehr Lockerheit helfen könnte, Ihre Aufgaben besser zu bewältigen.

Ihre grösste Stärke ist Ihre methodisch sorgfältige Arbeitsweise, welche mit vorliegenden Situationen sachgerecht umzugehen weiss. Ihre besonnene und vorsichtige Handlungsweise stützt sich meist auf Tradition und Familienerbe ab. Dadurch sind Sie in Ihren Zielen eher konservativ.

Möglicherweise werden sich in Ihrem Leben zwei wichtige Phasen abzeichnen: In der ersten Lebenshälfte mögen Sie sich auf äussere Autoritäten, auf Ihre Erziehung und das gesellschaftlich Schickliche abstützen. Es sollte jedoch in einer zweiten Phase die Zeit kommen, wo Sie Ihre Lebensphilosophie auf eigene, selbst erarbeitete Erkenntnisse abstützen können. Mit dieser Planetenstellung haben Sie gute Voraussetzungen, um in der zweiten Lebenshälfte zu Ihrer eigenen Autorität zu werden. Wie auch immer Ihre Entwicklung sein mag, von dem was sich Ihnen als richtig erwiesen hat, wird man Sie kaum abbringen. Diese Grundsatztreue dürfte Sie zu einem sehr verlässlichen Menschen machen.

Sonne-Uranus-Aspekte

Sonne Konjunktion Uranus

Eine Konjunktion von Sonne und Uranus macht Sie sehr unkonventionell, und Sie suchen immer wieder neue Wege. Sie sind sehr impulsiv und möchten alles auf Ihre eigene Art tun. Wenn man Sie daran hindern möchte, so werden Sie ungeduldig und tun oft gerade das Gegenteil von dem, was von Ihnen erwartet wird. Diese Seite Ihres Wesens hat sich wahrscheinlich schon früh manifestiert, und Sie dürften ein eigenwilliges Kind gewesen sein, welches sich nur schwerlich der elterlichen Autorität unterwerfen konnte. Auch später werden Sie sich oft auflehnen gegen alle Einschränkungen, welche die Tradition mit sich bringt und deshalb häufig gegen die etablierte Gesellschaft rebellieren.

Ihre innovativen und intuitiven Fähigkeiten werden Sie erst dann richtig produktiv einsetzen können, wenn Sie eine gewisse Selbstdisziplin erlernt haben. Diese Selbstdisziplin kann Ihnen auch ermöglichen, Ihre eigenen Arbeitsmethoden aufzubauen, was Ihnen erst erlauben wird, zu Unabhängigkeit und Selbständigkeit zu gelangen. In diesem Sinne wird Ihnen auch ein Beruf mit viel Freiheit und wenig Routine mehr zusagen, als eine Stellung innerhalb welcher Sie sich ständig nach den andern richten müssen. Eine Betätigung, welche mit technischen oder wissenschaftlichen Dingen zu tun hat oder stark mit dem Zeitgeist in Verbindung steht, wird Ihnen am ehesten entsprechen.

Sie werden andern Menschen oft als Ansporn dienen, um die Welt mit neuen Augen zu sehen. Deshalb können Sie eine nützliche Ergänzung sein für einen Partner, der stärker realitätsbezogen ist als Sie und dem Ihre Originalität zu einer grosszügigeren Sicht der Dinge verhilft. Er kann dann seinerseits Ihre idealistischen Impulse ausgleichen und die extremen Wogen Ihres Temperaments dämpfen helfen.

Die Sonne im Spannungsaspekt zum Uranus

Mit diesem Aspekt sind Sie exzentrisch und oft etwas widerspenstig. Sie bestehen darauf, alles tun zu können, was Ihnen gerade durch den Kopf geht, ohne anderen gleichzeitig das gleiche Privileg einzuräumen. Der Grund dafür liegt in einem starken Bedürfnis nach Macht über andere, denn diese Macht soll Ihnen helfen, sich über eigene innere Unsicherheit zu erheben. Ihre Selbstsicherheit ist nämlich gar nicht so gross, wie Sie es gerne haben möchten. Erst die Tatsache, dass sich andere Ihnen unterordnen, gibt Ihnen das Gefühl, stark zu sein. Diese Seite drückt sich auch darin aus, dass Sie Konkurrenz und Herausforderungen schlecht ertragen. Sie reagieren dann meist gereizt und reissen sich von bestehenden Banden los. Eines Ihrer Hauptprobleme liegt dabei darin, dass Sie von anderen Unterwerfung erwarten, dabei gleichzeitig den Respekt vor der andern Person verlieren, wenn sie nicht mehr so originell und stark ist, wie Sie sie anfänglich sehen wollten.

Sie sollten sich deshalb darum bemühen, auch andere Standpunkte ernst zu nehmen. Wenn Sie nicht mehr mit der ganzen Welt auf Kriegsfuss stehen, wird man Ihnen auch mehr Sympathie und Unterstützung entgegenbringen. Bemühen Sie sich deshalb um lebensfähige Kompromisse. In Ihrem Innersten ist ein starkes Gefühl für das individuell und menschlich richtige Verhalten vorhanden. Sie sollten diese Seite aktivieren und lernen, anderen die Rechte, die Sie für sich selbst in Anspruch nehmen, ebenfalls zuzugestehen.

Sie werden sich in einer Tätigkeit verwirklichen können, welche Originalität und Erfindungsgeist verlangt. Sobald Sie Ihren Hang zu querköpfigen Exzentritäten gemässigt haben und verstehen lernen, dass man im Leben mit anderen zusammenarbeiten muss, werden Sie Ihre lebhafte Intuition und Ihren Sinn für das Künftige, für das, was erst morgen für die allgemeine Menschheit aktuell sein wird, mit Vorteil beruflich einsetzen können. Sie werden Ihre bisherige Voreiligkeit, sowie Ihre Rebellion gegen jegliche Autorität hinter sich lassen können und vielversprechende Unternehmungen nicht mehr unmotiviert abbrechen. Was Sie nämlich vor allem lernen müssen ist das Durchhalten, damit Sie nicht von Abenteuer zu Abenteuer und von Hoffnung zu Hoffnung eilen, und dabei sowohl Ihre eigenen Gefühle, als auch die der andern mit Füssen treten.

Die Sonne im harmonischen Aspekt zum Uranus

Ein harmonischer Aspekt zwischen Sonne und Uranus macht Sie sehr erfinderisch und freizügig in Ihrem Lebensstil. Alles Originelle und Unerwartete interessiert Sie weit mehr als alltägliche Routine. Sie haben viel Kreativität und Sinn für den Zeitgeist, für das, was heute, oder gar erst morgen aktuell sein wird. Diese Seite wirkt sich sowohl im beruflichen Bereich aus, wie auch in Ihren Verbindungen. Sie suchen nach originellen Betätigungen, welche auf das Neue, Unerwartete und Zukünftige ausgerichtet sind. In diesem Sinne können Sie auch gute Fähigkeiten haben für technische Betätigungen.

In Ihren Beziehungen möchten Sie viel Spielraum haben und erwarten von Ihrem Partner, dass er dafür Verständnis hat. Ihre Anziehungskraft ist gross: sowohl Ihre Originalität, als auch Ihre Unberechenbarkeit machen Sie interessant. Man merkt bei Ihnen auch, dass Sie am Menschlichen interessiert sind und nicht lediglich an Konventionen. Sie sind fähig, für viele Probleme, über welche andere stolpern, neue Lösungen zu finden. In diesem Sinne können Sie sehr erfolgreich sein, wenn Sie genügend Disziplin aufbringen, um Ihre erfinderischen Gedanken in die Praxis umzusetzen. Sie haben einen starken »Riecher« für Gelegenheiten, die sich aus einer Situation heraus plötzlich ergeben. Je mehr Sie diesen Sinn verfeinern, umso stärker können Sie ihn sich nutzbar machen. In Rohform würde er lediglich bedeuten, dass Sie in allen Situationen das

Originelle, Unkonventionelle gegenüber dem Beständigen und Erprobten bevorzugen. Das könnte dann auch heissen, dass Sie aus lauter Ungeduld oft den Pfad des Bewährten verlassen, um sich für riskante Abenteuer zu begeistern.

Dieser Aspekt wird Ihnen helfen, sich nicht in festgefahrene Situationen zu verrennen. Vielmehr werden Sie es immer verstehen, Ihren Individualismus und Ihre individuelle Entwicklungsaufgabe zum Ausdruck zu bringen. Damit werden Sie auch andere dazu ermutigen, sich selbst nicht aufzugeben und nicht zugunsten äusserer Sicherheit mit den Wölfen zu heulen. Durch diese Komponente können Sie auch in späteren Jahren einen lebendigen Bezug zur Jugend beibehalten.

Sonne-Neptun-Aspekte

Sonne Konjunktion Neptun

Die Konjunktion von Sonne und Neptun macht Sie sehr sensibel und bringt Sie in Berührung mit einer unsichtbaren inneren Welt. Ihr Interesse ist auf Kunst, Musik oder Uebersinnliches ausgerichtet. Dies bedeutet, dass Sie in einer allzu materialistischen Welt kaum aufgehen werden. Sie haben auch Mühe mit Menschen, die aggressiv sind. Eine latente Angriffslust spüren Sie sofort heraus, und ertragen diese schlecht. Gleichzeitig registrieren Sie sofort, wenn jemand Ihre Hilfe braucht.

Sie stellen sich oft gerne eine Welt vor, in welcher Sie tun könnten was Sie möchten, eine Welt, die durchwoben wäre von unsichtbaren Banden zwischen den Dingen, und die in Schönheit und Harmonie aufgeht. Sie werden schon lange realisiert haben, dass die äussere Welt kaum mit diesem Wunsch in Einklang zu bringen ist. Es ist deshalb wichtig, dass Sie versuchen, realitätsbezogener zu werden, und dass Sie sich immer wieder fragen, ob sich Ihre Ziele verwirklichen lassen, oder ob diese lediglich Wunschträumen entsprechen. Es wird gut sein, wenn Sie eine Erfolgskontrolle führen über das, was Sie bisher erreicht haben, und was Sie realistischerweise noch erreichen können. Wenn Sie nämlich ständig Zielen nachjagen, die sich immer mehr von der Realität entfernen, werden sie am Schluss nur enttäuscht sein. Seien Sie also bemüht, sich und anderen nichts vorzumachen.

Sie sollten einen Beruf wählen, der Ihrer Kreativität genügend Spielraum lässt, da Sie sich kaum für eine Routinearbeit eignen. Sie werden sich besser im Bereich einer künstlerischen oder sozialen Tätigkeit verwirklichen können. Sie helfen sich selbst, indem Sie anderen helfen, doch dürfen Sie sich selbst nicht allzu sehr auf fremde Hilfe verlassen, um Ihr Leben zu organisieren. Oft werden Ihnen materielle Fragen Schwierigkeiten bereiten, so dass es von Vorteil wäre, wenn Ihr Partner praktisch begabt wäre, damit er Ihnen helfen kann, Ihre Ziele realistischer abzustecken.

Sie haben einen empfindlichen Organismus, der auf Gifte und Berauschungsmittel stark reagiert. Versuchen sie deshalb, für sich herauszufinden, welche Art Ernährung Ihnen am besten zusagt, dies umsomehr, als ein Arzt Mühe haben wird, Ihren Schwierigkeiten auf die Spur zu kommen. Sie werden dazu selbst oft besser in der Lage sein. Sie sollten sich auch vor Berauschungsmitteln hüten, welche eine mögliche Tendenz zur Realitätsflucht fördern könnten.

Die Sonne im Spannungsaspekt zum Neptun

Dieser Aspekt dürfte bedeuten, dass Sie Schwierigkeiten haben, sich offen dem täglichen Konkurrenzkampf auszusetzen. Es mangelt Ihnen oft an Selbstvertrauen, und Sie werden zeitweilig von starken Minderwertigkeitsgefühlen geplagt, auch wenn dafür überhaupt kein äusserer Grund vorliegt. Sie haben eben oft im voraus das Gefühl, dass Sie in einer Herausforderung unterliegen würden, was dann bewirkt, dass Sie solchen Situationen lieber von Anfang an aus dem Wege gehen, oder Ihren Kampf mit Mitteln austragen, welche nicht ganz ehrlich sind.

Sie sollten sich deshalb unbedingt um eine offene Auseinandersetzung mit der äusseren Wirklichkeit bemühen. Sie sind gar nicht so schwach, wie Sie oft glauben wollen. Nur müssen Sie vielleicht im Kleinen anfangen, mit Aufgaben, welche Sie voll überblicken, und für die Sie die Verantwortung übernehmen können, statt sich allzu oft in grossen, unüberblickbaren Plänen zu verlieren. Wenn Sie einmal ein gesundes Selbstvertrauen aufgebaut haben, so können Sie auch mit Erfolg an grössere Vorhaben herangehen.

Ihre Vielseitigkeit und Ihre Fähigkeit, die Dinge, je nach Situation in einem ganz verschiedenen Licht zu sehen, bewirken, dass Sie oft Schwierigkeiten haben, konkrete Entscheidungen zu fällen. Sie hängen allzuoft Wunschprojektionen nach, welche Sie für die Wirklichkeit halten. Bemühen Sie sich deshalb, mehr von der gegebenen Realität auszugehen, als von Ihren Wünschen. Erlangen nämlich die Wünsche eine vorrangige Stellung, so müsste man befürchten, dass der Graben zwischen Idealität und Realität immer grösser würde und dass Sie zu Lebenslügen Zuflucht nehmen müssten, um Ihre Träume nicht aufzugeben. Sie würden sich dann selbst betrügen, bzw. andere Menschen würden Ihre Bereitschaft, sich Täuschungen hinzugeben, herausspüren und Sie leicht hinters Licht führen. Sie hätten dann wohl den Eindruck, dass die andern Sie betrügen, ohne vielleicht bewusst zu realisieren, dass Sie es sind, der solche Situationen anzieht. Bemühen Sie sich daher um mehr Klarheit, und meiden Sie Verbindungen, in denen Sie von anderen benutzt werden.

Die Sonne im harmonischen Aspekt zum Neptun

Ein harmonischer Aspekt zwischen Sonne und Neptun macht Sie sehr sensibel und empfänglich sowohl für musische, als auch für übersinnliche Bereiche. Sie haben viel kreative Phantasie, welche Sie bei genügender Selbstdisziplin möglicherweise auch produktiv für eine entsprechende Tätigkeit einsetzen könnten.

Dieser Aspekt sagt jedoch nichts aus über das Vorhandensein einer solchen Disziplin, vielmehr muss diese Komponente aus anderen Elementen des Horoskops hervorgehen. Was der harmonische Aspekt zwischen Sonne und Neptun jedoch angibt, ist eine grosse Feinfühligkeit und Empfänglichkeit für alles Immaterielle. Sie haben einen Sinn für feine Stimmungswerte, für unaussprechliche Dinge, kurz für alles, was zum Bereich einer mystisch verklärten Welt gehören könnte. Ob Sie damit einer Fata Morgana nachhängen, oder künstlerische Kreationen in die Welt setzen, steht nicht im Aspekt.

Vermutlich verspüren Sie zeitweise auch hellsichtige Fähigkeiten und Vorahnungen künftiger Entwicklungen. Auch können Sie vieles aus anderen Menschen herauslesen und, falls Sie es lernen, zwischen Ihren Wünschen und der äusseren Wirklichkeit zu unterscheiden, und die beiden Dinge nicht miteinander zu vermischen, könnten Sie zu einem guten Menschenkenner werden. Auf alle Fälle werden Sie sofort spüren, wenn jemand Hilfe braucht, und Sie ihm beistehen können.

Sie sollten einen Beruf suchen, der Ihnen genügend Möglichkeiten bietet für den Einsatz Ihrer kreativen Fähigkeiten. Sie werden diese am besten in einer Tätigkeit mit viel individuellem Spielraum zum Ausdruck bringen können, weil Sie in diesem Falle nach Ihrem ureigenen Rhythmus arbeiten können. Es eignen sich dafür sowohl künstlerische, als auch sozial-fürsorgerische Berufe. Ihr Hauptproblem wird dabei darin liegen, dass Sie es fertigbringen, Ihre Termine einzuhalten. Sie haben nämlich die Tendenz, die Dinge etwas gleiten zu lassen.

Da Ihnen die Pflichten des Alltags und die materiellen Belange des Lebens Schwierigkeiten machen könnten, wird es gut sein, wenn Sie einen Partner haben, der eher praktisch veranlagt ist. Er wird Ihnen auch helfen können, Ihre Ziele realistischer und zielgerichteter anzugehen.

Sonne-Pluto-Aspekte

Sonne Konjunktion Pluto

Die Konjunktion von Sonne und Pluto macht Sie recht extrem und unwiderstehlich in allem was Sie tun. Sie haben ein gewaltiges Kraftreservoir, aus dem Sie schöpfen können, so dass Sie nicht auf halbem Wege stehen bleiben, wenn Sie sich etwas vorgenommen haben. Angetrieben von einem starken Bedürfnis nach Macht, werden Sie oft Ihren Willen durchsetzen, koste es was es wolle.

Wenn andere sich Ihnen in den Weg stellen, können Sie psychologische Druckmittel einsetzen. Das wird Ihnen Feinde schaffen, bis Sie lernen, besser mit anderen zusammenzuarbeiten.

Der Kompromiss und die Rücksicht auf andere ist nämlich das, worum Sie sich bemühen müssen. Sonst werden Sie sich früher oder später des Eindrucks nicht erwehren können, von den anderen abgeschnitten zu sein, weil sie Ihren ständigen Autoritätsanspruch auf die Dauer nicht ertragen. Ein guter Ansatz zu einer produktiven Zusammenarbeit ist jedoch Ihre Fähigkeit, sich für andere einzusetzen, wenn Sie Ungerechtigkeiten im sozialen System verspüren. Fördern Sie diese Seite, sodass Ihre Energie auch der Allgemeinheit zugute kommt. Dann wird Ihr Machtanspruch auch akzeptiert werden, sodass Sie Rückschläge weniger zu befürchten haben. Versuchen Sie auch, im Umgang direkter zu sein und andere nicht mit psychologischen Erpressungen zu zwingen, das zu tun, was Sie von ihnen erwarten.

Im partnerschaftlichen Bereich müssen Sie ebenfalls lernen, nicht primär eine beherrschende Rolle einnehmen zu wollen, was sich bei Ihnen auch oft über die Sexualität abspielt. Diese Form von Beherrschung wird mit der Zeit meist sehr schlecht ertragen, weil sie tief empfunden wird. Der Partner könnte sich zum Objekt degradiert fühlen, das lediglich Ihre körperlichen Wünsche befriedigen soll.

Die Sonne im Spannungsaspekt zum Pluto

Ein Spannungsaspekt zwischen Sonne und Pluto deutet darauf hin, dass Sie schon früh in Ihrer Kindheit mit dominanten Autoritätsfiguren konfrontiert waren. Man versuchte Ihnen etwas aufzuzwingen, wogegen sich Ihr Bedürfnis nach Selbstbehauptung sträubte. Als Kind waren Sie kaum in der Lage, sich dagegen zu wehren und realisierten, dass Sie sich unterordnen mussten. Zurück blieb jedoch ein Gefühl von Bitterkeit, sowie das Bedürfnis, mit anderen später ebenso zu verfahren.

Diese Anlage kann somit dazu führen, dass Sie auch als Erwachsener Schwierigkeiten haben mit Personen, die sich Ihrem Willen widersetzen und die Ihrer uneingechränkten Ich-Entfaltung im Wege stehen. Sie werden laufend mit solchen Situationen konfrontiert, schon deshalb, weil Sie Ihre Aengste dadurch loswerden möchten, dass Sie andere beherrschen und kontrollieren. Die anderen wehren sich natürlich gegen Ihre Ansprüche, und das erzeugt Kampfsituationen und läuft letztendlich Ihren Zielen zuwider. Man hat oft Angst vor Ihnen und hält Distanz. Sie möchten andererseits einen möglichst engen Kontakt, jedoch immer unter der Voraussetzung, dass Sie dabei selbst die Situation beherrschen. Dieser Anspruch macht es Ihnen auch schwer, sich voll und ungezwungen zu geben, weil Sie sich am liebsten nicht in die Karten schauen lassen.

Sie werden also zwei Arten von Beziehungen kennen: Solche, wo Sie die beherrschende Rolle einnehmen und andere, wo Sie im Banne einer, Sie faszinierenden, beherrschenden Persönlichkeit stehen, ähnlich, wie Sie das in Ihrer Kindheit im Zusammenhang mit Eltern und Erziehern erlebten. Gemäss der Entsprechung der Sonne mit dem Mann, trifft dies in besonderem Masse für eine Frau zu.

Die Lösung des Konfliktes liegt darin, dass Sie lernen, mit anderen zusammenzuarbeiten. Sie sollten bereit sein, Ratschläge von Personen entgegenzunehmen, welche über gewisse Dinge vielleicht besser Bescheid wissen als Sie selbst, oder die in psychologischen Angelegenheiten objektiver sein können. Auch sollten Sie lernen, andere weniger mit Ihren Machtansprüchen zu überfahren und diesen mehr Raum für ihre persönliche Entfaltung zuzugestehen. Damit werden Sie einem gesunden Austausch im Sinne eines ausgeglichenen Gebens und Nehmens näherkommen.

Beruflich wird Ihnen Ihre grosse Strebsamkeit helfen, das Gebiet auf dem Sie arbeiten, voll in den Griff zu bekommen. Das wird Ihnen andererseits die Selbstsicherheit geben können, welche Ihnen anfänglich fehlte, als Sie dem dominanten Einfluss Ihrer Eltern oder Erziehern ausgesetzt waren. Vielleicht werden Ihnen auch Disziplinen wie Yoga und Psychologie helfen, Ihre inneren Machtprobleme zu verstehen und Ihre Egoantriebe in nützliche Bahnen zu lenken, anstatt diese an Ihrer Umwelt abzureagieren. Sie haben dabei sicher einen langen Weg vor sich, aber auch die Kraft, diesen Weg zu gehen.

Die Sonne im harmonischen Aspekt zum Pluto

Ein harmonischer Aspekt zwischen Sonne und Pluto gibt Ihnen sehr viel Mut und Kraft. Sie beeinflussen die Menschen um sich herum, ob Sie es wollen oder nicht. Vielleicht sind Sie sich dessen nicht einmal bewusst. Vielleicht sollten Sie sich jedoch darüber klar werden, auf welche Art und Weise Sie andere beeinflussen, und welche Wirkung von Ihnen ausgeht. Fragen Sie sich vor allem, ob Ihr Einfluss darauf hinzielt, die Lebensbedingungen auch für die andern zu verbessern, oder ob sie lediglich einen persönlichen Machtanspruch verfolgen. Wenn Ihr starker Einfluss nämlich nicht auch im Sinne der Mitmenschen wirksam wird, so könnten sich die hier mobilisierten Kräfte letztendlich gegen Sie selbst richten.

Es ist jedoch anzunehmen, dass es Ihnen bei Ihren Bestrebungen darum geht, die Bedingungen auch für die Menschen um Sie herum positiv zu beeinflussen. Es werden nämlich beträchtliche Kräfte bei Ihnen frei, wenn es darum geht, eine Ungerechtigkeit in Ihrer Umgebung zu bekämpfen. Sie spüren Rollenspiele und falsche Behauptungen instinktiv heraus und haben die Fähigkeit, in solchen Situationen sehr direkt auf den wunden Punkt loszusteuern. Das gibt Ihnen auch gewaltige Kräfte, um mit Krisensituationen fertig zu werden. Sie scheinen wie dazu geboren, chaotische Situationen zu entwirren und diese einer Lösung zuzuführen.

Ihre Furchtlosigkeit sollte Sie jedoch nicht darüber hinwegtäuschen, dass andere Menschen gegen Hemmungen ankämpfen müssen, welche Sie nicht verspüren. Erwarten Sie deshalb nicht automatisch ebensoviel von andern, wie Sie sich selbst abverlangen.

Das Leben ist für Sie dazu da, um durch die Bewältigung schwieriger Situationen zu wachsen. Nichts ist für Sie deshalb im Stillstand, und Sie haben die Möglichkeit, in Ihrem Leben verschiedene, sich stark voneinander unterscheidende Lebensphasen zu leben. Diese Wandlungsfähigkeit, sowie die Kraft, auf den Trümmern des Alten etwas Neues aufzubauen, sind Ihre grosse Stärke. Diese Kraft kann Ihnen auch helfen, sowohl berufliche, als auch partnerschaftliche Krisen erfolgreich durchzustehen. Wenn Sie diese Kräfte auch zum Wohl Ihres Partners und Ihrer Mitmenschen einsetzen, dann können Sie grosser Erfolge gewiss sein.

Die Aspekte des Mars

Beim Mars haben wir es mit Aktivität, Energie und Trieb zu tun. Er ist der Planet, der es ermöglicht, uns in der Umwelt durchzusetzen und Fremdeinflüssen gegenüber Widerstand zu leisten. Er veranlasst uns dazu, den Wettstreit mit der Umwelt aufzunehmen, um in unserer persönlichen Entwicklung oder in unserer äusseren Stellung weiterzukommen. Im Gegensatz zur Sonne ist jedoch das Marsprinzip an sich nicht sinnorientiert. Es geht hier vielmehr um die Durchsetzung als Selbstzweck.

Damit diese Kräfte, die der Mars verkörpert, nicht in eine Bewegung um ihrer selbst willen ausarten, ist eine Verbindung zu andern Planetenkräften, insbesondere zur Sonne, sehr wichtig. Der Mars braucht Halt und Stütze, damit ihm Ziel und Richtung vermittelt werden. Unabhängig von den Aspekten muss allerdings der Betreffende auch herausfinden und herauskristallisieren, wo seine Stärken liegen, welche den Ausdruck seiner Einzigartigkeit rechtfertigen.

Es ist vielleicht nützlich, an dieser Stelle auch auf den Unterschied zwischen Mars und Sonne hinzuweisen. Die Sonne stellt letzte, für die Persönlichkeit verbindliche Ziele, sowie die Lebenszentriertheit dar. Der Mars ist hingegen auf unmittelbare Reizziele ausgerichtet. Da der Mars auch dem männlichen Prinzip mit seiner Eroberungslust entspricht, ergibt ein stark gestellter Mars bei einer Frau oft einen männlichen Einschlag, ausser in Bereichen, wo sie das Marsprinzip auf den Mann projiziert. In diesen Lebensbereichen wird sie ihre Marsaspekte insbesondere über die Partner erleben, welche sie anzieht.

Bei den Aspekten des Mars wird man sich fragen, welche Thematik entsteht, wenn die Durchsetzungs- und Antriebskomponente durch die eine oder andere planetarische Kraft beeinflusst wird. Niveauunterschiede werden vor allem bei Dissonanzen stark hervortreten.

Mars-Jupiter-Aspekte

Mars Konjunktion Jupiter

Dieser Aspekt macht Sie sehr enthusiastisch und energiegeladen. Wenn es darum geht, das zu erreichen, was Sie sich vorgenommen haben, sind Sie sehr mutig und scheuen auch nicht vor Gefahren zurück. Sie sind recht sicher, dass Sie Ihre Anliegen verwirklichen können, und rechnen kaum je mit einer Niederlage. Ihre Zuversichtlichkeit macht es Ihnen allerdings auch meistens möglich, Ihre Vorhaben durchzusetzen, denn Sie wirken so überzeugend, dass sich die meisten Menschen von Ihnen begeistern lassen. Ihr feuriges Temperament wirkt ansteckend. Ihr gutes Timing kommt Ihren Aktionen ebenfalls sehr entgegen. Sie haben ein sicheres Gefühl für den richtigen Moment, in welchem man etwas Bestimmtes tun oder von andern verlangen kann. So müssen Sie selten darauf verzichten, Ihre Wünsche zu realisieren.

Da Sie das meiste, was Sie sich vornehmen, auch erreichen, ist es wichtig, dass Sie sich klare und lohnende Ziele vorhalten. Der hohe Freiheitsgrad, den Sie geniessen, macht Sie für Ihre Zielsetzungen verantwortlich. Wenn Sie sich zu wenig zumuten oder lediglich egoistischen Zielen nachjagen, so werden Sie diese zwar erreichen können, doch werden Sie sich dabei letztlich nicht gänzlich wohl fühlen, weil Sie zutiefst von sich selbst mehr erwarten. Innerlich möchten Sie sich nämlich auch für das Gemeinwohl einsetzen.

Ihr dynamisches Temperament kann in den verschiedensten Lebensbereichen zum Ausdruck kommen. Wenn auch sportliche Betätigungen dafür besonders geeignet sind, so ist Ihr Einsatz nicht auf diesen Sektor beschränkt. Vielmehr werden Sie auch in Ihrem Beruf eine risikofreudige, sportliche Haltung einnehmen und dürften sich durch grosse Belastbarkeit auszeichnen. Eines muss Ihnen Ihr Beruf dabei jedoch bieten: Sie brauchen viel Freiheit, da Sie eine Bevormundung sehr schlecht ertragen. Ihr Einsatz dürfte es Ihnen jedoch in den allermeisten Fällen ermöglichen, es zu einer weitgehend unabhängigen Position zu bringen. Seien Sie in Ihrem Werdegang lediglich auf der Hut vor Uebertreibungen und Unüberlegtheit. Sie werden wahrscheinlich eine gewisse Selbstkontrolle üben müssen, bevor Sie Ihre Fähigkeiten zum optimalen Einsatz bringen können.

Der Mars im Spannungsaspekt zum Jupiter

Dieser Aspekt bedeutet, dass Sie ein hohes Energiepotential besitzen, das nach aussen zum Ausdruck gebracht werden muss. Sie sind sehr optimistisch, voller Tatendrang und befinden sich in einer ständigen Spannung, andern Ihre Ueberlegenheit zeigen zu können. Dies kann zu Problemen führen, denn Sie kennen kein Mass. Auch wenn Sie, von sich aus betrachtet, lediglich den Wettbewerb suchen, so werden die andern Sie oft als eine Art Herausforderung betrachten. Besonders Vorgesetzten, welche meinen, ihre Stellung verteidigen zu müssen, werden Sie als eine Gefahr erscheinen, weil Ihre Reaktionen schnell und extrem sind. Aufgrund der Zurückweisungen, die Sie dadurch erfahren, mögen Sie das Gefühl entwickeln, laufend unterschätzt zu werden. Das Problem liegt jedoch darin, dass Ihr Lebensraum Ihnen oft als zu beengend vorkommt und Sie dadurch, bewusst oder unbewusst, zu Uebergriffen auf die Lebenssphäre anderer neigen. Die Betroffenen setzen sich dann zur Wehr, was Ihrem Vorwärtskommen im Leben nicht eben förderlich ist. Von Aussenstehenden werden Sie oft als jemand erlebt, der Ansprüche hat, die über sein Können hinaus gehen, so dass Sie oft der Unehrlichkeit bezichtigt werden.

Man kann von Ihnen nicht behaupten, dass Sie auf kleinem Feuer kochen.

Im Gegenteil, Ihr Vorwärtsdrängen ist oft so ungestüm, dass es an Tollkühnheit grenzt. Auch dürften Sie eine Tendenz zur Verschwendung haben und zum Ueberziehen Ihres Guthabenkontos neigen. Dies kann im körperlichen Bereich auch eine Unfallneigung mit sich bringen, doch dürfte diese bei Ihrer Konstellation weniger zu einem tragischen Ausgang führen, als vielmehr einer mehr oder weniger sanften Aufforderung der Natur entsprechen, sich endlich etwas Ruhe zu gönnen. Exzesse in der Nahrungsaufnahme, verbunden mit erhöhter nervöser Spannung, die von diesem Aspekt hervorgerufen werden, können allerdings die Entwicklung von Gallen- oder Leberleiden begünstigen.

Wenn Sie Ihren Kräftehaushalt jedoch mässigen und Ihre Ansprüche an dem messen, was praktisch erreichbar ist, dann werden Sie Ihre gewaltigen Kräfte positiv einsetzen können. Besonders wichtig ist es, ein lohnendes Ziel vor Augen zu haben, welches so umfassend ist, dass Sie ihm Ihre ganze Energie widmen können. Sie werden sich dabei ganz besonders auf selbst erworbene Leistungen abstützen müssen, indem Sie weniger davon ausgehen, welche Anerkennung Ihnen andere zollen, als vielmehr davon, wer Sie wirklich sind, und was Sie definitiv auf Ihr Habenkonto verbuchen können. Es geht also um eine Disziplinierung Ihrer Energien, ohne diese jedoch lahmzulegen. Wahrscheinlich wird Sie das Leben diese Disziplinierung lehren, aber früher oder später wird der Moment kommen, wo Sie merken, dass nicht die andern daran Schuld sind, dass Sie Ihren Platz an der Sonne noch nicht gefunden haben, sondern dass Sie bei sich selbst anfangen müssen, indem Sie Ihr Wollen auf Ziele lenken, die nicht nur Ihrem Ego schmeicheln, sondern auch von der Gemeinschaft als wertvoll und lohnend angesehen werden.

Der Mars im harmonischen Aspekt zum Jupiter

Dieser Aspekt deutet darauf hin, dass Sie Ihre Energien auf eine glückliche und harmonische Art einsetzen. Sie dürften im Bereich Ihrer Tätigkeit mehr Möglichkeiten haben als viele andere, indem Ihnen glückliche Umstände entgegenkommen. Glück ist jedoch bloss eine Umschreibung für eine wichtige Gabe, die Sie haben: Sie verstehen es, das Richtige im richtigen Moment zu wollen und zu tun, oder, mit anderen Worten, Sie befinden sich im richtigen Moment am richtigen Ort, wenn sich eine neue Möglichkeit anbietet. So werden Sie meist erreichen, was Sie wollen. Sie verhalten sich dabei auch so gelassen und sind innerlich so sicher, dass alles seinen richtigen Lauf nehmen wird, dass Sie auch andere davon überzeugen können. Man stemmt sich nicht gegen Sie, sondern öffnet Ihnen alle Tore.

Vielleicht sind Sie sich dieser Gabe nicht einmal richtig bewusst, weil Sie sich daran gewöhnt haben, dass Ihnen im Leben vieles leicht gemacht wird. Aussenstehende werden Ihnen das eher bezeugen können. Vielleicht haben Sie es im Leben auch nicht so weit gebracht, wie Sie es wünschen. Dann liegt dies jedoch nur daran, dass Sie sich aufgrund der Erleichterungen, welche Ihnen das Leben bot, gar nicht richtig anstrengten. Das wäre schade, denn Sie haben mit diesem Aspekt die Möglichkeit, das zu erreichen, was Sie wollen. Sie müssen sich nur an die Arbeit machen und können sich dabei einiges vornehmen. Alle beruflichen Betätigungen, welche selbständige und sichere Entscheidungen verlangen, können für Sie geeignet sein. Sie sollten sich in Ihrem Beruf nur nicht eingeengt fühlen müssen.

Auch im privaten Bereich wird Ihnen dieser Aspekt zugute kommen. Sie werden sich von Menschen angezogen fühlen, welche den Mut haben, zu ihren Ideen zu stehen, und die ganz allgemein offen und ehrlich wirken. In einer Partnerschaft werden Sie Ihren Gefühlen und instinkthaften Impulsen freien Lauf lassen wollen, wofür in erster Linie ein Partner in Frage kommt, der ebenfalls fähig ist, sich spontan und natürlich zu verhalten.

Mars-Saturn-Aspekte

Mars Konjunktion Saturn

Sie haben oft den Eindruck, dass Sie viel mehr Energie aufwenden müssen als andere, um Ihre Ziele zu erreichen. Oft denken Sie, dass Ihnen die Umwelt Widerstände entgegenbringt, welche Ihre spontanen Antriebe lähmt. Besonders Ihrem Arbeitgeber gegenüber mögen Sie solche Gefühle hegen.

Dies könnte auf Konflikte zurückgehen, die Sie in Ihrer Kindheit mit Autoritätspersonen, insbesondere mit Ihrem Vater hatten. Vielleicht wollte er nicht zulassen, dass Sie Ihren eigenen Willen haben, unter dem Vorwand, Sie seien nur ein Kind. Aehnliche Erlebnisse mögen Sie mit Lehrern gehabt haben.

Sie können diese, im Zusammenhang mit Vorgesetzten erlebten Frustrationen, jedoch positiv ummünzen. Als erstes werden diese Schwierigkeiten mit aller Wahrscheinlichkeit Ihren Ehrgeiz anstacheln und Sie dazu veranlassen, noch besser und perfekter zu arbeiten. Sie könnten damit zu einem Perfektionisten werden, dessen Leistungen allgemeine Beachtung finden. Sie müssen sich nur an die Arbeit machen und nicht befürchten, sich Blössen zu geben. Denken Sie daran, dass nur derjenige, der auch etwas tut, Fehler macht, dass man andererseits aus Fehlern lernen kann und damit weiter kommt, als wenn man aus lauter Angst passiv bleibt.

Vielleicht haben Sie diese Einstellung bereits entwickelt und befinden sich aufgrund Ihres Ehrgeizes auf dem Weg zu beeindruckenden beruflichen Leistungen. Sie werden sich dann in Ihrer Arbeit durch eine grosse Selbstdisziplin, Konzentrationsfähigkeit und Präzision auszeichnen. Schwächen mögen sich dann bloss noch in Situationen zeigen, denen Sie sich nicht gewachsen fühlen. Beispielsweise, wenn Sie meinen, einen stärkeren Gegner vor sich zu haben, oder wenn andere Ihre Pläne durchkreuzen.

Seien Sie auf der Hut, dass in solchen Situationen nicht gefährliche, aufgestaute Energien zur Entladung kommen, die Ihnen den Ruf einer launenhaften, vielleicht gar gewalttätigen Person einbringen könnten. Vielleicht liegt diese Gefahr weniger im beruflichen, als vielmehr im privaten Bereich, wenn Ihre Gefühle im Spiel sind. Der richtige Umgang mit Aggressivität und Zorn muss bei dieser Konstellation eben erlernt werden.

Versuchen Sie, spontaner zum Ausdruck zu bringen, was Sie gerade fühlen, damit sich keine unbewältigten Gefühle anstauen. Vielleicht sollten Sie das Leben auch mehr von der leichten, geniesserischen Seite nehmen – besonders im privaten Bereich, wo der Wettkampf weniger eine Rolle spielen sollte. Das betrifft auch Ihre Sexualität, da es schade wäre, wenn Sie den Sexualakt nur aus der Perspektive des Beherrschens oder Beherrschtwerdens erleben würden.

Beruflich haben Sie gute Voraussetzungen, um mit grosser Energie und Konzentration beharrlich an einer Sache zu arbeiten, die Sie sich einmal vorgenommen haben. Besonders werden Ihnen Bereiche liegen wie Forschung, Landwirtschaft, exaktes Bearbeiten von Materialien oder unter Umständen auch eine militärische Karriere.

Der Mars im Spannungsaspekt zum Saturn

Mit diesem Aspekt müssen Sie, wenn Sie sich für etwas einsetzen möchten, oft gegen Gefühle der Schuld und der Unzulänglichkeit ankämpfen. Sie fühlen sich zurückversetzt und haben den Eindruck, dass man es Ihnen schwer macht.

Dies geht wahrscheinlich zurück auf eine Unterdrückung Ihres Willens und Ihrer spontanen Antriebe als Kind, insbesondere durch Vater oder Mutter, möglicherweise aber auch durch Lehrer. Es ist wichtig, dass Sie wegen dieser Frustrationen keine Bitterkeit entwickeln und nicht unnötig hart werden, da Sie Ihr Gleichgewicht wieder herstellen können, indem Sie andere mit Leistungen übertreffen und Perfektion anstreben. Durch harte Arbeit werden Sie Ihre Schuldgefühle nämlich abbauen können.

Es ist tatsächlich so, dass Ihnen die Dinge im Leben nicht auf Anhieb gelingen. Sie kommen nicht mit halbgetaner Arbeit davon. Das Leben erwartet von Ihnen, dass Sie alles sorgsam und gründlich verrichten. Wenn Sie bereit sind, dies hinzunehmen und die nötige Geduld üben, dann kann Ihnen Ihr Ehrgeiz zu höchsten Leistungen verhelfen. Die Anerkennung der Umwelt wird sich dann automatisch einstellen. Damit ist dieser Aspekt günstig für Ihre berufliche Entwicklung und kann Ihnen helfen, die Stufen zu einer hochgesteckten Karriere zu erklimmen.

In Ihrem persönlichen Leben werden Sie auf einige Probleme achten müssen: Aus Angst, abgelehnt zu werden, wagen Sie es nicht immer, die Dinge, die Sie bedrücken, zum Ausdruck zu bringen. Damit besteht die Gefahr, dass sich

Unverdautes aufstaut, das sich später in heftigen Reaktionen oder gar Zornausbrüchen Luft verschaffen muss. Dem sollten Sie vorbeugen, indem Sie möglichst ehrlich mit sich selbst und den andern sind und weniger darauf achten, ob Sie bei der Umwelt gut ankommen oder nicht. Sie können es unmöglich immer allen recht machen, und es ist manchmal notwendig, dass man auch unliebsame Dinge sagt, wenn sie dazu beitragen, eine Situation zu klären.

Lernen Sie, es nicht tragisch zu nehmen, wenn Sie sich einmal blamieren und abgewiesen werden. Das nächste Mal werden Sie es einfach besser machen. Wenn Sie hingegen nichts tun, lernen Sie auch nichts. Dies gilt ebenso für den gefühlsmässigen Bereich, wo Sie Abweisungen nicht so ernst nehmen sollten. Sie reagieren aus verletztem Stolz oft so hart, dass Sie den andern unnötig schwer treffen.

Ein beruflicher Erfolg kann Ihnen helfen, Ihre persönlichen Schwächen leichter zu nehmen und sie mit der Zeit zu überwinden. Sie haben gute Chancen für Berufe, wo es darum geht, hartnäckige, langwierige Arbeiten auf sich zu nehmen oder andere und sich selbst Disziplin zu lehren, wie beispielsweise im Sport, Militär, aber auch in Wissenschaft und Forschung.

Der Mars im harmonischen Aspekt zum Saturn

Sie gehen in Ihrer Arbeit behutsam vor und sind sehr praktisch eingestellt. Vielleicht brauchen Sie länger als andere, um etwas zu erledigen, doch ist dann alles sorgfältig erarbeitet. Sie vertrauen weniger auf das Glück, als auf Ihr Wissen und Ihre Fertigkeiten. Sie überlegen, bevor Sie handeln, so dass Sie kaum etwas aus Unachtsamkeit falsch machen und nochmals von vorn anfangen müssen. Ihr Vorgehen stützt sich auf Erfahrung und das verstandesmässige Erfassen eines Problems, so dass Sie gewöhnlich in der Lage sind, Ihr Handeln zu begründen. Sie sind auch offen für logische Einwände und Rationalisierungsmassnahmen, wenn diese Sie effizienter ans Ziel führen. Ihre Selbstdisziplin und Geduld lassen Sie sorgfältig und unermüdlich an langfristigen Projekten arbeiten. Bei Schwierigkeiten handeln Sie nicht blind, sondern planen Ihr Vorgehen bis ins Detail. Dies gilt auch für Diskussionen, wo Sie ruhig zuhören, bis Sie eine schwache Stelle entdecken.

Ihr Mangel an Risikofreude könnte im Berufsleben eines Ihrer wichtigsten Probleme sein. Sie bewegen sich nämlich allzu gerne im Bewährten, Erprobten und begegnen neuen Ideen, deren Nutzen noch nicht erwiesen ist, zunächst skeptisch. Dadurch können Sie günstige Gelegenheiten verpassen, da Sie sich nicht für etwas Unbekanntes entscheiden wollen. Ihre Kontrolliertheit mag auch im privaten Bereich ein Problem darstellen, indem Sie oft allzu nüchtern und wenig begeisterungsfähig erscheinen. Vielleicht sollten Sie sich manchmal etwas mehr gehen lassen und sich der irrationalen Seite des Lebens mehr öffnen. Nehmen Sie Kränkungen und Zurücksetzungen nicht so ernst und persönlich, – sie sind wahrscheinlich oft nicht so gemeint, wie sie von Ihnen aufgefasst werden.

Beruflich liegen Ihre besten Möglichkeiten dort, wo es darum geht, nach einem festen Plan und genauen Richtlinien langfristige Vorhaben durchzusetzen. Mit diesem Aspekt sind Sie fähig, Ihre ganze Aufmerksamkeit der Ausarbeitung kleinster Details zu widmen. Somit sind Berufe in Wissenschaft und Forschung, aber auch solche handwerklicher Art, in denen es darum geht, geschickt mit Materialien umzugehen, für Sie geeignet. Dabei werden Sie sich auch nicht gegen Routineverrichtungen sträuben, denn diese gehören für Sie ganz normal zur Arbeit.

Mars-Uranus-Aspekte

Mars Konjunktion Uranus

Dieser Aspekt zeigt an, dass Sie das Bedürfnis haben, aufgrund Ihrer eigenen Impulse zu handeln und sich nicht gerne bevormunden lassen. Sie definieren Ihre eigenen Verhaltensregeln und haben Mühe mit äusseren Zwängen und der Anpassung, die von Ihnen verlangt wird. Dies macht Sie unkonventionell, erfinderisch, und man langweilt sich nicht mit Ihnen, denn Sie haben immer wieder neue Einfälle, welche Sie in die Tat umsetzen wollen. Sie suchen Aufregung im Leben, und wenn Ihre Umgebung diese Lebendigkeit nicht bringt, sorgen Sie selbst für Abwechslung und unerwartete Vorfälle.

Ihr Bedürfnis nach Freiheit und Individualität hilft Ihnen in einer Zeit, wo sich die Strukturen schnell ändern und ein übermässiges Festhalten am Alten gefährlich sein kann. Gerade in diesem Zusammenhang kann Ihnen dieser Aspekt die Fähigkeit geben, sich selbst treu zu bleiben und von alten Normen und Verhaltensregeln unabhängig zu werden. Dies ist eine gesunde Tendenz, sofern sie wirklich Ihre Persönlichkeit zum Ausdruck bringen und nicht einfach aus Auflehnung handeln. Fragen Sie sich daher immer wieder, ob Sie aus dem Bedürfnis nach Echtheit und Treue zu sich selbst handeln, oder ob Sie sich ganz einfach gegen die Ansprüche der andern sträuben. Herrscht die zweite Variante vor, werden Sie langfristig wohl kaum etwas erreichen, da Sie Ihre Umwelt provozieren und Aerger auslösen. Es wird bei diesem Aspekt also wichtig sein, eine gewisse Selbstdisziplin zu entwickeln und sich des öfteren zu fragen, ob Sie die Freiheiten, die Sie für sich selbst in Anspruch nehmen, auch anderen zugestehen würden, und ob Sie auf diese Weise wirklich zu Ihrer Mitte finden. Erst diese Selbstzentriertheit wird Ihnen die Kraft geben, die Individualität der andern nicht als bedrohlich zu empfinden. Deshalb wird dieser Aspekt sein Positivstes hergeben, wenn er in Verbindung mit Selbstdisziplin gelebt wird, wenn Ihr Handeln auf geistige Ziele gerichtet ist und nicht lediglich kurzfristige Auflehnung zum Ausdruck bringt.

Ihr mutiges Wesen kann sich am besten in einer Beschäftigung ausdrücken, welche Originalität, Improvisationstalent und Erfindungsgabe erheischt. Das Altbewährte und Bekannte zieht Sie weniger an, als die Suche nach neuen Wegen, die dem Zeitgeist entsprechen, oder die Vorwegnahme künftiger Entwicklungen. So werden Sie in vielen Belangen Ihrer Zeit voraus sein, so dass Ihre Umwelt manchmal Mühe hat, Ihr Verhalten zu verstehen.

Dieser Aspekt führt auch zu einer Intensivierung Ihrer Sexualität und einer Vorliebe für das Unerwartete und Faszinierende. Insbesondere beim männlichen Geschlecht fördert er eine impulsive Eroberungslust.

Der Mars im Spannungsaspekt zum Uranus

Mit einem Spannungsaspekt zwischen Mars und Uranus suchen Sie Originalität und Aufregung in Ihrer Tätigkeit und auf Ihrem Lebensweg. Dies kann sich auf zwei verschiedene Arten abspielen: Entweder leben Sie Originalität, Individualität und Kreativität selbst, oder Sie sind eher der ruhige Pol und suchen diese Eigenschaften, privat oder beruflich, im Kontakt zu anderen Menschen, die diese Qualitäten besitzen. Welche Variante vorherrscht, hängt davon ab, ob in Ihrem Horoskop eher die aktiven Yang-Zeichen und -Häuser oder die passiven Yin-Zeichen und -Häuser besetzt sind.

Bei der aktiven Variante dürften Sie die andern, insbesondere Autoritätspersonen, als eine Bedrohung für Ihre eigene Freiheit und Individualität empfinden. Sie haben den Eindruck, dass Sie ständig kämpfen müssen, um Ihre Eigenart durchzusetzen. So befinden Sie sich oft in einer Wettbewerbssituation mit andern, wobei Ihre Reizbarkeit Sie manchmal zu unüberlegten Handlungen veranlassen mag. Dieses Verhalten wird vorherrschen, solange Sie sich nicht aufgrund Ihrer Leistungen ein einigermassen solides Selbstwertgefühl erarbeitet haben. Bis zu diesem Punkt werden Sie gegenteilige Meinungen meist als Bedrohung ansehen, weil Sie noch nicht wissen, wie Sie Ihre originellen Gedanken in der Praxis durchsetzen können. Ihr übereiltes Vorgehen mag Sie auch dazu veranlassen, viele Unternehmungen vor deren Vollendung abzubrechen. Sie wollen im Schnellzugstempo durch die Welt rasen und haben Mühe, sich damit abzufinden, dass die Verwirklichung Ihrer Ideen Zeit und Geduld braucht. Es stört Sie, dass die anderen weniger schnell reagieren, und dies macht Sie oft überheblich, ungeduldig und gereizt.

Ihr Wachstum wird jedoch einsetzen, wenn Sie Selbstkontrolle üben. Sie müssen lernen, sich bewusst zu entscheiden, anstatt gezwungenermassen auf die Situationen zu reagieren, in die Sie unbewusst hineingeraten sind.

Wie erwähnt, besteht jedoch die Möglichkeit, dass Sie diesen Aspekt nicht selbst leben, sondern ihn über äussere Situationen und andere Menschen erfahren (Projektion). In diesem Falle mögen Sie selbst recht ruhig, ordentlich und konventionell sein, ziehen jedoch Menschen an, welche Ihre Ruhe immer wieder in Frage stellen. Es scheint, als ob die anderen Sie ständig dazu auffordern würden, fast gegen Ihren Willen Spontaneität und Schlagfertigkeit zu entwikkeln. Dann besteht Ihre Aufgabe darin, sich dieser projizierten Seite bewusst zu werden, so dass Sie sie immer mehr bei sich selbst zulassen können und somit weniger zum Spielball einer unberechenbaren Umgebung werden.

Wie sich Uranus im Spannungsaspekt zu Mars in Ihrem Horoskop auch manifestieren mag, er fordert Sie dazu auf, Aufgaben anzugehen, die die Befreiung von gesellschaftlichen Vorurteilen zum Ziele haben, und weniger irgendwelchen Normvorstellungen, als Ihrer inneren Stimme zu folgen. Sie werden diesen Aspekt erst dann voll erfüllen, wenn Ihre Tätigkeit Ausdruck Ihrer eigenen Originalität wird, und Sie Ihre Sicherheit und Motivation nicht mehr in dem suchen, was allgemein akzeptiert ist und zur Norm gehört, sondern in Ihrem Individualismus. Je reiner sich die Qualitäten des geistigen Uranus-Prinzips in Ihrem Handeln manifestieren, umso eher kann Ihre Intuition spielen und Sie zu einem instinktiv richtigen Verhalten befähigen. Möglicherweise besitzen Sie manchmal auch die Fähigkeit der Vorausschau. Dies kann Sie zu einem aktiven Verfechter des Zeitgeistes machen, der sich nicht lähmen lässt durch die Last der Vergangenheit. Ihre Selbstzentriertheit gibt Ihnen den Mut, notfalls auch die Nabelschnur zur gesellschaftlichen Sicherheit zu durchschneiden.

Mit diesem Aspekt werden Sie sich in einer Tätigkeit bewähren können, welche Erfindungsgabe und Originalität verlangt. Dies kann Ihnen gute Ansätze verleihen, sowohl für Technik und Elektronik als auch für Psychologie. Sollten Sie jedoch im Bereich der Wirtschaft tätig sein, so dürften Ihnen insbesondere Kaderpositionen liegen, welche schnelle und intuitive Entscheidungen erheischen. Falls Ihre Vorbildung dafür jedoch nicht ausreicht, so mögen Sie sich auch der Werbung oder dem Aussendienst im Verkauf zuwenden, da diese Aufgaben mehr Freiheit ermöglichen als die Routine des Innendienstes.

Was Ihre privaten Partnerschaften anbelangt, so dürfte ihr Beziehungsschicksal bewegt und von plötzlichen Anziehungen geprägt sein. Das Bedürfnis nach Intensität und individueller Entwicklung in einer Beziehung dürfte so stark sein, dass Sie Partnerschaften, welche zur Routine werden, ohne allzu grosse Schwierigkeiten zurücklassen. Dies wird insbesondere dann der Fall sein, wenn man versucht, Sie in ein Korsett von Erwartungen und Zwängen zu pressen.

Der Mars im harmonischen Aspekt zum Uranus

Ein harmonischer Aspekt zwischen Mars und Uranus gibt Ihnen ein starkes Bedürfnis, Ihre eigenen Wege zu gehen. Sie sind voller Neugierde, und Ihr Interesse ist auf das Leben ausgerichtet. So werden Sie bemerkt haben, dass Sie eher durch Erfahrung lernen, als durch das Wissen, das Ihnen andere vermitteln. Sie lieben Aufregung und sind experimentierfreudig. Ihre Anregungen schöpfen

Sie oft aus der vorliegenden Situation, und wenn Sie beschlossen haben, was Sie tun wollen, so handeln Sie ohne Zögern. So haben Sie auch Mühe mit Leuten, die sich keine Meinung bilden können und ständig zaudern.

Was Ihnen Schwierigkeiten bereitet, ist die Routine, und so kann es Ihnen auch schwerfallen, ein Projekt nach dem Erlöschen eines anfänglichen Interesses zu Ende zu führen. Dies kann bewirken, dass Sie vielen Menschen Anregungen geben, dass andere jedoch Ihre guten Ideen und Impulse schliesslich selbst in die Praxis umsetzen. Sie werden sich deshalb am besten in einer Arbeit bestätigen, wo es darum geht, erfinderisch zu sein und Dinge in Gang zu bringen, welche dann von andern ausgeführt werden. Versuchen Sie dennoch, sich etwas zu disziplinieren, damit Sie nicht durch Leute, welche praktischer veranlagt sind als Sie, um die Früchte Ihrer Entdeckungen gebracht werden. Dies wäre jedenfalls eine ernsthafte Forderung, falls Sie sich selbständig machen möchten, was Ihnen zweifellos langfristig ein Anliegen sein dürfte.

Ihr Energiepegel ist hoch, und Sie werden Ihre Ungeduld in Schach halten müssen. Am geeignetsten sind für Sie Beschäftigungen, welche Spontaneität, Originalität und Individualität verlangen. Sie sind stärker auf das Jetzt und die Zukunft ausgerichtet, als auf die Vergangenheit und eignen sich deshalb besonders für Forschungs- und Entwicklungsarbeiten. Bereiche, welche eine Begabung für Technik oder Elektronik erfordern, aber auch solche, die im Zusammenhang mit der individuellen Entwicklung des Menschen stehen (z. B. Psychologie), werden Ihnen besonders liegen. Sie werden sich immer dort bewähren, wo es darum geht, neue Wege zu finden, die mit der Vergangenheit brechen. Wenn man versucht, Sie in ein bewährtes Schema zu pressen und Ihnen eine Routine aufzwingen möchte, mögen Sie rebellieren und sich von der harten Seite zeigen. Sie werden sich am ehesten an die Arbeit machen, wenn man Ihnen den Eindruck lässt, die neue Idee stamme von Ihnen. Dann fühlen Sie sich motiviert und können Hervorragendes leisten.

Mars-Neptun-Aspekte

Mars Konjunktion Neptun

Ihr Tatendrang braucht weite Horizonte, und Sie müssen romantischen oder geistigen Zielen nachgehen können. Sie haben den Wunsch, Ihre Träume in den Bereich Ihrer Tätigkeit einzubringen. Wie zufrieden Sie mit Ihrem Leben sind, wird daher davon abhängen, ob es Ihnen gelingt, Ihre Visionen in der Wirklichkeit zu aktualisieren. Vielleicht ist dies ein Endziel; aber Sie sollten es fertigbringen, Schritt für Schritt darauf hinzusteuern. Dies wird Ihnen umso leichter gelingen, je besser Sie mit der konkreten Wirklichkeit zurechtkommen. Eine Disziplinierung ist deshalb notwendig, und es wird wichtig sein, dass Sie ob dem Ziel nicht den Weg vergessen, der dazu führt. Eine Haltung von »Der

Zweck heiligt die Mittel« wäre hier genau das Verkehrte. Die Gesinnung ist hier nämlich das Ausschlaggebende. Wenn Sie deshalb etwas vorhaben, sollten Sie Ihre Motive prüfen. Sind diese rein egoistischer Natur und unethisch, so lassen Sie besser die Hände davon. Sie würden sonst notgedrungen in Verstrikkungen hineinlaufen, und eine allgemeine Vernebelung wäre die Folge. Ihr angeborener Spürsinn und Ihre Phantasie würden dann durch Ihr Wunschdenken verfälscht, und das, was Sie für wahr halten, wäre lediglich der Ausdruck Ihrer Projektionen. Wenn Sie eine Haltung des Dienstes an der Sache entwickeln können, werden Sie den Gefahren dieses Aspektes, welche mit Tätigkeiten an der Grenze des Erlaubten oder des Gesetzes zu tun haben, entgehen können. Eine unethische Handlungsweise würde in Ihnen auch automatisch unbewusste Aengste zu Tage fördern, welche Sie von innen heraus zu Fall bringen könnten.

Eines der Hauptprobleme mit diesem Aspekt ist Ihre Tendenz, leicht entmutigt zu sein. Wenn Sie nicht an etwas glauben können, fühlen Sie sich schwächer als andere, und Sie sind durch die Konfrontation mit anderen Standpunkten leicht aus dem Sattel zu werfen. Sie haben Angst, im Wettbewerb zu unterliegen. So können Sie nur Ihr Bestes leisten, wenn Sie das Gefühl haben, einer grosszügigen Sache oder Ueberzeugung zu dienen. Wenn Sie also die Neigung zur Resignation haben, ist dies ein sicherer Hinweis darauf, dass Sie immer noch auf der Suche nach dem Ziel sind, für das Sie sich einsetzen möchten. Fehlt Ihnen ein solches Ziel, so kann diese Konstellation auch in dem Sinne wirken, dass Sie jede offene Konfrontation mit andern vermeiden und sich allzu gerne vor offenen Auseinandersetzungen drücken. Dies könnte Ihnen den Ruf von jemandem einbringen, der die Dinge nicht beim Namen nennt und es auf übertriebene Weise allen recht machen will. Dies dürfte sich vor allem in Bereichen manifestieren, in denen Sie sich nicht sehr sicher fühlen und befürchten, es mit einem stärkeren Gegner zu tun zu haben.

Auf Gebieten, wo Sie Herr der Lage sind, können Sie andererseits eine sehr grosszügige und selbstlose Haltung zeigen. Sie werden anderen helfen, wann immer Sie können.

Wie Ihre Entwicklung auch immer sein mag, Sie werden sich vor utopischen Zielen, die vorwiegend mit Ihrer reichen Phantasie zu tun haben, in acht nehmen müssen. Auch wird es wichtig sein, dass Sie sich mit dem Diktat Ihrer Triebe auseinandersetzen, welche oft so vielfältig und unklar sind, dass sie Sie in Abenteuer führen könnten, die Sie sich im voraus gar nicht wünschten.

Der Mars im Spannungsaspekt zum Neptun

Mit diesem Aspekt geraten Ich-Behauptung und Ich-Durchsetzung in ein Spannungsverhältnis zur Dimension des Entgrenzenden und Ideellen. Die Anforderungen dieses Aspektes nach Verwirklichung von geistigen Zielen (Neptun) unter aktivem, persönlichen Einsatz (Mars), verlangen eine solide Erziehung, beziehungsweise viel Selbstdisziplin und eine gute Verankerung in der materiellen Welt. Dann wird es möglich, Inhalte aus dem Unbewussten und dem Bereich des Traumes in Ihre Tätigkeit einzuschleusen oder sich eine entfernte Vision zu eigen zu machen, die man allmählich in der praktischen Welt zum Erblühen bringt. Tatsächlich ist diese Stellung in den Horoskopen von zahlreichen Künstlern sowie Publikumsfiguren, insbesondere der Fernseh- und Filmwelt stark vertreten. Da dieser Aspekt insbesondere die Animus-Ausstrahlung mit träumerischen Qualitäten versehen kann, kann er einem männlichen Filmstar helfen, dass seine Erscheinung (Mars) das empfängliche Publikum (Neptun) verführt. Ueberhaupt kann dieser Aspekt einem Mann verführerische Qualitäten verleihen, im positiven wie auch im negativen Sinn. Das Bedürfnis zu verführen kann auch deshalb besonders intensiv sein, weil er zutiefst an seiner sexuellen Kraft zweifelt und Bestätigung von Seiten der Aussenwelt braucht. Bei einer Frau bedeutet dieser Aspekt hingegen auf der Beziehungsebene ein Angesprochensein von Männern, welche solche verführerischen Qualitäten besitzen. Da der Mars zu tun hat mit der aktiven Sexualität, bewirkt ein Spannungsaspekt des Neptun auch, dass die sexuellen Phantasien und Projektionen sehr intensiv sind. Dies kann bei beiden Geschlechtern zu einer Bereitschaft für Abenteuer führen, umsomehr, als Sexualität als etwas höchst Entgrenzendes erlebt wird.

Je nachdem, wie gut Ihre Verankerung in der Wirklichkeit ist, werden Sie also mit diesem Aspekt zum tätigen Idealisten und zum praktischen Visionär oder zum unzuverlässigen Träumer, der Mühe hat, sich an Normen zu halten und dazu neigt, sich von Illusionen berauschen zu lassen. Je besser Sie Ihre Ausdrucksmittel entwickelt haben, umso eher werden Sie Ihre Intuition positiv einsetzen können. Je stärker Sie davon beseelt sind, nicht nur sich selbst, sondern auch anderen zu helfen, umso mehr wird Ihr moralisches Niveau dafür sorgen, dass Sie nicht in eine Haltlosigkeit verfallen, die tatsächlichen zu den niederen Manifestationen dieses Aspektes gehört. Darum unterstützt dieser Aspekt positiv insbesondere helfende Berufe, sei dies beispielsweise Psychotherapeut, Arzt oder Krankenschwester einerseits und andererseits Berufe im Bereich des Künstlerischen, inklusive Film, Fernsehen und Theater. Er kann auch dem tätigen Esoteriker, der verborgene Gehalte an die Oberfläche schafft, eine willkommene Unterstützung seiner Intuition bedeuten. Wichtig ist dabei allerdings, dass Esoterik nicht als Machtmittel eingesetzt wird, um damit Minderwertigkeitsgefühle abzureagieren.

Der Mars im harmonischen Aspekt zum Neptun

Ihr Durchsetzungsbedürfnis paart sich mit Feinfühligkeit, so dass Sie nicht so aktiv sind, wie Sie es vielleicht möchten. Möglicherweise wollen Sie mehr erreichen, denken aber gleichzeitig, dass sich das nicht lohnt und dass die Anstrengung dafür zu gross ist. So mögen Sie auch Mühe haben mit Leuten, welche egoistisch sind, und die für ihren eigenen Vorteil arbeiten. Sie sind im Gegensatz dazu eben eher ein Idealist und neigen dazu, angesichts einer ungünstigen Situation eher zu warten, bis sich die Umstände gebessert haben.

Ihre Sensibilität und Einbildungskraft macht Sie gleichzeitig sehr geeignet für alle Betätigungen, bei denen es darum geht, auf das vorhandene Material oder Gegenüber einzugehen und sich seinen Gegebenheiten anzupassen. Sie haben gute Fähigkeiten, um beispielsweise als Psychotherapeut oder Pädagoge tätig zu sein. Auch Musik, Kunst und Dichtung könnten Ihnen liegen. Auf alle Fälle werden Sie sich besser in einem Bereich bestätigen können, bei dem es darum geht, mit Menschen und ganz allgemein lebendigen Dingen umzugehen, welche taktisches Fingerspitzengefühl erfordern. Ihr Bedürfnis, zu helfen und Ihre Einfühlungsgabe können Sie dazu befähigen, auch schwierige psychologische Situationen zu meistern. Selbst in einer verkaufsorientierten Tätigkeit wird Ihnen Ihr Eingehen auf den Gesprächspartner helfen, Argumente einzusetzen, die auf seine Bedürfnisse abgestimmt sind. Dies gilt auch für Politiker und ganz allgemein für Publikumsfiguren, die mit diesem Aspekt besondere Befähigungen haben, das Image zu zeigen, das von ihnen erwartet wird. Weniger geeignet wären für Sie hingegen Aufgaben, in denen es darum geht, möglichst sachlich mit einem trockenen und nüchternen Material umzugehen. Sie könnten hier etwas unpraktisch wirken und dürften einer solchen Tätigkeit kaum grosse Befriedigung abgewinnen. Sie brauchen in Ihrer Arbeit ein Gefühl von Weite und von grosszügigen Horizonten.

Eines Ihrer wichtigsten Probleme wird darin bestehen, wie Sie mit den Aggressionen anderer umzugehen verstehen. Hüten Sie sich davor, ins Schlepptau stärkerer Persönlichkeiten zu geraten, die ihren Willen um jeden Preis durchsetzen wollen. Wenn Sie das tun, so werden Sie Ihren Idealen nicht zum Durchbruch verhelfen, und dies wäre schade, denn gerade in einer materialistischen Welt sind Ihre Fähigkeiten sehr vonnöten.

Mars-Pluto-Aspekte

Mars Konjunktion Pluto

Bei diesem Aspekt verbinden sich Antrieb und Bedürfnis nach Selbstdurchsetzung mit Motiven und Inhalten aus dem kollektiven Unbewussten. Diese Themen, die archetypischen Charakter haben, sind normalerweise schwer in unser Bewusstsein integrierbar und bleiben deshalb zum grossen Teil unbewusst. So können wir sagen, dass bei diesem Aspekt das Handeln ursprünglich stark von unbewussten, instinkthaften Seelenschichten beeinflusst ist, was sich in Reaktionen zeigen kann, die für einen selbst und die Umwelt ziemlich unverständlich sind. Allerdings kann die Angst vor den damit verbundenen explosiven

Ausbrüchen eine Zensur auf den Plan rufen, welche eine Unterdrückung dieser Regungen ermöglicht. So entstehen bei diesem Aspekt viele Probleme letztlich aus dieser Unterdrückung der Spontaneität bei sich selbst und bei anderen.

Eine Konjunktion zwischen Mars und Pluto bedeutet meistens, dass während der Kindheit Machtkonflikte mit den Eltern, insbesondere mit dem Vater, erlebt wurden. Sie mussten früh feststellen, dass zwischenmenschliche Beziehungen oft darauf ausmünden, dass man entweder der Stärkere oder der Schwächere ist. Als Kind waren Sie damals der Kleinere und mussten sich dem Willen eines dominanten Elternteils beugen. Sie konnten dabei wahrscheinlich beobachten, wie dieser Elternteil offen oder mit subtiler Manipulation Macht und Kontrolle über Sie, wie auch über andere auszuüben versuchte. So war die frühe Entscheidung naheliegend, später selbst Macht über andere anzustreben. Dies ist ein natürlicher Prozess, und es ist ganz legitim, dass Sie, um von diesem frühen Trauma loszukommen, die umgekehrte Situation kennenlernen wollen. Problematisch ist hingegen, dass Sie wahrscheinlich auch das Verhalten dieses dominanten Elternteils übernehmen, und glauben, dass Sie sich nur durchsetzen können, indem Sie andere kontrollieren und beherrschen.

So wäre je nach Ihrem jetzigen Alter eine Neuentscheidung fällig, indem Sie erkennen, dass Sie jetzt aufgrund Ihrer grösseren Möglichkeiten als Erwachsener andere Alternativen haben als dieses alte, schon früh erlernte Verhaltensschema zu wiederholen. Sonst werden Sie nämlich in Ihrer Umwelt Machtkonflikte erzeugen, wobei sich die anderen offen oder heimlich Ihrer Kontrolle entziehen, und Sie dann zurückbleiben als Herrscher ohne Untertanen, als König ohne Königreich. Heimlich wird die Abwendung oft deshalb sein, weil Ihr Verhalten so zwanghaft und Ihnen selbst so wenig bewusst ist, dass es anderen schwer fällt, Ihnen dies offen aufzuzeigen.

Ihr Wachstum wird dann einsetzen, wenn Sie erkennen, dass das Kontrollieren Ihrer Umwelt sehr viel Kraft erfordert, eine Kraft, die Ihnen sonst für Ihre eigene Entwicklung und Verwandlung zur Verfügung stehen würde. Sie könnten sich damit ganz anderes zumuten, insbesondere gewagte Unternehmungen, welche Mut und Risikobereitschaft erfordern.

Eine ethische Entwicklung, sowie eine Orientierung auf überpersönliche Ziele hin ist hier sehr wichtig, durch die Sie zur Einsicht kommen könnten, dass Ihre Errungenschaften nur dann Gültigkeit haben, wenn Ihnen nicht nur Ihre eigene Befriedigung, sondern auch das Wohl der anderen am Herzen liegt. Es handelt sich also um die Erkenntnis, dass Sie sich erst dann an Ihren Leistungen nachhaltig erfreuen können, wenn diese einen sozialen und dem Gemeinwohl zuträglichen Charakter haben. Somit wird auch das Thema der Verantwortlichkeit angesprochen.

Da auch die Sexualität ein Ausdruck der Mars/Pluto-Kraft ist, wird dieses Thema auch im Bereich Ihrer intimen Beziehung eine Rolle spielen. So könnte das Bedürfnis nach Kontrolle und Absicherung im Bereich des Sexuellen – einem Bereich, wo es keine Absicherung geben kann, sondern das Spielerische und Gegenseitige überwiegen sollte – zu einem Versuch führen, den Partner über die Sexualität beherrschen zu wollen. Dies würde zu einem Erlöschen der Spontaneität in Ihrer Beziehung führen.

Es handelt sich bei diesem Aspekt also um eine geballte Kraft, für die überpersönliche und soziale Ventile geschaffen werden sollten, damit sie sich nicht selbstzerstörerisch manifestiert. Der wesentliche Wachstumsprozess setzt dann ein, wenn Sie bereit sind, auf eine Haltung, die alles auf Macht und Kontrolle setzt, zu verzichten.

Der Mars im Spannungsaspekt zum Pluto

Mit diesem Aspekt mussten Sie schon früh erleben, wie Ihr Wille, der auf Selbstdurchsetzung ausgerichtet war, durch Autoritätspersonen gebremst wurde. Wahrscheinlich fanden heftige Konflikte mit Ihrem Vater statt, der Ihnen seinen Willen aufzwingen und Ihr ungestümes Temperament unterdrücken wollte. Wahrscheinlich hat dies Ihren Willen jedoch nicht gebrochen, sondern Sie dazu angespornt, mit Hindernissen umgehen zu lernen. Diese Erfahrung dürfte in Ihnen ein unersättliches Bedürfnis nach Gerechtigkeit geweckt haben, und Sie fühlen sich vielleicht von einem »heiligen Fieber« ergriffen, sobald es darum geht, etwas zu bekämpfen, das Ihnen ungerecht erscheint. Dies kann Sie für soziale Aufgaben motivieren und Ihnen viel Energie geben.

Diese frühkindlichen Situationen weckten schon bald Ihr Bedürfnis, sich gegen Schwierigkeiten durchzusetzen, und trotz äusserer Widerstände eine besondere Stellung in dieser Gesellschaft einzunehmen. Sie hängen an heroischen Vorbildern, welche Sie dazu anspornen, über sich selbst hinauszuwachsen, und Ihr späterer Erfolg hängt wesentlich mit dieser starken Motivation zusammen. Wenn Sie Ziele in erster Linie aus einem persönlichen Interesse heraus verfolgen, sind Sie oft etwas ungeschickt und fordern andere häufig zu Widerstand heraus. Sollten Sie Ihre Energien gar zu unterdrücken versuchen, so können Sie äussere Gewalt anziehen, auch wenn Sie dies bewusst nicht suchen. So geht es darum, dass Sie die Energie dieses Aspektes auf kontrollierte und überpersönliche Art einzusetzen verstehen, ohne sie unterdrücken zu wollen. Dies kann Ihnen beispielsweise gelingen, wenn Sie sich für Dinge einsetzen, welche nicht nur Ihnen, sondern der ganzen Gemeinschaft zugute kommen, und wenn Sie in Ihrer Arbeit über sich selbst und Ihre kleinlichen Sorgen hinauswachsen können. Dazu gehört ein ethisches Verhalten, damit die anderen nicht gegen Sie vorgehen.

Sollten Sie beispielsweise nach der Vorstellung verfahren, dass das Ziel die Mittel rechtfertigt, so würden Sie damit Schiffbruch erleiden. Die Aussenwelt wird es nicht zulassen, dass Sie ungerechtfertigte Abkürzungen wählen und soziale Spielregeln verletzen. Erst wenn Sie sich einer Aufgabe widmen, die Ihnen so wichtig und bedeutsam erscheint, dass kleinliche Aengste um Ihre Person in den Hintergrund treten, wird Ihnen die gewaltige Kraft, die in diesem Aspekt steckt, zufliessen. Sie haben dann die Möglichkeit, quasi Uebermenschliches zu leisten. Solange Sie jedoch in erster Linie für Ihre eigene Person sorgen und bei jedem Schritt ängstlich auf die Reaktionen Ihrer Umwelt spähen, gleichzeitig jedoch ständig Bestätigung erwarten, werden sich Ihnen Widerstände entgegenstellen.

In einem sozialen Engagement für Gerechtigkeit und Humanität könnten Sie Ihr Geltungsbedürfnis verwirklichen, ohne sich selbst und anderen zu schaden. Dann kann Ihr enormer Durchsetzungswille konstruktiv wirken und integriert werden, womit auch das Problem des Machtmissbrauchs, der bei diesem Aspekt zu befürchten ist, ausgeschaltet wird. Gelingt Ihnen dies, können Sie Leistungen erbringen, die dem Durchschnitt versagt bleiben. Sie könnten dann als eine »Naturkraft« in Erscheinung treten, welche die Welt um sich herum ganz wesentlich verändert. Das Kriterium ist dabei lediglich, dass diese Veränderungen auch den anderen zugute kommen, was eben einen sehr wachen Gerechtigkeitssinn erheischt.

Der Mars im harmonischen Aspekt zum Pluto

Dieser Aspekt verleiht Ihnen viel Energie und Beharrlichkeit beim Verfolgen Ihrer Ziele. Wenn Sie etwas begonnen haben, geben Sie nicht so leicht auf, auch wenn sich Ihnen Widerstände entgegensetzen. Indem Sie die geheimen Motivationen anderer leicht durchschauen, können Sie die Schwierigkeiten, die sich Ihnen in den Weg stellen, oft untergraben, ohne dadurch Widerstand auszulösen. Sie haben viel Selbstvertrauen und erscheinen andern als starke Persönlichkeit. Auch dieser Aspekt ermöglicht es Ihnen, Zuwendung und Gefolgschaft zu erlangen.

Sie sind geduldig, wenn es darum geht, andere zu überzeugen und begnügen sich keineswegs mit oberflächlichen Erklärungen und Antworten. Stossen Sie auf Widerspruch, so werden Sie Fragen stellen, bis Sie für sich selbst Klarheit gewonnen haben. Diese Gründlichkeit mag andern zeitweise lästig sein, doch wird Ihre Zielsetzung, aufkommende Probleme von Grund auf zu lösen, im allgemeinen anerkannt.

Am besten werden Sie sich im Bereich sozialer, therapeutischer oder organisatorischer Aufgaben bestätigen können. Ihre Tiefgründigkeit, Ihr Mut und Ihre Beharrlichkeit beim Verfolgen Ihrer sozialen Ziele, dürften anderen Respekt einflössen. Wichtig wird dabei jedoch die Erkenntnis sein, dass andere ihr Leben nach einem gemächlicheren und weniger konsequenten Schema abwickeln möchten als Sie selbst. So sollten Sie von andern nicht automatisch dieselben Leistungen und dieselbe Zielgerichtetheit verlangen, welche Sie von sich selbst erwarten. Schauen Sie dabei auch, dass Sie Leistung nicht überbewerten, und das spielerische und spontane Element dabei vernachlässigen. Sonst könnten Sie zu einem Leistungsfanatiker heranwachsen, der sich selbst, wie auch andere ständig überfordert.

Im grossen und ganzen ist dieser Aspekt recht positiv zu werten. Er verleiht Ihnen eine gewaltige Kraft und die Fähigkeit, in Ihrem Leben auch etwas zu ändern, wenn dies einmal nötig werden sollte. Auch fördert er eine robuste Gesundheit, die von einem beträchtlichen Triebreservoir schöpft.

Die Aspekte des Jupiter

Der Jupiter symbolisert astrologisch das Prinzip des Wachstums, den Glauben, sowie die Fähigkeit, die Dinge in einem grösseren Zusammenhang zu sehen. Richtig gelebt, fördert er eine Haltung, die von Reife und Weisheit zeugt. Diese schlägt sich in Güte und Expansivität nieder, welche wiederum Reichtum und Fülle bringt. Unter dem Einfluss des Jupiters ist man bestrebt, mit den gegebenen Umständen und Mitteln das Bestmögliche zu erreichen. Im Zusammenhang mit diesen Eigenschaften werden meist auch die Spannungsaspekte vorwiegend auf angenehme Weise erlebt. Auch diese ziehen eine expansive Haltung nach sich, welche grundsätzlich auf Verbesserung und Ausweitung des Horizontes ausgerichtet ist. Es besteht jedoch die Gefahr, dass Sie übertreiben und dass die Realität sich schwerlich mit den Erwartungen deckt. In solchen Fällen besteht die Gefahr, dass man sich, um dem grauen Alltag zu entfliehen, in eine Phantasiewelt begibt. Solche Projektionen führen dann unweigerlich zu Enttäuschungen. Man hält dann möglicherweise am Idealbild, das man von sich hat, fest, und macht anderen, wie sich selbst etwas vor. Solche Manifestationen sind jedoch nicht die Regel, und in den meisten Fällen gelingt es, von den fördernden Jupiterkräften zu profitieren.

Bei den Aspekten des Jupiters geht es um die Frage, welche Thematik zu erwarten ist, wenn das Streben nach Wachstum und Expansion durch die eine oder andere planetarische Kraft gefördert oder beeinträchtigt wird.

Jupiter-Saturn-Aspekte

Jupiter Konjunktion Saturn

Mit einer Konjunktion zwischen Jupiter und Saturn ist es Ihnen wichtig, nicht in der Routine zu erstarren, sondern sich für künftige Ziele einzusetzen. Sie haben hohe Ambitionen und müssen daher für die Verwirklichung Ihrer Ideale arbeiten. Das Leben macht es Ihnen dabei nicht unbedingt leicht; Sie müssen sich Ihre Erfolge erkämpfen und Widerstände in sich selbst, wie in den äusseren Umständen überwinden. Diese können beispielsweise die Form einengender familiärer oder sozialer Verhältnisse annehmen.

Sie haben eine Vision von dem, was Sie sein möchten und vielleicht auch davon, wie ein grosszügigeres Leben aussehen könnte. Sie verfügen auch über die Möglichkeit, diese Vision allmählich umzusetzen, doch müssen Sie vorerst eine gewisse Selbstkontrolle entwickeln. Andernfalls besteht die Gefahr, dass Sie erst optimistisch in Idealvorstellungen schwelgen, in einer pessimistischen Phase jedoch darob verzweifeln, dass der Alltag so grau und einengend ist.

Bei diesem Aspekt müssen Realität und Ideal miteinander in Einklang gebracht werden, was nur durch Arbeit an sich und Ihren Zielen möglich ist. Resignation oder Flucht in eine Traumwelt sind daher keine Lösung. Je geistiger Ihre Ziele sind, desto eher wird Ihnen die Synthese gelingen.

Ihre Unzufriedenheit mit dem Erreichten ist eine positive Kraft, die Sie immer wieder dazu anspornt, mehr zu werden, als Sie heute sind. Diese Strebsamkeit ermöglicht oft eindrückliche Leistungen. Sie sind zäh und ausdauernd und lassen Ihre Ziele trotz Ihres zeitweiligen Pessimismus kaum aus den Augen. Das Wichtigste ist, dass Sie Ihre Hoffnung nie aufgeben und dennoch Realist bleiben.

Sie wollen keine unnötigen Risiken auf sich nehmen, sondern bauen Ihren Erfolg auf den jeweiligen Gegebenheiten auf. Auch wenn Sie sich manchmal gegen die Einschränkungen der Tradition sträuben, sind Sie kein Revolutionär, sondern höchstens ein Reformer. Sie arbeiten lieber nach bewährten Methoden als mit Hypothesen, die sich noch nicht als richtig erwiesen haben. Auf Ihrer Suche nach Erkenntnis lernen Sie daher viel aus der Vergangenheit und aus der Geschichte der Menschheit. Auch Gespräche mit älteren Menschen dürften Ihnen viele Einsichten bringen.

Sie haben eine Befähigung für Berufe, welche Zukunftsglauben und Optimismus, aber auch Respekt für die gesellschaftlichen Strukturen verlangen. Wenn Sie etwas Selbstkontrolle üben und Ihren Hang zum Uebertreiben kontrollieren, der in jungen Jahren vielleicht vorherrschte, können Sie eine Karriere einschlagen, die zur Verbesserung der Gesellschaft beiträgt. Bereiche wie Nationaloekonomie, Erziehungswesen oder Management liegen Ihnen wahrscheinlich besonders. Falls sich dieser Aspekt nicht in Ihrer Berufswahl niederschlägt, kann er in Form von Diskussionen über gesellschaftliche Probleme auch im Freizeitbereich gelebt werden.

Der Jupiter im Spannungsaspekt zum Saturn

Mit diesem Aspekt sind Probleme hinsichtlich Ihres Selbstwertgefühls wahrscheinlich. Möglicherweise wurden Sie als Kind von Eltern und Erziehern gebremst und in Frage gestellt. Ihre Ideen von Freiheit, Grosszügigkeit und spontaner Durchsetzung wurden von Ihren Erziehern nicht geteilt, sondern zurückgewiesen. So sahen Sie sich gezwungen, einen Kompromiss zu schliessen. Aus dieser Kindheitssituation können zwei verschiedene Verhaltensweisen resultieren:

Als erste Reaktion können die bremsenden Kräfte überhand genommen haben. Sie fügten sich der Uebermacht der Erzieher und glauben nun vielleicht nicht mehr so recht an Ihre dynamischen Möglichkeiten. Sie legen in erster Linie Wert auf Sicherheit und haben Ihre hochtrabenden Pläne mehr oder weniger an den Nagel gehängt. Diese brechen vielleicht in exaltierten Momenten oder in Ihren Hobbies noch durch, doch gehen Sie im allgemeinen davon aus, dass die materielle Wirklichkeit unser Verhalten zu diktieren hat.

Falls Ihre enthusiastische, zukunftsorientierte und überbordende Seite jedoch überwog, haben Sie sich zu einer kämpferischen Persönlichkeit entwikkelt, die es sich zum Ziel gesetzt hat, sich für das Prinzip der individuellen Freiheit einzusetzen. Ihre Unzufriedenheit mit den alltäglichen Einschränkungen dürfte Sie dann immer wieder dazu anspornen, Gesetze zu übertreten und Ihre Grenzen zu suchen, die Ihnen von den sozialen und menschlichen Umständen auferlegt werden. Sie reagieren heftig, wenn sich jemand Ihren Plänen in den Weg stellt, und gelten als masslos, was Sie letztlich von anderen isolieren könnte.

Welches Verhalten bei Ihnen auch überwiegt, Sie müssen sich in jedem Fall mit dem Aufbau eines gesunden Selbstwertgefühls auseinandersetzen, wenn Sie im privaten oder beruflichen Bereich keine Rückschläge hinnehmen wollen. Ihre impulsive Seite, die vorwärts drängt, muss mit der anderen Seite, welche auf die äussere Realität Rücksicht nimmt, verbunden werden. Dies ist nur möglich, wenn Sie bereit sind, aus negativen Erfahrungen zu lernen und die Gründe dafür bei sich selbst und nicht bloss in der Umwelt zu sehen.

Falls eine Synthese der beiden Seiten gelingt, sind Sie zu bedeutenden Leistungen fähig, die Ihnen zu echtem Selbstbewusstsein verhelfen. Sie suchen Ihre Bestätigung dann weniger in äusserem Zuspruch, der von anderen abhängig macht, sondern Ihre Sicherheit gründet in einem starken Glauben an sich selbst und an Ihre Fähigkeiten.

Dieser Weg ist nicht ohne Arbeit möglich, doch wird Ihr Einsatz für soziale und menschliche Ziele den beiden widerstreitenden Planetenkräften (Jupiter und Saturn) gerecht. Jupiter pocht auf Wachstum, Expansion und Grosszügigkeit, Saturn hingegen auf Pflicht, Einschränkung und Konzentration auf das Wesentliche.

Wenn Ihr Drang nach Expansion nämlich mit einer gewissen Selbstbeschränkung und der Konzentration auf das Essentielle verbunden wird, liegt einer harmonischen Bewältigung dieses Spannungsaspektes nichts mehr im Wege. Dann können Sie Ihre Vision eines grosszügigen Lebens durchsetzen, indem Sie auf das Altbewährte und die Tradition aufbauen.

Der Jupiter im harmonischen Aspekt zum Saturn

Mit diesem Aspekt verbinden sich fortschrittliches Denken und Zuverlässigkeit, sodass Sie in der Lage sind, neue Gedanken und Konzepte zu entwickeln, die auf dem Bestehenden aufbauen. Sie haben viel Geduld und können für ein lohnendes Ziel hart arbeiten.

Sie sind optimistisch und haben ein gesundes Selbstwertgefühl. Sie sind bereit, ein kalkuliertes Risiko einzugehen, doch realisieren Sie auch, dass selbst die ausgereiftesten Pläne nur in harter Arbeit realisiert werden können. Sie lassen sich kaum auf unüberblickbare Abenteuer ein, sondern halten sich an das Uebliche und Bewährte.

Mit Ihren Kräften gehen Sie sorgsam um, indem Sie Ihre Energiereserven für die entscheidenden Auseinandersetzungen aufsparen. So gehen Sie vieles besser und gekonnter an, als andere.

Trotz einer gewissen Vorsicht sind Sie mutig, wenn es um Wesentliches geht. Dies wird auch in Ihrem Verhältnis zu Vorgesetzten zum Ausdruck kommen: Sie akzeptieren Autorität, wenn diese begründet ist. Sind Sie begabter als Ihr Vorgesetzter, prellen Sie jedoch trotzdem nicht gleich vor, sondern verhalten sich diplomatisch und konstruktiv und warten Ihre Stunde ab. Ihr Verständnis für soziale Situationen sowie Ihre Begeisterungsfähigkeit und Menschlichkeit machen Sie zu einem guten Vermittler zwischen den Generationen. Sie verstehen es, überlieferten Werten Leben einzuflössen, so dass diese nicht wie tote Paragraphen erscheinen.

Im grossen und ganzen haben Sie deshalb gute Anlagen, um innerhalb des gegebenen sozialen Rahmens konstruktive Beiträge zu erbringen. Gebiete wie Nationalökonomie, Jurisprudenz, Erziehungswesen oder auch Management liegen Ihnen ganz besonders, sofern auch Ihre übrigen Anlagen eine entsprechende Dynamik zeigen.

Jupiter-Uranus-Aspekte

Jupiter Konjunktion Uranus

Eine Konjunktion zwischen Jupiter und Uranus deutet darauf hin, dass Sie in Ihrem Denken auf die Zukunft ausgerichtet sind. Sie haben gute Fähigkeiten, um Ihre individuellen Talente zu entwickeln, doch hängt Ihr Erfolg weitgehend davon ab, ob Sie zu sich stehen. Zukunftsglaube und ein individueller Auftrag sind für Sie sehr wichtig. Sobald Sie den Mut aufbringen, die nötigen Risiken einzugehen, können Sie mit einer glücklichen Hand rechnen, insbesondere im Zusammenhang mit Unternehmungen, welche der Zeit voraus sind, wie z. B. mit der Einführung von Neuheiten, Techniken und Methoden. Auch mögen Sie die Fähigkeit haben, Marktlücken aufzuspüren, welche für die meisten Ihrer Zeitgenossen noch nicht offensichtlich sind, die sich jedoch später als sehr lohnend erweisen. Es sollte Ihnen deshalb ein Anliegen sein, Ihre Ideale in die Tat umzusetzen. Vielleicht können Ihnen dabei Biographien von eindrücklichen Figuren aus der Vergangenheit dienen, die durch ihren Glauben an das Mögliche etwas gänzlich Neues verwirklichen konnten. Sie müssen sich dabei nicht an kleinliche Projekte halten, sondern können Ihren Blick durchaus auf Grosses richten. Ihre grosszügige Haltung, welche über manche Hindernisse hinweggeht, kann vieles ermöglichen, das zunächst aussichtslos erschien.

Sie tragen diese Visionen des Neuen in sich, und es wäre sehr schade, wenn Sie Ihre Energien nicht darauf ausrichten würden, diese in die Tat umzusetzen. Wenn Sie dies nicht wagen, besteht die Gefahr, dass Sie zynisch werden und an andern all das kritisieren, was Sie selbst nicht verwirklichen konnten.

Wichtig wird es für Ihren Werdegang sein, dass Sie sich schon früh das nötige Wissen aneignen, um einen eigenen Denkstil zu entwickeln, der Ihnen ermöglicht, Ihre Intuition besser zum Ausdruck zu bringen. Wenn Sie sich schon in der Jugend ein traditionelles Wissen angeeignet haben, werden Sie Ihren unabhängigen Standpunkt und Ihre Einfälle so anbringen können, dass Sie andere mitreissen und inspirieren. Dann wird die Umwelt Ihre jugendliche Haltung nicht mit Unreife verwechseln.

Mit Ihren Gaben mögen Sie sich sowohl der Politik, der Erziehung, als auch der Wirtschaft zuwenden. Ihr Interesse für soziale Fragen oder für Reformen im wirtschaftlichen System wird angespornt von einer Suche nach Gesellschafts- oder Organisationsformen, welche der menschlichen Freiheit mehr Spielraum lassen.

Im privaten Bereich sind Sie gerne bereit, andere das tun zu lassen, was diese wünschen, solange Sie sich dadurch nicht eingeschränkt fühlen. Dann sind Sie auch grosszügig und können andere Meinungen gelten lassen. Am wohlsten werden Sie sich mit Menschen fühlen, die ebenfalls progressive Gedanken zum Ausdruck bringen und deren Orientierung mit Enthusiasmus auf die Zukunft ausgerichtet ist. Pessimisten, aber auch reine Pragmatiker werden Ihnen weniger liegen, obwohl es manchmal von Vorteil wäre, wenn Sie Ratschläge von Menschen einholen würden, die mit beiden Füssen auf dem Boden stehen, und die Sie auf Details hinweisen, welche Sie in Ihren grosszügigen Entwürfen vergessen haben.

Der Jupiter im Spannungsaspekt zum Uranus

Ein Spannungsaspekt zwischen Jupiter und Uranus verleiht Ihnen ein rebellisches, unkonformistisches Verhalten. Sie haben Mühe mit den Massstäben der Gesellschaft und suchen ständig neue Ideale und Philosophien. Vielleicht wird Ihnen jedoch mit der Zeit bewusst, dass diese ungewöhnlichen Philosophien Ihnen oft lediglich dazu dienen, sich von der Masse abzuheben. Wenn Sie realisieren, dass Sie schon mehrere Theorien, die Sie voll überzeugten, fallen lassen mussten, weil diese versagten, spüren Sie vielleicht mit der Zeit, dass diese lediglich Erklärungsversuche oder Modelle der Wirklichkeit sein können. Letztlich müssen Sie sich Ihre eigene Meinung bilden, welche Sie niemandem abschauen können. Wenn Sie realisieren, dass jeder seine eigene innere Realität hat, und daher jeder sein eigener Meister sein muss, können Sie Anflüge von Fanatismus bezüglich der Ausschliesslichkeit Ihrer Ueberzeugungen besser ablegen.

Wahrscheinlich sind bei Ihnen schon ziemlich früh Begabungen hervorgetreten, welche die Umwelt in Erstaunen versetzten. Ruhen Sie sich jedoch nicht darauf aus, sondern setzen Sie Ihren Lernprozess fort. Wenn Sie sich so differenzieren und mässigen lernen, können Sie die Projekte, die Ihnen wichtig sind, zu Ende führen, und sich weniger verzetteln. Fremde Theorien können, wenn Sie nicht völlig integriert sind, nur vorübergehend Sicherheit vermitteln, und echte Sicherheit ist langfristig nur in Ihren eigenen, hart erarbeiteten Einsichten zu finden. Dies braucht wohl Zeit, doch sollten Sie sich diese nehmen, und sich nicht von Ihrem Bedürfnis nach Anerkennung verführen lassen. Sie haben glänzende Gaben, um im Leben etwas Besonderes und Originelles zu verwirklichen. Wenn Sie sich dies selbst erarbeiten, wird es jeder Kritik standhalten. Disziplin, Mässigung und Toleranz gegenüber anderen Anschauungen sind Qualitäten, die Sie weiterbringen werden. Vorher wird Ihr Streit mit Autoritätspersonen die »Glückskomponente«, die in diesem Aspekt steckt, jedoch des öfteren beeinträchtigen.

An welchem Punkt Ihrer Entwicklung Sie sich auch befinden, dieser Aspekt wird Ihnen helfen, Altes und Ueberholtes ohne viel Trauer zurückzulassen. Er weist in die Zukunft und garantiert dafür, dass Sie nicht an vergangenen Sicherheiten haften, sondern sich froh und mutig dem Neuen stellen.

Der Jupiter im harmonischen Aspekt zum Uranus

Ein harmonischer Aspekt zwischen Jupiter und Uranus gibt Ihnen einen weitblickenden Optimismus, der auf die Zukunft ausgerichtet ist. Sie streben nach vorne und haben viel Sinn für das Faszinierende, welches vor Ihnen liegt. Diese Begeisterung wird Sie davon abhalten, der Routine zu verfallen und Ihre Zukunft mit Vergangenem zu belasten. Sie sind in der Lage, mit immer neuem Auge eine Situation anzuschauen und können so Aspekte der Realität sehen, welche andern entgehen. So können Sie auch Gelegenheiten nutzen, welche andere Menschen gar nicht erst wahrnehmen, oder vor welchen diese zurückschrecken. In Ihrem Leben zählen Kreativität und Perspektive. Sie sind erfinderisch und haben als Optimist das Vertrauen, dass alles seinen Weg nimmt. Diese positive Lebenshaltung öffnet Ihnen viele Tore, und ein Element von Glück spielt in Ihre Verwirklichungen mit hinein.

Ihre Intuition kann Sie zu einem Unternehmer mit Blick auf die Zukunft und erfolgreichen Werbemethoden machen, aber auch zu einem Erzieher oder Pädagogen, der die Jugend mitzureissen vermag. Welchem Zweig Sie sich auch zuwenden, soziale, kulturelle und philosophische Elemente werden in Ihre Lebensorganisation mit hineinspielen. Sie sind kein Einzelgänger, sondern haben das Bedürfnis, Ihre grosszügigen Ziele zusammen mit andern anzugehen, insbesondere mit Menschen, welche Ihren Enthusiasmus teilen und welche in der Zukunft ebenfalls grosse Möglichkeiten erblicken. Sie brauchen Aktivität und

Abwechslung und suchen sich gerne interessante Menschen aus. Weil Sie selbst dynamisch wirken, wird Ihnen das auch nicht schwerfallen. Aufgrund dieser Charaktereigenschaften meiden Sie Routinearbeit. Da Sie aber bereit sind, auch anderen die Freiheiten zuzugestehen, die Sie beanspruchen, sollte Ihnen Ihr Freiheitsdrang wenig Probleme bereiten.

Jupiter-Neptun-Aspekte

Jupiter Konjunktion Neptun

Im Häuserbereich, wo die Konjunktion von Jupiter und Neptun stattfindet, neigen Sie zu viel Idealismus, aber auch zu starken Projektionen und einem vielleicht unrealistischen Verhalten. Sie haben etwas von einem Träumer, der dazu neigt, in seiner Phantasie eine Welt aufleben zu lassen, die schöner ist als die praktische Realität. Dies geht parallel mit einer optimistischen Haltung und einem Glauben, dass sich alles, was noch nicht so ist, wie Sie es gerne hätten, mit der Zeit schon zum besseren wenden wird. Diese Haltung hat den Vorteil, dass Sie selbst unter widrigen Umständen Ihren Glauben nicht verlieren, birgt jedoch die Gefahr einer unrealistischen Haltung in sich. So könnten Sie sich des öfteren von Ihren Mitmenschen enttäuscht fühlen, weil Ihre Erwartungen zu hoch geschraubt waren. Ihr Idealismus wirkt sich nämlich auch in Ihren Umweltkontakten aus. Sie bringen anderen viel Glauben und Vertrauen entgegen, erwarten aber ein ebenso offenes und uneingeschränkt entgegenkommendes Verhalten. Diese Haltung kann zu bitteren Enttäuschungen führen, weil gewisse Leute aus Ihrer Hilfsbereitschaft Kapital zu schlagen wissen.

Aus diesem Grunde ist es ausserordentlich wichtig, dass Sie ein möglichst realistisches Denken und Handeln entwickeln und eine regelmässige Erfolgskontrolle durchführen. Fragen Sie sich stets erneut, ob Ihre Wahrnehmungen auf der Wirklichkeit beruhen, oder ob sie lediglich Ausdruck Ihrer unrealistischen Wünsche sind. Wenn Sie merken, dass die Verwirklichung Ihrer Ideale nicht näher rückt, sondern sich Ihnen weiter entzieht, sollten Sie die Energie aufbringen, um einen neuen Kurs einzuschlagen. Dazu ist es wichtig, dass Sie Ihre Kräfte möglichst geballt einsetzen und sich von allen Mitteln oder Genussgiften distanzieren, die eine Flucht in die Traumwelt fördern können.

Je idealistischer und geistiger Ihre Lebensausrichtung ist, desto eher werden Sie Positives aus diesem Aspekt ziehen können. Gerade im mystischen und religiösen Bereich, wo das Ego zugunsten transzendentaler Erfahrungen zurückgelassen wird, kann dieser Aspekt solche Erfahrungen ganz wesentlich fördern. Er unterstützt eine feine Antenne für kosmische Zusammenhänge und selbstlose Liebe. Wenn Sie diese auf Ueberpersönliches ausgerichtete »Richtschnur« besitzen, kann Ihnen dieser Aspekt eine grosse Herzensgüte und Offenheit für alles Menschliche verleihen. Wünsche können dann tatsächlich Wirklichkeit werden. So gesehen, lässt sich dieser Aspekt zweifellos als eine Glückskomponente bezeichnen.

Der Jupiter im Spannungsaspekt zum Neptun

Mit einem Spannungsaspekt zwischen Jupiter und Neptun haben Sie Schwierigkeiten, Idealwelt und konkrete Wirklichkeit miteinander in Einklang zu bringen. Oft sind Sie verträumt und naiv und flüchten sich gerne in eine Phantasiewelt, welche wenig Bezug zur Realität hat. Sie neigen zu einem übertriebenen Optimismus und kalkulieren vorhandene Risiken zu wenig ein. So können Sie der Selbsttäuschung zum Opfer fallen, und sich auch von andern leicht täuschen lassen. Ihre Neigung zum Idealisieren kann sich insbesondere in Ihren Beziehungen negativ auswirken, indem Sie weniger von der Realität, als von Ihrem Bild davon ausgehen.

Die Gefahr dieser Konstellation liegt also darin, dass Ihre Ideale so hoch gesteckt sind, dass Sie sich kaum verwirklichen lassen. Dies zieht Enttäuschungen nach sich, da die Umstände Ihren Erwartungen nicht entsprechen. Die positive Komponente dieses Aspektes kann erst dann voll wirken, wenn Sie die konkrete Realität nicht mehr leugnen, sondern sich darauf abstimmen. Dann kann Ihr Idealismus und Optimismus Sie zu unerwarteten Leistungen beflügeln. Diese Wirkung wird jedoch kaum ohne geistige Orientierung möglich sein, da Sie bei diesem Aspekt kosmische Gesetzmässigkeiten berücksichtigen müssen. Dann steht die neptunische Energie Ihrer Inspiration aber voll zur Verfügung, was Ihnen den Zugang zur Welt des Traumes und der Transzendenz, sowie zu einer Vielfalt von Möglichkeiten öffnet. Dabei ist es jedoch nötig, dass Sie sich auf einige wenige Ziele beschränken, damit Sie diese tatsächlich in Realität umsetzen können. So liegt es an Ihnen, ein Gleichgewicht zwischen äusserem Erfolg und innerer Erfahrung zu finden.

Der Jupiter im harmonischen Aspekt zum Neptun

Mit einem harmonischen Aspekt zwischen Jupiter und Neptun haben Sie gute Ansätze, um sich nicht nur mit Psychologie und psychologischen Grenzfragen auseinanderzusetzen, sondern auch um Ihr Leben durch Ihre Inspiration reich und fruchtbar zu gestalten. Sie dürften sich schon früh mit Religion und Philosophie beschäftigt haben, selbst wenn Sie dies damals noch nicht klar in Worte zu fassen vermochten. Was Sie spürten, war vor allem eine Art kosmische Verbundenheit, die es Ihnen verunmöglichte, die Welt vom rein materialistischen Standpunkt aus zu betrachten.

Wenngleich die Welt des Traumes und der Transzendenz für Sie eine grosse Rolle spielt, so kommt dieser Bereich in Ihrem Leben nicht notgedrungen in

Konflikt mit der praktischen Bewältigung der Existenz. Ihr gutes Gespür ermöglicht es Ihnen nämlich, in vielen Situationen auf eine traumsichere Art Erfolg zu erlangen, vielleicht gerade in Momenten, in denen Sie ihn am nötigsten haben. Gleichzeitig helfen Ihnen Ihre gute Menschenkenntnis und Ihre natürliche Grosszügigkeit, die Motive anderer ausfindig zu machen. Dieser Spürsinn kann zudem bedeuten, dass Sie sich, selbst in zwielichtigen Situationen, oft gefahrloser als andere bewegen. Sie sind ein Optimist und haben eine für Ihre Umwelt oft erstaunlich spielerische Art, mit den Realitäten umzugehen. Man mag von Ihnen denken, dass Sie die Dinge nicht ernst genug nehmen. Dabei haften Sie ganz einfach weniger an der materiellen Erscheinungswelt als andere. Sie haben eben schon früh gelernt, ins gutgesinnte Schicksal zu vertrauen.

Diese »Glückskomponente« kann allerdings problematisch werden, wenn Sie zum vornherein vom Erfolg Ihrer Unternehmungen ausgehen, ohne gleichzeitig die nötige Disziplin aufzubauen. Sie könnten dann allzu sorglos werden, und wenn dann einmal eine schwierige, einengende Situation in Ihrem Leben auftritt, eine Flucht in die Traumwelt wählen, statt sich konkret den Problemen zu stellen. Aehnliches könnte in der Beziehungsthematik auftreten, wenn Sie allzu sehr auf Ihr Glück vertrauen. Sie haben es sicher erlebt, dass Sie auf eine schicksalshafte Weise mit Situationen und Menschen zusammenkamen, die für Ihre jeweilige Entwicklung gerade richtig waren. Dies entbindet Sie jedoch nicht von der Arbeit an sich selbst.

Diese Konstellation ist gesamthaft gesehen ein glückbringender Aspekt. Gepaart mit der notwendigen Disziplin kann er bewirken, dass Ihnen Ihr unumstössliches Vertrauen in das Leben einen geistigen Weg ermöglicht, ohne dass Sie ständig mit materiellen Forderungen ringen müssen.

Jupiter-Pluto-Aspekte

Jupiter Konjunktion Pluto

Mit diesem Aspekt haben Sie ein enormes Bedürfnis, das Leben voll auszukosten und etwas zu erreichen, das von Bedeutung ist. Sie besitzen glänzende Voraussetzungen, um im Leben machtvoll voranzukommen, wenn Sie es verstehen, in Ihren Bestrebungen mit andern zusammenzuarbeiten, und Ziele ins Auge zu fassen, die nicht nur Ihren eigenen Vorteil zum Inhalt haben, sondern auch Ihrer Umwelt zugute kommen. Wenn Sie diese Haltung einnehmen, werden Sie die andern für sich gewinnen, anstatt dass sich diese Ihrem unbändigen Drang, voranzukommen, widersetzen. Es geht letztlich darum, Ihre Energie zum Wohle der Gemeinschaft einzusetzen, anstatt rein persönliche und egoistische Ziele zu verfolgen.

Auf alle Fälle wird Ihnen dieser Aspekt ein gewaltiges Kräftepotential vermitteln und damit die Möglichkeit, über den Durchschnitt herauszuragen und

Ihre ambitiösen Ziele zu verwirklichen. Dies werden Sie bei der Wahl eines geeigneten Berufes oder einer erfüllenden Lebensaufgabe berücksichtigen müssen. Mit einer Arbeit, die Ihnen nur beschränkte Entwicklungsmöglichkeiten bietet, haben Sie Mühe, so dass Sie ein Gebiet wählen sollten, das einen kontinuierlichen Wachstumsprozess ermöglicht. So dürften Sie insbesondere Gebiete wie Recht, Medizin oder Psychologie interessieren. Falls Sie auf eine Selbständigkeit hinarbeiten können, würden sich auch unternehmerische Aufgaben in der Wirtschaft eignen. Auf keinen Fall sollten Sie jedoch eine Stelle annehmen, wo Sie unter der Leitung eines unfähigen Vorgesetzten arbeiten müssten. Sie würden seine Fehler sehr schnell aufspüren, und er würde sich durch Ihren unbändigen Drang voranzukommen in seiner Position gefährdet sehen. Dies wiederum würde sich negativ auf Ihre Stellung auswirken. Aehnlich verhält es sich wohl mit andern Autoritätspersonen, und es ist wichtig, dass Sie Ihre Grenzen erkennen und keine Rechte beanspruchen, die Sie nicht auch andern zugestehen würden. Das Resultat wären Konflikte, nicht nur mit Ihrer Umgebung, sondern möglicherweise auch mit dem Gesetz. Wenn Sie jedoch Disziplin üben und Ihre soziale Verantwortung erkennen, gehört dieser Aspekt aufgrund der Kraft, die er verleiht, zum Wünschenswertesten, was man sich denken kann.

Der Jupiter im Spannungsaspekt zum Pluto

Mit einem Spannungsaspekt zwischen Jupiter und Pluto haben Sie sehr ehrgeizige Ziele und möchten Autorität über Ihre Umgebung erlangen. Das Hauptproblem liegt aber darin, dass Sie zwar sehr viel von andern erwarten, ohne jedoch selbst zu Opfern bereit zu sein. So neigen Sie auch dazu, über Ihre Verhältnisse zu leben. Sie sind der Meinung, dass Ihnen eine Sonderbehandlung zusteht. Dies führt laufend zu Problemen mit andern, insbesondere mit Autoritätspersonen, bis Sie erkennen, dass Sie Ihre Ansprüche nur durch geduldige Arbeit rechtfertigen können. Jeglicher Versuch, sich auf andere oder auf fremde Mittel abzustützen, wird Sie früher oder später in Schwierigkeiten bringen. Unternehmungen, die ins Grosse gehen, und erhebliche Gewinne versprechen, reizen Sie ganz besonders. Es macht den Anschein, dass Sie damit das Schicksal herausfordern, indem Sie sich in riskante Abenteuer stürzen, welche Sie mit Moral und Gesetz in Konflikt bringen können. Ein Erfolg ist in solchen Vorhaben nämlich erst dann zu erwarten, wenn Sie die Realität so einschätzen, wie sie ist, und nicht wie Sie sie gerne haben möchten. Hüten Sie sich deshalb vor Illusionen.

Natürlich braucht Ihr geballtes Kräftepotential entsprechende Ventile, d.h. Wirkungsmöglichkeiten im Grossen, damit Sie nicht resignieren, oder andere immer wieder beneiden. Um damit Erfolg zu haben, ist es jedoch von vorrangiger Bedeutung, dass Sie sich nicht nur mit dem auseinandersetzen, was in einer fernen Zukunft möglich sein sollte, sondern Ihre Aufmerksamkeit auf Ihre Vergangenheit richten und sich möglichst ehrlich Rechenschaft darüber geben, welches Ihre schwachen Seiten sind. So kann beispielsweise Ihre Ueberheblichkeit Gegenreaktionen ausgelöst haben, die sich negativ auf Ihre Verwirklichung auswirkten. Diese Besinnung ist umso wichtiger, wenn Sie elementare Regeln des Umgangs mit Menschen oder Gesetzesvorschriften verletzt haben. Wenn Sie diese Arbeit nicht auf sich nehmen, so werden Ihre hohen Erwartungen an die Zukunft aller Wahrscheinlichkeit nach Luftschlösser bleiben.

Ueben Sie jedoch Disziplin, und suchen Sie die Fehler zuerst bei sich selbst, anstatt die Umwelt dafür verantwortlich zu machen, können Sie mit der ungeheuren Kraft, welche in diesem Aspekt liegt, Grosses vollbringen.

Der Jupiter im harmonischen Aspekt zum Pluto

Sie haben hohe Ideale und wollen sich für etwas einsetzen, das Ihnen langfristig als lohnend und richtig erscheint. Sie sind nicht nur auf Ihren eigenen Vorteil bedacht, sondern das Wohl der andern liegt Ihnen ebenfalls am Herzen. So fällt es Ihnen auch nicht schwer, mit andern zusammenzuarbeiten, denn Ihre optimistische und überzeugte Haltung zieht andere in Ihren Bann. Wenn Sie in Ihrer Umgebung Ungerechtigkeit beobachten, fühlen Sie sich angesprochen und setzen sich ein. Alles, was mit Recht zu tun hat, fasziniert Sie und bringt Sie in Bewegung. Versuchen Sie in diesem Bereich jedoch nicht zu »fanatisch« zu sein, indem Sie zu sehr von Ihren eigenen Vorstellungen von »Gut« und »Böse« ausgehen.

Sie haben die Anlagen eines Reformers, der mit Optimismus neue Lösungen durchzusetzen versteht. Sie haben einen guten Sinn für die Strukturen der Gesellschaft und können ohne weiteres geheime Motive anderer erkennen und diese in Ihren Plänen berücksichtigen. Diese Kenntnis des gesellschaftlichen Systems dürfte Sie geeignet machen für Aufgaben, die auf eine Wirkung im Grossen hinzielen, wie beispielsweise Management, Jurisprudenz oder Medizin. Auch kann Ihr Interesse für alles Verborgene, für alles, das unter der sichtbaren Oberfläche beheimatet ist, psychologische Fähigkeiten wecken. Wichtig ist lediglich, dass Sie sich eine Aufgabe vornehmen, die ins Grosse geht, so dass Sie nicht ständig mit kleinlichen Begrenzungen konfrontiert werden.

Die Aspekte des Saturn

Während der Jupiter die expansive und zu Enthusiasmus neigende Planetenkraft verkörpert, symbolisiert der Saturn die Einschränkungen, die unserem Bedürfnis nach Expansivität von der Umwelt und von einer eigenen Ueber-Ich-Instanz auferlegt werden. Damit ist er – zusammen mit Pluto – in unserer Kindheit der wichtigste Planet, der uns Grenzen setzt, damit wir in der Gesellschaft gemäss unseren ausgebildeten Fähigkeiten den uns entsprechenden Platz finden.

Konjunktionen und harte Aspekte des Saturns werden somit als Schranken erlebt, welche uns schon in der frühen Kindheit von Eltern und Erziehern gesetzt wurden. Dadurch erhalten die Planeten, welche vom Saturn aspektiert werden, meist eine gewisse Schwere und eine anfängliche Bremsung. Gleichzeitig können wir aber auch gerade in diesen Bereichen durch Arbeit zu tieferen Einsichten und echter Selbstverwirklichung gelangen. Ob wir in diesem Bereich zur Meisterschaft kommen, oder im Zusammenhang mit diesen Kräften eher auf der Stufe von belastenden und bedrückenden Erfahrungen verbleiben, ist aus dem Aspekt selbst nicht ersichtlich. Darüber entscheidet viel eher unsere Bereitschaft, uns Schwierigkeiten zu stellen, oder unsere Neigung, solchen aus dem Weg zu gehen. Die Verwirklichung gemäss den Saturnaspekten führt zu grösserer Distanz gegenüber der materiellen Verhaftung und zu einer Geistigkeit, im Rahmen welcher uns die äusseren Umstände wenig mehr anhaben können. Oft bewirkt die Aspektierung durch Saturn auch beides zugleich: Tiefere Einsicht, wie auch Hemmung des spontanen Ausdrucks. Diese Doppelthematik kann das ganze Leben prägen.

Bei den Aspekten des Saturns müssen wir uns fragen, welche Thematik zu erwarten ist, wenn das Bedürfnis nach innerem Rückhalt und Sicherheit die eine oder andere planetarische Kraft fördernd oder hemmend beeinflussen. Die Bewältigung der schwierigen Saturnaspekte entscheidet meist darüber, wie positiv sich der Umgang mit den transsaturnischen Planeten gestaltet. In diesem Sinne nehmen die Aspekte des Saturn als »Hüter der Schwelle« im Zusammenhang mit der Individuation einen zentralen Platz ein.

Man kann sich entweder in Richtung grösserer Freiheit bewegen, oder sich fester an die Materie ketten lassen. Die Bewältigung des Saturns, das heisst der eigenen Grenzen, entscheidet darüber.

Alle planetarischen Kräfte, welche vom Saturn aspektiert werden, erhalten durch diesen Einfluss eine gewisse Schwere und anfänglich fast immer eine Bremsung. Es sind jedoch auch die Bereiche, wo der Mensch eine Möglichkeit hat, durch Arbeit zu tieferen Einsichten und einer gekonnten Selbstverwirklichung zu kommen. Ob der Einzelne das schafft oder im Zusammenhang mit diesen Kräften ständig belastende und drückende Erfahrungen gemacht werden, steht nicht im Aspekt. Darüber entscheidet das Niveau. Die gekonnte Verwirklichung gemäss dem Saturn mündet immer aus auf eine grössere Distanz gegenüber dem materiellen Verhaftetsein und eine Zuwendung zum Geistigen, die bewirkt, dass äussere Umstände Ihnen nichts mehr anhaben können. Meist tritt beides ein: sowohl tiefere Einsicht in diesen Bereichen, als auch eine Hemmung des spontanen kreatürlichen Ausdrucks, welche im Normalfall das ganze Leben prägt.

Bei Aspekten des Saturn müssen wir uns fragen, welche Thematik zu erwarten ist, wenn der innere Rückhalt und die Integration von Erfahrungen mit dieser oder jener planetarischen Kraft hemmend oder fördernd verbunden sind.

Saturn-Uranus-Aspekte

Allgemeines

Wir können die Saturn-Uranus Aspekte aufgrund der Langsamkeit beider Planeten als Generationenaspekte bezeichnen. So fand die letzte Konjunktion zwischen Saturn und Uranus in den Jahren 1941/42 statt, und die nächste wird erst 1988 zu erwarten sein. Als weitere starke Aspekte hatten wir 1952/53 ein Quadrat zwischen beiden Planeten, 64/65 eine Opposition und 75 bis 77 nochmals ein Quadrat. Die beiden Planeten haben einerseits gemeinsame Aspekte, (traditionell herrscht der Saturn sowohl über das Steinbock-, als auch über das Wassermann-Zeichen) als auch kontradiktorische Seiten.

Gemeinsamkeiten weisen die beiden Planeten vor allem im geistigen Bereich auf. So veranlassen uns beide, nach dem Wesentlichen zu streben, nach dem, was wir als die Struktur bezeichnen könnten, die hinter der Welt der Erscheinungen liegt. Sie veranlassen uns also zur Abstraktion, zur Suche nach Systemen und Modellen, welche eine Erklärung der Wirklichkeit bieten können. Beiden gemeinsam ist somit die Konsequenz im Verhalten und im Denken, welche keine Halbwahrheiten zulässt. Bei geistiger Ausrichtung verstärken sie das Bedürfnis, aus den Beschränkungen der Materie auszubrechen. Sie veranlassen uns beide dazu, uns selbst treu zu sein und zu bleiben.

Je stärker wir jedoch der materiellen Welt verhaftet sind, umso deutlicher treten die Unterschiede zwischen diesen beiden Planeten hervor. Saturn sucht seine Sicherheit dann in festen materiellen Strukturen, im Haften an der Vergangenheit und im Bedürfnis nach sozialer Anerkennung, das der Angst vor Isolation und Einsamkeit entspringt.

Im Gegensatz dazu veranlasst uns der Uranus, aus der Bedingtheit unseres Ursprungs auszubrechen und das Neue, Noch-nicht-da-gewesene zu suchen. Er führt uns in Versuchung, radikal mit dem Bisherigen zu brechen, um neue Wege zu gehen, darin eine neue Freiheit zu entdecken. Begreiflicherweise erzeugt ein starker Aspekt zwischen diesen beiden Planeten erhebliche Spannungen. So muss das Neue dem Alten abgerungen werden, und eine gekonnte Neuorientierung wird erst möglich, wenn das Vergangene durchlebt und verstanden worden ist. Vorher wird es sich ständig dem unkonventionellen Weg, den wir gemäss dem Uranus einschlagen möchten, widersetzen. Dieser Widerstand kann sich uns in Form von Autoritätspersonen oder Repräsentanten der Gesellschaft, die uns daran hindern, unseren ureigenen Weg zu gehen, zeigen. Das Resultat dieser Spannung ist meist Angst. Wir fühlen uns hin- un hergerissen und ständig mit der Frage konfrontiert, inwiefern wir innerhalb der Gemeinschaft ein Individuum bleiben können. Erst wenn wir unsere Sicherheit nicht mehr im Konkreten, d.h. in den Dingen und Menschen, die uns umgeben, suchen, sondern in den Gesetzen, welche Zu- und Abnahme, Gewinn und Verlust bedingen, löst sich der Konflikt. Dann ist der Widerspruch zwischen dem, was Saturn umd Uranus verlangen, aufgehoben, da beide nach reiner Erkenntnis streben, die vom Haften am Irdischen befreit.

Saturn Konjunktion Uranus

Dieser Aspekt tritt ca. alle 45 bis 46 Jahre auf, zum letzten Male im Jahre 1942. Er symbolisiert in der Psyche einen Kampf zwischen dem Haften an der Tradition, am Althergebrachten und dem Bedürfnis, Ureigenes ohne Einschränkung zum Ausdruck zu bringen. Mit diesem Aspekt dürften Sie somit heftigen inneren Spannungen ausgesetzt sein, gemäss denen Sie sich hin- und hergerissen fühlen zwischen Ihrem Wunsch nach sozialer Integration und Ihrem Bedürfnis, neue, unbetretene Wege, welche Ihnen Ihre Individualität diktiert, zu gehen. Dies wird Sie oft unruhig und reizbar machen, indem Sie nicht wissen, ob Sie vorangehen können oder sich anpassen müssen. Passen Sie sich jedoch zu lange an, so entstehen innere Spannungen, welche sich in plötzlichen, schwer verständlichen Reaktionen entladen. Rückblickend werden Sie den Eindruck haben, unter dem Einfluss eines Dämons gestanden zu haben, der Sie vielleicht gegen Ihren Willen zu etwas trieb, das sich im nachhinein für Ihre Entwicklung als wichtig erwies. Somit sorgt dieser Aspekt auch dafür, dass Sie nicht in der Routine erstarren, sondern immer wieder plötzliche und sprunghafte Aenderungen herbeiführen, wenn eine Situation überholt ist.

Je nach dem Gesamtgefüge Ihrer Konstellationen und in Abhängigkeit von Ihrer Erziehung können Sie sich jedoch auch schon früh dazu veranlasst gefühlt haben, einem unkonventionellen Weg den Vorzug zu geben. In diesem Falle werden Sie immer wieder gespürt haben, wie Gesellschaft und Establishment Ihnen im Wege standen und Sie daran erinnerten, dass das Neue mit dem Alten in Einklang zu bringen ist, und dass jede Neuorientierung auch Disziplin, Vorsicht und Beharrlichkeit verlangt. Wenn Sie gelernt haben, beides miteinander zu verbinden, d.h. wenn Sie Ihre Intuition und Ihre Impulse nicht aus Angst übergehen, sondern Ihre bisherigen Erfahrungen bei der Suche nach neuen Wegen mit einbeziehen, dann haben Sie mit diesem Aspekt die Möglichkeit, Originalität und Improvisationstalent mit Verlässlichkeit und Ausdauer zu verbinden. Somit können Sie zum Reformer werden, der neue Wege aufzeigt, ohne dass die Umwelt sich Ihren Plänen entgegenstellt. Es ist jedoch wichtig, dass Sie lernen, zu welchen Zeiten Sie Zurückhaltung üben müssen, und wann Sie vorangehen können.

Der Saturn im Spannungsaspekt zum Uranus

Dieser Aspekt stellt einen harten Konflikt dar zwischen Tradition und Neugestaltung, zwischen Elternhaus und Individualität, sowie zwischen Vergangenheit und Zukunft. Hin- und hergerissen zwischen dem Bedürfnis, alles auf den Kopf zu stellen, und der Angst, sich dadurch zu isolieren, werden Sie nicht immer wissen, woher Sie die Richtlinien für Ihr Handeln nehmen sollen. Wahrscheinlich werden Sie des öfteren ein neues System aufgreifen, das Ihnen als besseres Erklärungsmodell für die Wirklichkeit erscheint, und im Namen von neuen Leitsätzen alles anders sehen wollen als bisher, um kurz danach festzustellen, dass dies in eine Sackgasse führt, weil Sie dabei etliche Fakten gefühlsmässiger Natur unberücksichtigt liessen. Dies kann sich äussern, indem Sie einengende Beziehungen plötzlich abbrechen, oder aber in Konflikten mit Ihrem Elternhaus oder Ihrem Arbeitgeber. All diese Vorgänge lassen Sie etwas, das Sie scheinbar bedrängte, zurücklassen, doch schleicht sich trotzdem eine gewisse Unzufriedenheit ein, weil Sie sich unsicher fühlen und nicht so recht wissen, was Sie mit der neu erlangten Freiheit anfangen sollen. So wird es ein langer Prozess sein, bis Sie aus dieser Unruhe heraustreten und Tradition und Individualität harmonisch verbinden lernen. Meiden Sie Situationen, die Sie derart reizen, dass Sie nur noch explosiv reagieren können.

Versuchen Sie, sich selbst treu zu bleiben, und fragen Sie sich beim Eingehen neuer Verpflichtungen, ob die Erwartungen der anderen mit Ihrem Bedürfnis nach individueller Freiheit zu vereinbaren sind. Sonst wird sich früher oder später das Gefühl einschleichen, dass Pflichterfüllung automatisch mit Freiheitsverlust verbunden ist. Sie haben oft Schwierigkeiten, sich selbst zu sein, das zu tun, was Sie eigentlich möchten, ohne Ihre Pflicht zu vernachlässigen. Wenn Sie nicht ständig beide Seiten – Pflicht und Eigenanspruch – berücksichtigen, entwickeln Sie, offen oder heimlich, ein rebellisches Verhalten, das den Erfolg Ihrer Unternehmungen immer wieder gefährdet.

Wegen unbewältigter Spannungen haben Sie Schwierigkeiten mit Autoritätspersonen wie Eltern, Arbeitgebern und sämtlichen Repräsentanten der gesellschaftlichen Ordnung. So sollten Sie früh lernen, Ihre Bedürfnisse zu erkennen und für Ihre Rechte einzustehen, ohne andern gegenüber eine negative Haltung einzunehmen. Eine positive Haltung werden Sie am ehesten festigen können, wenn Ihr Anspruch mit entsprechender Arbeit und Leistung verbunden ist, und

Sie sich damit eine gewisse Position sichern können, so dass Sie andere nicht um Ihre Autorität oder sonstige Vorteile beneiden müssen. Dies heisst auch, dass Sie sich einen Tätigkeitsbereich erobern sollten, der Ihnen Raum für Eigeninitiative und persönliche Freiheiten lässt. Je mehr Disziplin und Verantwortung Sie für sich selbst übernehmen, desto weniger werden Ihnen diese von aussen aufgezwungen.

Der Saturn im harmonischen Aspekt zum Uranus

Mit diesem Aspekt haben Sie gute Fähigkeiten, um eine Brücke zu schlagen zwischen Tradition und Fortschritt, zwischen altbewährten Methoden, die auf Erfahrung beruhen, und neuen Wegen, welche sich, bedingt durch das Zeitgeschehen, aufdrängen mögen. Auch sind Sie fähig, sich auf das Wesentliche zu konzentrieren, indem Sie Ihr klares, abstrahierendes Denken zu Hilfe nehmen, das zu prägnanten Formeln neigt. Sie haben wenig gemeinsam mit dem Revolutionär, welcher um jeden Preis neue Wege gehen muss. Viel eher setzen Sie altbewährte Methoden ein, bis Sie erkennen, dass sich ihre Tauglichkeit erschöpft. Dann sind Sie jedoch in der Lage, einen Kurswechsel vorzunehmen, um die nötigen Aenderungen herbeizuführen. Dabei können Einsichten, die sich im Stillen vorbereitet haben, zu plötzlichen Entscheidungen führen. Diese sind jedoch meist richtig, weil sie einer intensiven Auseinandersetzung mit der Vergangenheit entspringen. So werden Sie in Ihrer Arbeitssphäre oder in Ihrem Leben öfters nützliche Reformen durchführen, und Sie zeigen auch die nötige Ausdauer, um diese zu Ende zu bringen.

Auf der persönlichen Ebene verstehen Sie es, Autorität und Pflichterfüllung mit ihrem Anspruch auf persönliche Freiheit harmonisch zu verbinden. So sind Sie auch bereit, von jemandem zu lernen, der eine Materie besser beherrscht als Sie selbst, bis Sie merken, dass Sie genug wissen, um für das weitere Vorgehen Ihre eigene Kreativität einzusetzen. Dabei wird Ihnen zugute kommen, dass Sie kein Detail unberücksichtigt lassen, sondern Schritt für Schritt vorgehen. Dies bedeutet eine gute Voraussetzung für technische Berufe, welche sowohl Realitätsbezogenheit, als auch Erfindungsgabe voraussetzen. Auch wenn Sie sich philosophischen Fragen zuwenden, können Sie sich durch Klarheit und Unbestechlichkeit auszeichnen. So können Sie sich profilieren, indem Sie neue Ideen in eine klare Struktur bringen. Beim Durchsetzen neuer Pläne stehen Sie mit beiden Füssen auf dem Boden und verlassen sich auf ein genau ausgearbeitetes Programm. Dies wird Ihnen im Umgang mit jenen gesellschaftlichen Kräften, die sich einem Wechsel widersetzen, zugute kommen.

Saturn-Neptun-Aspekte

Saturn Konjunktion Neptun

Bei der Betrachtung dieses Aspektes wird es sehr wichtig sein, seine Häuserstellung zu berücksichtigen. In diesem Bereich kommen nämlich konkrete Welt und Idealwelt, Realität und Traumwelt, zusammen. Diese Konstellation kann deshalb am besten gelebt werden, wenn Sie die beiden Gebiete nicht miteinander verwechseln, wenn Sie das Ideal als langfristiges Ziel ansehen, die Auseinandersetzung mit der praktischen Welt jedoch als die unmittelbare Aufgabe. So wird dieser Aspekt seine positivsten Seiten zeigen, wenn ein Glaube an den Sinn des Lebens vorhanden ist. Eine solche Ueberzeugung kann dann zu einer Richtschnur werden, welche Ihnen immer wieder den richtigen Weg anzeigt. Es ist somit eine Frage der Prioritäten: Das Materielle sollte in Ihrem Leben keine übergeordnete Rolle spielen, sondern der übersinnlichen Aufgabe untergeordnet sein. Es wird Ihnen dann auch nicht schwer fallen, nicht nur andern zu vertrauen, sondern auch dem Leben als Ganzem.

Wenn jedoch die Verhaftung im Materiellen überhand nimmt, dann wird sich das Neptunische als Täuschung und Betrug einschleichen, wobei nie ganz klar sein wird, inwiefern Sie selbst dabei der Anstifter oder das Opfer sind. Dann dürften die Schuldgefühle und die Angst überwiegen, die Angst, hintergangen zu werden und zuallerletzt die Angst, der Auflösung anheimzufallen, im Chaos unterzugehen.

Bei positiver Bewältigung wird Ihnen dieser Aspekt sehr viel Phantasie und Einfühlungsgabe in andere verleihen, besonders wenn Sie Ihre Energie in den Dienst einer höheren Sache stellen. Dann werden Sie auf traumsichere Art jeglichen Versuch der Unehrlichkeit bei andern aufspüren. Dies kann Ihnen helfen, in allen möglichen Lebenslagen die richtige Entscheidung zu fällen. Parallel dazu kann Ihre Phantasie Ihnen dichterische und künstlerische Fähigkeiten verleihen, indem Sie fähig sind, in Ihren Werken nicht nur Inhalte aus dem Unbewussten, sondern auch die Stimmungen Ihrer Epoche zum Ausdruck zu bringen. Gerade diese Fähigkeit, sich auf das einzupendeln, was der gegenwärtigen Stimmungslage entspricht, kann Ihnen gute Ansätze liefern für unternehmerische Leistungen, indem Sie einen instinktiven Riecher entwickeln für das, was gerade gefragt ist.

Gekoppelt mit der nötigen Selbstdisziplin sind die geistigen Möglichkeiten dieses Aspektes sehr gross. Machen Sie sich deshalb keine Sorgen, wenn Sie des öfteren den Eindruck haben, dass Ihr Leben weniger dem materiellen Glück gewidmet ist, als vielmehr der Erfüllung eines Auftrages, welcher auf die menschliche Gesellschaft als Ganzes ausgerichtet ist. Wichtig ist dabei lediglich, dass Sie an den tieferen Sinn Ihrer Existenz glauben.

Der Saturn im Spannungsaspekt zum Neptun

Mit einem Spannungsaspekt zwischen Saturn und Neptun haben Sie gewisse Schwierigkeiten, Traumwelt und Realität miteinander in Einklang zu bringen. Vielleicht haben Sie den Eindruck, dass Sie im Leben nicht das erreichen oder Ihnen nicht das zukommt, was Sie gerne möchten. Dies mag zu einem Misstrauen gegenüber andern geführt haben, zu einer Angst hintergangen zu werden. Wenn Sie solche Schwierigkeiten haben, sind entweder Ihre Erwartungen unrealistisch, oder Sie gehen bei der Durchführung Ihrer Vorhaben zuwenig von der vorhandenen Situation aus. Sie verwechseln allzuleicht Ihr Ideal mit dem real Vorhandenen. Mehr Offenheit und Ehrlichkeit gegenüber sich selbst wie auch gegenüber andern ist mit diesem Aspekt ganz vordringlich. Falls Sie dies vernachlässigen, könnten Sie entweder das Opfer von Selbsttäuschungen oder Verleumdungen werden.

Dieser Aspekt hat auch meist mit Aengsten und latenten Schuldgefühlen zu tun. Sie haben Angst, von andern wieder verletzt zu werden, wie es Ihnen in Ihrer Kindheit schon passiert ist, als man Ihre wunde Seite, nämlich Ihren Idealismus, Ihr Bedürfnis, an eine heile Welt zu glauben, ins Lächerliche zog. Denken Sie daran, dass Sie als Erwachsener wesentlich mehr Mittel an der Hand haben, um sich zu verteidigen und sich durchzusetzen und es deshalb nicht mehr nötig ist, Ihre wirklichen Absichten hinter unklaren, zweideutigen Haltungen zu verbergen. Nehmen Sie sich auch in acht vor Alkohol und Drogen, weil solche bewusstseinsverändernden Mittel Ihre verborgenen Aengste aktivieren könnten und Ihre Flucht vor der Wirklichkeit verstärken dürften.

Es wäre auch keine Lösung, wenn Sie die Enttäuschungen, die Sie als Kind oder anlässlich einer ersten Liebe mit andern gemacht haben, nun dadurch kompensieren möchten, dass Sie sich Ihrer Sensibilität verschliessen würden und darauf abzielten, die Naivität anderer zu missbrauchen, um sie irrezuführen. Dies würde sich schliesslich nur gegen Sie selbst richten.

Viel wichtiger ist es, dass Sie Ihre Inspirationen und Ideale nicht aufgeben, sie aber mit der konkreten Wirklichkeit ständig konfrontieren. Dann können Ihre Eingebungen eine künstlerische, dichterische oder religiöse Form annehmen, welche Sie in der Praxis auch auszudrücken verstehen. Die Aufgabe bei diesem Aspekt besteht darin, der Traumwelt und der praktischen Welt jeweils den ihnen gebührenden Platz zuzuweisen, ohne die beiden miteinander zu vermischen.

Der Saturn im harmonischen Aspekt zum Neptun

Mit diesem Aspekt verbinden sich Phantasie und Eingebung mit Sinn für praktische Realitäten. So dürfte es Ihnen ein Anliegen sein, menschliche und gesellschaftliche Ziele in der Realität zu verwirklichen und ihnen zum Durchbruch zu verhelfen. Es besteht bei Ihnen wenig Gefahr, dass Sie sich im rein Sachlichen verlieren, ohne gleichzeitig das Gefühlsmoment einer Situation zu berücksichtigen. Damit haben Sie gute Voraussetzungen, um ihr Augenmerk auch in undurchsichtigen Situationen auf das Wesentliche zu lenken – schon deshalb, weil Sie die verborgenen Motive anderer zu durchschauen vermögen. Die Tatsache, dass Ihr Augenmerk auf das Ganze gerichtet ist, kann Sie für unternehmerische, philosophische oder künstlerische Bereiche geeignet machen. Die Tatsache, dass es Ihnen leicht fällt, Gefühle und Stimmungen des Kollektivs zu erahnen, vermag Ihnen zusätzlich helfen, eine Breitenwirkung über die Massenmedien auszustrahlen.

Wie positiv Sie diesen Aspekt leben, wird ganz wesentlich von Ihren Motiven abhängen. Orientieren Sie sich an geistigen Prinzipien, so kann Ihr sicheres Gehör für Wahrheiten jenseits des materiell Erfahrbaren Ihrem Denken eine hohe Stufe verleihen, wobei es Ihnen auch gelingen dürfte, das Transzendentale in eine Form zu bringen, die auch für andere verständlich ist.

Liegt Ihren Motivationen jedoch ein Bedürfnis nach Macht zugrunde, so bestünde die Gefahr, Ihre Bestätigung in der Erfüllung eines messianischen Auftrages zu sehen. Bemühen Sie sich deshalb, nicht intolerant zu werden gegenüber den Meinungen anderer, auch wenn Sie glauben, selbst die Wahrheit gefunden zu haben. Denken Sie daran, dass Liebe und Mitgefühl ebensosehr zu einem geistigen Weg gehören wie Disziplin und Ego-Ueberwindung.

Einen Zug, den andere an Ihnen sehr schätzen werden, ist Ihre Fähigkeit, vertrauliche Informationen für sich zu behalten. Man kann Ihnen trauen, und Ihre Selbstbeherrschung liefert Ihnen auch unter Stress gute Ansätze, um zum Berater von Leuten in gehobener Position zu werden. Ihre Fähigkeit, sich auch in der Zurückgezogenheit wohl zu fühlen und aus dem Verborgenen zu wirken, befähigt Sie andererseits zu Untergrundtätigkeiten oder einer Aufgabe im Geheimdienst. Ihre Beharrlichkeit und Diskretion macht es Ihnen möglich, die Informationen zu sammeln, die Sie brauchen, ohne erkannt zu werden.

Ihre gesellschaftlichen und auf die Menschheit gerichteten Ziele mögen das Eingehen von persönlichen Bindungen verzögern. Sie möchten auf alle Fälle nicht eine Beziehung, die Ihnen bei der Verwirklichung von sozialen Zielen im Wege steht. Wenn die beiden Ziele miteinander in Konflikt geraten sollten, gilt Ihre Begeisterung eher dem allgemein Menschlichen als der persönlichen Befriedigung. In einer Partnerschaft wird es wichtig sein, dass Ihr Gefährte diese Anschauung teilt.

Saturn-Pluto-Aspekte

Saturn Konjunktion Pluto

Bei einem solchen Aspekt hängt Ihre Zufriedenheit mit Ihrem Leben davon ab, ob Sie die Aufgaben, die durch das Haus, in welchem sich Saturn und Pluto befinden angezeigt sind, aktiv angehen, oder ob Sie versuchen, dieser Aufforderung aus dem Weg zu gehen. Sie werden sich in den Belangen dieses Hauses zunächst ungeschickt erleben, doch ist es besonders wichtig, dass Sie gerade in diesem Bereich Ihre Schwierigkeiten zu meistern versuchen. Wenn Sie auf organisierte und disziplinierte Weise daran arbeiten, können Sie Ihre Schwierigkeiten schliesslich überwinden und es in diesem Bereich zum Meister bringen. Tun Sie jedoch nichts, so wird dieses Gebiet eine ständige Quelle von Frustration sein, und Ihre Umwelt wird dafür sorgen, dass Sie auf diese Unzulänglichkeiten aufmerksam werden. Ihre Aufgabe besteht dann darin, aus Ihrem Misserfolg zu lernen.

Ihre Angst, sich nicht zu verwirklichen, kann Sie jedoch zu grundlegenden Aenderungen antreiben. So werden Sie auf Ihrer ständigen Suche nach Sicherheit allmählich erkennen, dass Sie diese nur jenseits des Besitzes von Menschen oder Dingen erlangen können. Dies kann eine philosophische Dimension wekken, indem Sie die Vergeblichkeit materialistischer Anstrengungen einsehen. Es besteht bei diesem Aspekt häufig eine Tendenz, sich gegen jegliche Aenderung zu sträuben und eine harte, unnachgiebige und doktrinäre Haltung einzunehmen. Hüten Sie sich vor solchen Verhaltensweisen, um in der Umwelt nicht unnötige Widerstände zu wecken. So wird es besser sein, wenn Sie den Dingen, die auf Sie zukommen, Ihren Lauf lassen, ohne alles selbst steuern zu wollen und sich gegen jede Veränderung abzusichern. Gelingt es Ihnen, der steten Veränderung einen positiven Stellenwert einzuräumen, so wird sich in Ihrem Leben vieles ändern. Anstelle Ihrer bisherigen negativistischen Haltung macht sich dann eine lebensbejahende und gewährende Kraft bemerkbar. Orientieren Sie sich deshalb eher an Ihren Möglichkeiten als an vergangenen Enttäuschungen. Diese sind lediglich dazu da, um aus ihnen zu lernen, und brauchen nicht mehr aufzutreten, wenn Sie Ihre Lehre daraus gezogen haben!

Unabhängig davon, wie Sie mit diesem Aspekt umgehen, vermittelt er Ihnen gute Voraussetzungen, um Macht und Autorität zu erlangen. Ihre Integrität und Ihr Gerechtigkeitssinn dürften Ihnen den Weg zu Vertrauenspositionen ebnen.

Der Saturn im Spannungsaspekt zum Pluto

Mit diesem Aspekt besteht die Gefahr, dass Sie eine starre Haltung einnehmen, welche Sie daran hindert, nötige Veränderungen zuzulassen. Wahrscheinlich haben Sie schon als Kind erlebt, dass Sie des öftern im Wettbewerb oder

Kampf mit anderen unterliegen mussten. So versuchten Sie, Situationen, die eine Herausforderung bedeuten, aus dem Wege zu gehen, beispielsweise indem Sie sich Menschen als Gesprächspartner aussuchten, die entweder schwächer oder jünger waren als Sie selbst, was Ihnen ermöglichte, die Kontrolle über die Situation zu behalten. Dies hat allerdings den Nachteil, dass Sie Erfahrungen, die Sie verändern und für Neues durchlässig machen könnten, systematisch ausschalten. Vielleicht gelingt es Ihnen heute, wo Sie erwachsen sind, durch eine geeignete Therapie oder Arbeit an sich selbst zu erkennen, dass Sie diese Angst von damals nicht mehr zu haben brauchen. Sie sind heute stärker und können sich wesentlich mehr zumuten, als in der damaligen Situation. Bleiben Sie bei Ihrer starren, ängstlichen Haltung, verhindern Sie nicht nur einen Wachstumsprozess, sondern Sie leisten einer kühlen, berechnenden Lebenseinstellung Vorschub, die Ihre Lebensfreude beeinträchtigt. Versuchen Sie daher zu realisieren, dass Ihre Aengste mit früheren Erlebnissen in Zusammenhang stehen und wenig mit Ihrer jetzigen Situation zu tun haben, damit Sie sich dem Leben offen und empfänglich stellen können. Wenn Sie Ihre Kälte und Reserviertheit beibehalten, wirkt sich dies nämlich auch nachteilig auf Ihre Beziehungen aus, indem sich andere aufgrund Ihrer mangelnden Offenheit vor Ihnen fürchten und Ihnen aus dem Wege gehen.

Kontrolle kostet viel Energie und verängstigt andere. Dies ist ein Problem, mit welchem Sie auch im Beruf konfrontiert werden, wenn Sie nicht damit umgehen lernen. So könnten sich auch Ihre Vorgesetzten durch Sie gefährdet fühlen. Wenn Sie hingegen die Bereitschaft entwickeln, von anderen, die gewisse Dinge besser verstehen als Sie selbst, zu lernen, wird man Sie akzeptieren und für Ihren Verantwortungssinn und Ihre Zuverlässigkeit schätzen. Nur wenn Sie sich ohne entsprechende Qualifikationen oder aus Neid über andere stellen möchten, werden die Reaktionen unausweichlich sein. Erlauben Sie es sich deshalb, sich auch schwach zu zeigen, Schmerz zuzugeben und andere um Rat zu bitten. Es ist sehr wahrscheinlich, dass gute Freunde oder ein professioneller Berater Ihre Probleme klarer erkennen können, als Sie selbst. So sollten Sie sich für den Rat solcher Menschen öffnen.

Der Saturn im harmonischen Aspekt zum Pluto

Dieser Aspekt verleiht Ihnen Selbstkontrolle, und Gefühle bringen Sie nicht so leicht aus der Fassung. Wenn Sie mit Schwierigkeiten konfrontiert sind, so sind Sie in der Lage, ruhig darauf zu reagieren, ohne gleich den Kopf zu verlieren. Selbstdisziplin ist somit eine Ihrer Tugenden. So wird man Ihnen auch gerne Verantwortung übertragen, die Sie mit Ihrer besonnenen Art ohne Schwierigkeiten übernehmen können.

Ihre Sicherheit beruht auf einer Erfahrung, die Sie sich vielleicht langsam, aber dafür umso sicherer angeeignet haben. Sie suchen nicht das Unmögliche, sondern bleiben in ständigem Kontakt mit der praktischen Realität. Wenn Sie etwas nicht wissen, so akzeptieren Sie den Rat von erfahreneren Personen. Sicherheit ist Ihnen sehr wichtig und stellt eine starke Triebfeder zum Erfolg dar. So wissen Sie, dass es sicherer ist, auf Ihre Leistungen abzustellen, als auf das Glück, das von aussen kommt.

Die einzigen Schwierigkeiten könnten darin liegen, dass Sie für Gefühle und alles in der menschlichen Psyche, das sprunghaft und unvorhersehbar ist, wenig empfänglich sind. So mögen Sie auch wegen der ständigen hohen Anforderungen, die Sie an sich selbst und an andere stellen, etwas streng und unzugänglich wirken. Versuchen Sie deshalb insbesondere in Ihrem persönlichen Umgang mit Nahestehenden etwas offener und spielerischer zu sein. Da es Ihnen ohnehin nicht an Disziplin fehlen wird, können Sie sich dies ohne weiteres leisten. Es wird Ihre Kontakte lebendiger gestalten und Sie selbst werden mehr Freude daran haben.

Die Aspekte des Uranus

Der Uranus ist der Planet der sprunghaften Aenderungen. Wenn wir in einer Zeit leben, wo die äusseren Bedingungen unseres Daseins sich schnell ändern, wir uns andererseits in unserem Denken und Verhalten immer noch in früheren, oft überlieferten Strukturen bewegen, und in einen Engpass kommen, weil die alten Strukturen neuen Situationen nicht mehr angepasst sind, so kann uns der Uranus helfen, aus dieser festgefahrenen Situation auszubrechen. Wenn wir in eine Krise geraten und uns aufrichtig bemühen, diese durchzustehen, ermöglicht er es uns, eine neue Lösung zu finden. Sein Einfluss kann sich manifestieren in Form einer neuen Sichtweise oder eines Auswegs, welche plötzlich als Bild vor uns treten. Wenn wir unsere Angst überwinden können, haben wir die Möglichkeit, diesen Weg zu begehen, der zunächst meist ins Unbekannte führt, und der mit irgendeinem Bereich unserer Vergangenheit radikal bricht. Sein Einfluss manifestiert sich über einen denkmässigen Durchbruch in Form einer plötzlichen Eingebung.

Die Aspekte des Uranus auf die Planetenkräfte, welche angestrahlt werden, bewirken, dass in diesem Bereich ein grosses Bedürfnis nach individueller Freiheit besteht. Wir sind dort unkonventionell und suchen nach neuen Wegen, die meist mit dem Zeitgeist in Verbindung stehen. Im Falle eines Nicht-Durchdringens zur Aufforderung frei zu sein, ergeben sich dann oft unliebsame Erscheinungen wie Trennungen durch Bindungsunfähigkeit (Mond und Venus), Nervosität und Hastigkeit (Merkur), Unfalltendenzen (Mars), Probleme mit dem Herzen und dem Lebenssinn (Sonne), etc. In günstiger Kombination mit Sonne, Mars und Jupiter erlaubt uns der Uranuseinfluss in Drucksituationen schnell, und wie mit Hilfe eines Vorauswissens richtig zu entscheiden.

Bei den Aspekten des Uranus wird man sich fragen, welche Thematik zu erwarten ist, wenn plötzliche Eingebungen und das Bedürfnis nach Individualität die eine oder andere Planetenkraft beeinflussen.

Uranus-Neptun-Aspekte

Allgemeines

Mit der sehr langsamen Umlaufzeit von Uranus und Neptun treten genaue Aspekte zwischen diesen beiden Planeten nur selten auf und können deshalb weitgehend als Generationenaspekte bezeichnet werden. Sie haben weniger mit der individuellen Thematik zu tun, als vielmehr mit Fragen des menschlichen Kollektivs; insbesondere mit der Umstellung auf eine neue Zeitepoche.

Beiden Planeten gemeinsam ist die Auflösung alter Formen und Struktur, entweder um neue zu schaffen, die mit dem Zeitgeist in Zusammenhang stehen (Uranus) oder um die bestehenden ins Unendliche zu erweitern und nicht mehr festzulegen (Neptun). Beide sind auf das Nicht-Materielle ausgerichtet und erzeugen Visionen einer neuen möglichen Wirklichkeit, die aus den Tiefen des Unbewussten stammen. Sie unterscheiden sich lediglich dadurch, dass die uranische Vision klare, eindeutige Bilder erzeugt, die auf Tat und Veränderung ausmünden, während die neptunische kontemplativ ist und mit dem Bereich der Nacht und dem Diffusen zu tun hat. Somit könnten wir beim uranischen Prinzip von einer Zentrierung auf unser Selbst sprechen (Intuition, Meditation), beim neptunischen von einer Oeffnung, einer Herstellung von Verbindungen zu allem uns Umgebenden (Identifikation, Kontemplation). Damit entspräche der Uranus einer Yang- und der Neptun einer Yin-Manifestation des Uebersinnlichen.

Die Gegenpoligkeit ergibt sich aus dem folgenden Vergleich:

Uranus ist strukturierend, systemorientiert, hierarchisch – Neptun ist strukturauflösend, anarchistisch;

Uranus fördert die Erkenntnis und ist somit scheidend und unterscheidend – Neptun fördert die Liebe, das Gefühl und ist somit verbindend und gleichschaltend.

Uranus ist Selbst-bezogen und geistig-männlich (in der griechischen Mythologie die erste männliche Gottheit) – Neptun ist All-bezogen, geistig weiblich (in der griechischen Mythologie der Gott der Ozeane);

Uranus fördert die Philosophie – Neptun entspricht der Mystik

Uranus macht geneigt, sich durch Revolte und Revolution von Ungerechtigkeiten zu befreien. – Neptun reagiert auf Ungerechtigkeiten durch Entzug, Abwesenheit, Abwendung und gegebenenfalls Flucht.

Aus dieser Gegenüberstellung lässt sich leicht ableiten, dass die Aspekte von Uranus und Neptun sozialen und politischen Charakter haben. Es geht um Umwälzungen in der gesellschaftlichen Struktur, die auf eine neue Zeit, auf neue Perspektiven gerichtet sind. Dominiert der Uranus und tritt der Neptun vor allem in seiner suggestiven Wirkung in Erscheinung, dann mögen wir die Situation haben, dass die Projektionen der Masse durch einen Menschen oder ein System, z.B. den National-Sozialismus oder eine Diktatur zum Ausdruck gebracht und durchgesetzt werden (Uranus Trigon Neptun, 1939–1943). Wenn hingegen der Neptun Vorrang hat, dann können religiöse und geistige Ziele auf rebellische und unkonventionelle Art und Weise zum Durchbruch gelangen. Dies wäre typisch für die Gegenkultur der Hippie-Generation, die sich durch ihr Experimentieren mit neuen Formen des Bewusstseins und der Verbrüderung auszeichnete (Uranus Sextil Neptun, 1966–1968).

Es ist verständlich, dass die Uranus-Neptun-Aspekte, wenn sie sich nicht durch angereihte persönliche Planeten oder persönliche Punkte des Horoskops ausdrücken können, primär die Stimmung einer Zeit verkörpern und weniger eine individuelle Identifikation mit dem Aspekt. Somit könnte man sagen, dass diese Aspekte von den meisten von uns eher passiv erlebt werden.

Uranus Konjunktion Neptun

Die letzte Konjunktion zwischen Uranus und Neptun fand zwischen 1821 und 1824 statt. Sie wird sich erst 1992–94 wiederholen. Zweifellos wird Sie in den 1990-er Jahren durch das Wassermann-Zeitalter viel direkter und persönlicher erlebt werden, als dies noch 1821–24 der Fall sein konnte. Dieser Aspekt dürfte dann eine ganz neue Haltung zu Idealismus und sozialen Fragen bringen. Die betroffene Generation dürfte rein mechanistische und materialistische Erklärungsmodelle überwinden, und eine ganzheitliche Philosophie entwickeln, die religiöse und wissenschaftliche Erkenntnisse gleichermassen berücksichtigt. Denken und Intuition sind stark entwickelt, (z. B. Computer-Technologie), und werden mit der religiösen Erfahrung des Einzelnen verbunden. Es ist sehr zu wünschen, dass weniger die negativen Manifestationen von Uranus (Manipulation) und Neptun (Suggestion) vorherrschen, wie dies etwa 1939–43 unter dem Trigon der Fall war, sondern Kräfte, wie sie sich unter dem Sextil (1966–68) als Bedürfnis nach Verbrüderung bemerkbar machten.

Der Uranus im Spannungsaspekt zu Neptun

Die Opposition zwischen Uranus und Neptun fand zum letzten Mal in den Jahren 1906–10 statt, ein Quadrat zum letzten Mal zwischen 1953–56.

Natürlich hat sich der Spannungsaspekt dem Zeitgeist entsprechend in der Generation von 1906–10 anders ausgewirkt, als in den 50-er Jahren. Er wurde anfangs Jahrhundert von den meisten Individuen weniger aktiv wahrgenommen, als von der Generation von 1953–56. Anfangs Jahrhundert erzeugte er vor allem eine Furcht vor Verwirrung und nebulösen, diffusen Bildern, denen man durch Technik und Fortschrittsglauben beizukommen versuchte. Mit Ausnahme einiger aussergewöhnlichen Persönlichkeiten, denen eine Synthese dieser Kräfte gelang, weckte dieser Aspekt jedoch vorwiegend Angst. Diese Angst vor Chaos und Anarchie war der Boden, auf welchem später, als diese Generation erwachsen wurde, verschiedene autoritäre und diktatorische Systeme entstehen konnten.

Anders verhält es sich mit der Generation, die 1953–56 geboren wurde. Auch hier ist die Sicherheit des Materiellen erschüttert, so dass ein Bedürfnis nach einem System, das Sicherheit vermittelt, sehr stark ist. Infolge der grösseren Freiheit und Mobilität wäre heute jedoch eine kreativere Konfliktlösung möglich, indem jeder seine schöpferischen Kräfte einsetzt.

Der Uranus im harmonischen Aspekt zum Neptun

Das Trigon zwischen Uranus und Neptun trat zuletzt in den Jahren 1939–43 auf, das Sextil von 1966–68. Welche Folgen ein Trigon zwischen Uranus und Neptun bei mangelnder Abgrenzung und Kritikfähigkeit haben kann, erkennt man am Weltgeschehen, wenn man sich an die Jahre 1939–43 erinnert. Die Diktaturen dieser Zeit sind typisch für die eine Komponente dieses Aspektes, indem neue Ordnungssysteme (Uranus) eine starke suggestive Wirkung (Neptun) auf die Masse hatten. Dies wird besonders deutlich, wenn wir die laufenden Konstellationen zweier Exponenten dieser Epoche studieren: Adolf Hitler ab 1941 mit Uranus Transit auf Neptun/Pluto Radix Trigon Neptun Transit, und Benito Mussolini mit Uranus Transit auf Neptun Radix (Konstellationen 1941). Dies sind Beispiele für negative Manifestationen dieses Aspektes, in Form einer unkritischen Uebernahme einer neuen Ordnung durch die Masse. Positiv gelebt könnte dieser Aspekt allerdings bedeuten, dass sich eine neue Ordnung durchsetzt (Uranus), die der Menschheit dient, und eine Verbrüderung (Neptun) anstrebt.

Es ist die Aufgabe der Jahrgänge 1939–43 und 1966–68, dazu beizutragen, dass sich dieser Aspekt positiv auswirkt, indem sie beispielsweise verhindern, dass sich die Technik gegen Menschlichkeit, und das System sich gegen Liebe und Brüderlichkeit richtet.

Uranus-Pluto-Aspekte

Allgemeines

Bei den langsamen Umlaufzeiten von Uranus und Pluto stellen die Aspekte zwischen diesen beiden Planeten typische Generationsaspekte dar. So bilden diese beiden Planeten in diesem Jahrhundert nur eine einzige Konjunktion, nämlich im Jahre 1965. Wenn wir einen durchschnittlichen Orb von 5 Grad zulassen, so sind damit die Jahrgänge 1963–68 davon betroffen. Ein Sextil (Orb 2 Grad) war zu beobachten zwischen 1943–45, ein Quadrat (Orb 4 Grad) von 1930–35, ein Trigon (Orb 4 Grad) von 1920–23 und eine Opposition (Orb 5 Grad) von 1900–1904.

Beide Planeten haben je eine helle und eine dunkle Seite. Die positivsten Entsprechungen sind zu beobachten, wenn sich die hellen Seiten kombinieren, die negativsten, wenn der Aspekt als Interaktion zwischen den beiden dunkeln Seiten zu beobachten ist. Die helle Seite des Pluto ist das Akzeptieren des Neuen, der Wandlung, auch wenn diese ins eigene Fleisch schneidet und alte Masstäbe ungültig macht. Seine dunkle Seite liegt im Festhalten am Alten aus Angst vor dem Unbekannten. Eine solche Unterdrückung der Erneuerungskräfte in sich selbst führt unweigerlich zur Unterdrückung der Freiheiten anderer. Gerade diejenigen Komponenten der eigenen Psyche, die man bei sich selbst nicht wahrhaben will, werden bei andern bekämpft (Sündenbockthematik).

Die helle Seite des Uranus liegt in der Bejahung der eigenen Individualität und der Freiheit und Unabhängigkeit des individuierten Menschen. Die dunkle Seite äussert sich im Haften an einem konstruierten System, welches durch den Bruch mit der Vergangenheit dem eigenen Ego mehr Macht verleihen soll. Im Namen einer Theorie versucht man dann die andern nach dem eigenen System zu organisieren und zu manipulieren (Umsturz des Alten, Revolution im Namen einer neuen Ordnung, die als verbindlich erklärt wird, mit dem Zweck, an der Spitze des neuen Systems zu stehen).

So kann die Kombination Plutos mit Uranus einerseits ausmünden in die grösste Offenheit und die konsequenteste Form von Freiheit und Wandlung, aber auch auf die massivste Repression und Manipulation zugunsten eines Systems, das eine neue Ordnung einführen will. Im zweiten Fall wird dies typischerweise auf ein faschistisches System ausmünden, weil Pluto in seiner verneinenden Form stark zu Schwarz-Weiss-Malerei geneigt macht, d.h. zwischen sogenannt »Gut« und »Böse« unterscheidet, oder Kategorien von Uebermenschen und Sklaven postuliert.

Ein Fall mag hier als Beispiel dienen: Ein 16-Jähriger mit Pluto/Uranus am Aszendenten kommt auf Druck seiner Eltern und Freunde zu einer astrologischen Beratung. Er hat sich mit seinem Vater überworfen und wittert überall Heuchelei und Ungerechtigkeit. Er zögert, ob er sich einer Terroristengruppe anschliessen, oder Aufnahme in einer Spezialeinheit der Polizei zur Terroristenbekämpfung suchen soll.

Uranus Konjunktion Pluto

Diese Konjunktion finden wir bei den Jahrgängen 1963–68. Es handelt sich hier um Jugendliche, die eine revolutionäre Wirkung auf Ihre Umgebung haben werden. Sie haben ein grosses Bedürfnis nach Freiheit, und um diese oder eine vermeintliche Form davon zu erlangen, werden Sie all ihre Kräfte einsetzen. Sie wollen in erster Linie sich selbst sein, und ihren Weg unabhängig, oder wenn nötig auch gegen die Eltern durchsetzen. Gegenposition wird vor allem dann bezogen, wenn die Eltern Werten nachhängen, die nicht mehr glaubhaft sind. Sobald diese Generation erwachsen ist, wird sie zu tiefgreifenden Veränderungen unserer Gesellschaft beitragen. Inzwischen sollten die Eltern dieser Generation sich in Geduld und Toleranz üben und sich prüfen, ob sie gemäss den Werten leben, die Sie Ihren Kindern weitergeben möchten.

Bezeichnend für diese Zeit war die Hippie-Bewegung, die mit bewusstseinsverändernden Mitteln experimentierte und eine neue Lebensweise suchte, die in Kontrast zur damals für viele selbstverständlichen Konsumgesellschaft stand. Es handelte sich übrigens auch um eine Zeit, während welcher die ersten Berichte über die Zerstörung des Gleichgewichts der Natur durch die Zivilisation publiziert wurden.

Der Uranus im Spannungsaspekt zum Pluto

Spannungsaspekte zwischen Uranus und Pluto traten in diesem Jahrhundert in Form der Opposition zwischen 1900 und 1904 auf, als Quadrat zwischen 1930 und 1935. Die anfangs dieses Jahrhunderts unter der Opposition zwischen Uranus und Pluto Geborenen erlebten oder trugen dazu bei, dass um 1920 viele Werte des 19. Jahrhunderts gänzlich in Frage gestellt wurden (z. B. abstrakte Malerei, Dadaismus, Relativitätstheorie etc.).

Die Zeit des Quadrates zwischen Uranus und Pluto (1930–35) symbolisiert menschheitsgeschichtlich leider eine sehr unreife Art, mit dem Thema des Wechsels, der Veränderung und der damit verbundenen Angst umzugehen. Auf dem Boden der Depression und Geldentwertung konnten sich Diktatoren wie Hitler und Mussolini profilieren, die eine neue (Uranus) Ordnung und Sicherheit (Pluto) versprachen. Diese Persönlichkeiten schufen tatsächlich Ordnung im vorhandenen Chaos und stabilisierten die Wirtschaft, aber der Preis, der dafür bezahlt werden musste, stand in keinem Verhältnis zum Nutzen. Bei diesem Aspekt stellt sich somit die Frage, ob man bereit ist, für seine Freiheit zu kämpfen, oder ob man glaubt, dass einem andere eine neue Richtung vorzeichnen können. Entscheidet man sich für die zweite Variante, und legt man dabei seine Verantwortung ab, sind Katastrophen kollektiven Ausmasses unausweichlich. Wir können durchaus davon ausgehen, dass das damalige Bewusstsein zu wenig entwickelt war, um mit den Anforderungen, die Uranus und Pluto an ein kosmisches Bewusstsein stellen, fertig zu werden. Die beste Garantie gegen solche Entwicklungen ist gegeben, wenn jeder Einzelne sein Bedürfnis nach Veränderung und letztgültiger Sicherheit in sich selbst finden kann und dies nicht durch Projektion in kollektivem Ausmass im Bilde einer Führerpersönlichkeit erwartet.

Der Uranus im harmonischen Aspekt zum Pluto

In diesem Jahrhundert sind zwei Epochen typisch für die harmonischen Aspekte zwischen Uranus und Pluto: das Trigon von 1920-23 und das Sextil von 1943–45. Die Zeit des Trigons zwischen Uranus und Pluto war typisch für eine massive Ausweitung sowohl der modernen Technik, als auch der individuellen Psychologie, die unser Leben beide massiv verändert haben. In dieser Zeit kamen einerseits die ersten drahtlosen Uebermittlungen und die ersten Automobile auf, andererseits erregte die Freudsche Pschologie die Gemüter, während sich die Jung'sche Richtung zunehmend profilierte. Gleichzeitig wurden das Konzept des kollektiven Unbewussten (Jung) und die Theorie der Verwandlung von Materie in Energie (Einstein) dem Interessierten zugänglich, – beides plutonische Themen, die mit unkonventionellem Forschergeist (Uranus) entdeckt wurden. Auch das Aufkommen der »Jazzkultur«, mit dem Versuch, einengende alte Strukturen zu durchbrechen, kann als Auswirkung dieses Aspekts gesehen werden.

Der nächste harmonische Aspekt zwischen Uranus und Pluto war als Sextil von 1943–45 zu beobachten. Das durch Machtmissbrauch verursachte Chaos konnte in dieser Zeit wieder zu einer demokratischen Ordnung zurückgeführt werden. Dieses Sextil wird von 1994–96 nochmal auftreten.

Bei den harmonischen Aspekten zwischen Uranus und Pluto können wir von einer Fähigkeit sprechen, Aenderungen, die mit dem Zeitgeist zusammenhängen, auf kreative Weise herbeizuführen. Es wird erkannt, dass eine Reform notwendig ist, und dass sie die individuelle Verwirklichung nicht verunmöglichen oder beeinträchtigen sollte. Unter diesem Aspekt werden wichtige Wertmasstäbe und tief eingesessene Anschauungen relativ mühelos geändert.

Die Aspekte des Neptun

Neptun ist der Planet der Identifikation und Ich-auflösung. Er hebt die Scheidung zwischen Subjekt und Objekt, zwischen Ich und Nicht-Ich auf, und bewirkt damit genau das Gegenteil des Verstandes, der geradezu die Unterschiede zwischen verschiedenen Objekten betont.

Der Neptun führt uns also zurück zu einer archaischeren Form des Denkens und des Erfassens der Umwelt, welche wir heute noch in Form unserer Träume kennen. Dieser Bereich unserer Psyche, nämlich jener des Unbewussten, funktioniert bekanntlich nach ganz anderen Gesetzen als unser Bewusstsein. Wir könnten sagen, dass wir es im Bereich des Unbewussten mit einem assoziativen Denken zu tun haben, im Gegensatz zum logisch-kausalen Denken des Bewusstseins.

So liegt die grosse Schwierigkeit, Neptunaspekte positiv zu leben, darin, dass wir zuvor über Saturn die Grenzen unseres Egos erkennen müssen. Die neptunischen Inhalte lassen sich nämlich nicht in den Dienst von ichhaften Dingen stellen. Bemächtigt sich das Ich dieser Kräfte, so kommt es zu Wunschträumen und trügerischen Projektionen. Auch entsteht dann ein Realitätsverlust, indem wir unsere Wünsche für Realität halten und diese damit zusehends verkennen. So kann der Neptun nur dann konstruktiv eingesetzt werden, wenn die persönlichen Planeten bis und mit Saturn die Integrität und den Zusammenhalt der Persönlichkeit garantieren. Sonst entspricht die Stellung Neptuns im Horoskop, und damit auch seiner Aspekte dem Bereich, wo sich unliebsame, auflösende Tendenzen breit machen. Fehlt der Zusammenhalt der Persönlichkeit, ergibt sich dann statt der erstrebten Einswerdung, der »Unio mystica«, eine Mystifizierung, Vernebelung und Täuschung.

Vom Neptun aspektierte Planeten verlangen nach weiten Horizonten, nach unbeschränkten und zugleich diffusen Möglichkeiten und können deshalb in der praktischen Wirklichkeit am ehesten im künstlerischen oder geistigen Bereich gelebt werden.

Bei den Aspekten Neptuns stellt sich die Frage, welche Thematik zu erwarten ist, wenn sich diese visionäre, ich-auflösende Tendenz mit der einen oder anderen planetarischen Kraft verbindet. Gekonnte Realitätsbewältigung entscheidet in viel stärkerem Ausmass darüber, wie diese Kraft gelebt wird, als die Tatsache, dass es sich um einen harmonischen oder dissonanten Aspekt handelt.

Neptun-Pluto-Aspekte

In diesem Jahrhundert haben Neptun und Pluto nur einen Hauptaspekt gebildet, nämlich ab Mitte 40er Jahre ein Sextil. Dieser Aspekt wird wegen der in dieser Periode ähnlichen Geschwindigkeit zwischen Neptun und Pluto für fast 100 Jahre andauern. So ist es wegen mangelnder Beobachtungsgrundlagen schwierig, etwas darüber auszusagen. Wichtiger sind daher die jeweiligen Zeichenstellungen von Neptun und Pluto.

Beide Planeten haben mit dem Verborgenen, dem Okkulten zu tun. Die Kombination zwischen Neptun und Pluto bedeutet, dass Dinge an die Oberfläche gefördert werden sollen, die von der Wissenschaft im bisherigen Sinn nicht erfasst werden können, – die nur durch Identifikation und Liebe zu verstehen (Neptun) und zu verarbeiten (Pluto) sind. Die negativste Manifestation dieses Aspektes wäre in einer suggestiven Beeinflussung der Massen (Neptun) zugunsten verborgener Machtansprüche (Pluto) zu sehen. Auf der positiven Seite könnten wir das Aufkommen einer kosmischen Identifikation annehmen, die auf Liebe beruht und durch welche verborgene Motive an die Oberfläche gefördert werden, so dass alles Schädliche verbrannt wird. Diese Spannweite von Einflüssen betrifft nicht einfach eine bestimmte Generation, sondern stellt eine wichtige Etappe der Menschheit dar. So kann man nicht mehr von einer individuellen Bedeutung dieses Aspektes sprechen, es sei denn, dass persönliche Punkte oder Planeten in diesen Aspekt eingreifen und als Tore für die betreffenden kosmischen Strömungen dienen.